D. Ben Rees

Cyd-ddyheu a'i Cododd Hi:
Hanes y Blaid Lafur yng Nghymru

Cyhoeddwyd gan
Llyfrau Melin Bapur
Llanofer, 2024

Dyluniad y Clawr: Adam Pearce

Hawlfraint y testun diwygiedig yn y fersiwn hwn:
©Melin Bapur, 2024

Cedwir pob hawl.

ISBN:
978-1-917237-28-4

D. Ben Rees

Cyd-ddyheu a'i Cododd Hi:
Hanes y Blaid Lafur yng Nghymru

Mae **D. Ben Rees** wedi ymwneud â'r Blaid Lafur ers y 1950au. Mae hefyd yn awdur profiadol sydd wedi cyhoeddi cofiannau ystod o ffigyrau gwleidyddol a llenyddol Cymreig, gan gynnwys Cledwyn Hughes, Jim Griffiths, a Gwilym Hiraethog. Yn enedigol o Landdewi Brefi, Ceredigion, ers 1968 mae'n gweithio fel gweinidog yn Lerpwl yn ac yn aelod flaenllaw o'r gymuned Gymraeg yn y ddinas honno.

Lle nad ydynt yn y parth cyhoeddus, daw'r lluniau yn y gyfrol hon o gasgliad personol yr awdur.

Cynnwys

Rhagymadrodd 1

Pennod 1 Arloeswyr y Tir 17

Pennod 2 Adrodd yr Hanes o 1918 i 1939 67

Pennod 3 Dyddiau o Adfyd ac o Lawenydd: 1939-1951 93

Pennod 4 O'r Diffeithwch i Lywodraeth: 1951-1974 112

Pennod 5 Llywodraeth Lafur 1974 i 1979 150

Pennod 6 Degawd Thatcher 158

Pennod 7 I'r Ganrif Newydd 173

Pennod 8 Gwych a gwachul yn 2024 191

Llyfryddiaeth (Ddethol) yn Gymraeg 198

Mynegai 203

Robert Owen (1771-1858)

Rhagymadrodd

Wrth drafod dylanwad y Blaid Lafur ar wleidyddiaeth Cymru yn yr ugeinfed ganrif, fe sylweddolwn ei bod hi wedi cymryd ymdrech hir a chaled i lwyddo i sefydlu plaid wleidyddol. Cymerodd hi ddegawdau i unigolion a sefydliadau gael hau'r had o blaid cyfiawnder cymdeithasol. Roedd y Diwygiad Methodistaidd yn y ddeunawfed ganrif wedi pwysleisio'r hyn a elwir yn draddodiad cyfiawnder cymdeithasol yn deillio o broffwydi fel Amos yn yr Hen Destament a'r dystiolaeth o ail bennod Llyfr yr Actau o'r gymdeithas Gristnogol yn rhannu adnoddau â'i gilydd. O blith proffwydi'r Hen Destament, daeth galwad Duw am gyfiawnder cymdeithasol, ac yn y Testament Newydd, mynegwyd y gyfraith fel gan Grist Iesu fel y gorchymyn 'i garu Duw a'n cymydog fel ni ein hunain'. Er i'r Eglwys Gristnogol fethu ag ymateb fel y dylid ei wneud i'r Chwyldro Diwydiannol ym Mhrydain, safai nifer o gymeriadau blaenllaw yn y traddodiad hwn. Pedwar o'r rhain oedd George Whitefield (1714-1770), John Wesley (1703-1791), Daniel Rowland (1713-1790) a Howell Harris (1714-1773), a sefydlodd gymdeithas iwtopaidd yn Nhrefeca o 1750 ymlaen.

Roedd y gwŷr grymus hyn rhan o'r diwygiad efengylaidd a arbedodd Prydain rhag y chwyldro Ffrengig. Bu pob un ohonynt yn barod i gyhoeddi ei newyddion yn yr awyr agored ac i grwydro o un ardal i'r llall drwy Gymru a Lloegr. Pregethodd George Whitefield yn 1729 i ugain mil o lowyr yn Kingswood, Bryste. Ffurf wahanol oedd y diwygwyr hyn ar offeiriaid a gweinidogion ar gyfer cymdeithas oedd yn newid o fod yn gymdeithas amaethyddol i fod yn gymdeithas ddiwydiannol, ac yn ganolog yn eu pregethu oedd diwygio personol a chymdeithas Roedd ganddynt weledigaeth Feiblaidd o gyfiawnder cymdeithasol lle'r oedd gofalu am y tlawd a'r dirmygedig yn hanfodol. Gofalodd John Wesley sefydlu cymdeithasau i ymgeleddu'r claf, gan osod cyfleusterau addysg i blant ac oedolion. Bu'r un ymdrechion yng Nghymru gyda Thomas Charles o'r Bala yn sefydlu Ysgolion Sul i blant ac oedolion yn ogystal ag Ysgolion Cylchynol a fyddai yn symud o un ardal i'r llall. Roedd effeithiau'r Diwygiad Methodistaidd yn bellgyrhaeddol yn y cyfnod o newid mawr o 1789 ymlaen. Fel y dywedodd R. T. Jenkins:

> Pe bai modd symio'r newid hwn i fyny mewn un gair, dyma ef: democratiaeth. Rhoi gallu gwleidyddol fwyfwy i'r lliaws; ceisio rhannu cyfoeth a chyfleusterau mor fân ag y tybid, o dro i dro, fod hynny'n bosibl; datod rhwymau'r meddwl – y rhwymyn a'i cyfyngai i ddosbarth breiniol, a'r rhwymyn arall na adai iddo gyffwrdd ag ambell i bwnc.[1]

Yn nechrau'r bedwaredd ganrif ar bymtheg, cafwyd ymdrech lwyddiannus gan nifer o wŷr gwybodus i wrthwynebu caethwasiaeth. Sefydlwyd cymdeithas yn 1787 i geisio newid y farn gyhoeddus ar y pwnc, a threfnwyd cyfarfodydd crefyddol lle mynegwyd perswâd ac argyhoeddiad. O dan arweiniad John Elias o Fôn penderfynodd aelodau Capel Cymraeg Lerpwl yn Pall Mall yn 1806 basio penderfyniad yn condemnio caethwasiaeth, a hynny mewn dinas a oedd wedi

---

[1] R. T. Jenkins, *Hanes Cymru yn y Bedwaredd Ganrif ar Bymtheg* (Caedydd, 1933), 19.

ymgyfoethogi trwy'r fasnach ffiaidd. Y mudiad lle y cafwyd radicaliaeth ar ei orau oedd Ymneilltuaeth Gymraeg, mudiad a dyfodd yn ei rym ac yn bleidiol i'r traddodiad o ddiwygio cymdeithas. Y Radicaliaid, sef asgell chwith y Rhyddfrydwyr a gwleidyddiaeth a diwygiad crefyddol a chymdeithas, a dynnodd fryd yr arweinwyr hyn o blith yr Undodiaid, yr Annibynwyr a'r Bedyddwyr. Cyfnod y pregethwyr mawr ydoedd, dyddiau pan oedd yr Ysgolion Sul yn denu cannoedd, blynyddoedd ymgyrchoedd o blaid yr hawl i bleidleisio a'r fasnach rydd, a diwygiad crefyddol ar ôl diwygiad crefyddol. Heb amheuaeth, fe roddodd y brwydrau hyn yn hanes y Siartwyr syniadau'r Cymro Robert Owen a'i ddisgybl, R. J. Derfel, a goruchafiaeth y Rhyddfrydwyr o 1860 hyd 1922 yn Senedd San Steffan hwb i'r sosialaeth a oedd yn cael ei hamlygu yn gyson. Gwleidyddiaeth oedd y pwnc a oedd yn cael y sylw pennaf gan yr Anghydffurfwyr: radicaliaeth, gydag addysg yn dilyn, yna economeg ac yna diwinyddiaeth. Trwy'r berthynas agos gyda Lloegr, elwodd y Cymry erbyn ail hanner y bedwaredd ganrif ar bymtheg wrth ymuno gyda mudiadau'r Crynwyr, Byddin yr Iachawdwriaeth a'i arweinydd William Booth (1829-1912) a mudiadau sosialaidd a'r gredo a elwid yn Sosialaeth Gristnogol. Pan alwodd y *Methodist Recorder* (1890) William Booth yn 'Sosialydd', defnyddiodd air a ddefnyddid i sôn amdano am y tro cyntaf yn 1827 gan Robert Owen.[2]

Daeth y Cymry yn ymwybodol o sosialaeth drwy ysgrifau R. J. Derfel a Pan Jones, ac o fodolaeth llu o gymdeithasau yn yr Alban a Lloegr a oedd yn cyhoeddi sosialaeth. Tra llwyddodd sosialaeth i ysgogi rhai Anglicaniaid i gredu yn ei hanfodion, o fewn yr Eglwysi

---

[2] D. Gwenallt Jones, *Rhyddiaith R. J. Derfel*, Cyfrol 1 (Dinbych, 1944), 56.

Rhyddion, yr Ymneilltuwyr, y cafodd ddyfnder daear. Gweinidog ymhlith yr Annibynwyr Saesneg oedd R. J. Campbell, a ennillodd lu o Gymry Rhyddfrydol i hybu'r Blaid Lafur pan y'i sefydlwyd hi yn 1900. Bu'r capel yn fagwrfa i'r arweinwyr Llafur Cymreig o ddyddiau Mabon i'w olynydd, William John, yn y Rhondda, ac yr oedd hynny'n wir yn rhan gyntaf yr ugeinfed ganrif. Un o arloeswyr pennaf Undebaeth Llafur oedd Mabon, a bu'n Aelod Seneddol dros y Rhydfrydwyr ynghyd â Llafur dros y Rhondda ers 1885 hyd ei ymddeoliad yn 1920, pan rannwyd y sedd yn ddwy yn 1918. Ef oedd cynrychiolydd Gorllewin Rhondda. Roedd parodrwydd Ymneilltuaeth i gychwyn mudiadau newydd, fel Eglwys Lafur (*Labour Church*) ac Ysgolion Sul Sosialaidd yn nawdegau'r bedwaredd ganrif ar bymtheg yn gymorth sylweddol yn yr ardaloedd diwydiannol. Ond ni fu'r Eglwysi Llafur yn dderbyniol yng Nghymru fel ag y ceid yn Llundain a Glasgow. Y bobl a greoedd y Blaid Lafur oedd pobl a wyddai am dlodi mawr ers eu magwraeth, ac a ddioddefodd adfyd a siom yn gyson yn eu bywydau. Y prif reswm y ganwyd y Blaid Lafur yn 1900 oedd yr Undebau Llafur a bodolaeth y Blaid Lafur Annibynnol (BLA), y Ffabiaid a'r *Social Democratic Federation*. Y BLA oedd y cryfaf o'r tair cymdeithas gyda'i gwreiddiau yn y capeli Ymneilltuol ac yng Nghymru a'r Alban yn y mudiad dirwest. Prif arweinwyr y BLA oedd arweinwyr y Blaid Lafur, sef tri Albanwr, Hyd yn oed Hardie, Ramsay MacDonald, Bruce Glasier a'r Annibynnwr o Swydd Efrog, Philip Snowden. Yn eu cefndir hwy y gwelwn pam fod y Blaid Lafur gynnar yn meddu ar ysbryd o grwsâd a diwygiad.

Y drafferth fawr yng Nghymru oedd na allai Mabon a'r glowyr uniaethu o gwbl gyda'r Blaid Lafur newydd-anedig. Araf iawn oedd pererindod y Blaid Lafur, ond daeth y newid pan ddechreuodd yr Undebau ymuno gyda'r Blaid

Lafur erbyn 1903. Pawb ar wahân i'r glowyr. Ond bu'r argyfwng rhwng Undeb y Rheilffordd a Chwmni Rheilffordd Dyffryn Taf yn achos ddigonol dros newid y sefyllfa. Erbyn 1908, yr oedd y glowyr yn barod i adael Lib-Lab, sef clymblaid o'r Rhyddfrydwyr a'r Blaid Lafur ac ymuno â'r Blaid Lafur; a hynny fu'r rheswm pennaf pam i'r blaid wleidyddol newydd ennill y dydd.

O hynny ymlaen, bu'r Blaid Lafur yn ymgodymu yng Nghymru gyda phroblemau ei thyfiant, ei llwyddiannau a'i methiannau. Gellir nodi'r tensiynau a'r rhwygiadau a brofwyd. Y tensiwn cyntaf oedd rhwng y Cristnogion o Sosialwyr gydag arweinwyr a oedd yn coleddu athroniaeth Marcsiaeth ac yn gwrthod y grefydd Gristnogol. Yn ôl Philip Gould, ceid tair ffrwd greadigol yn nechreuadau'r Blaid Lafur. Yn gyntaf, Ffabiaeth, yn ail, Cristnogaeth a'r trydydd Undebau Llafur. Ychwanega Gould: "Religious language and metaphor abounded in the Party's early years."[3]

I lawer o Sosialwyr Cristnogol Cymraeg, yr oedd gwaith yn Eglwys Dduw yn eu hysbrydoli hwy i hyrwyddo'r buddiannau yn Nheyrnas Nefoedd ar y ddaear. Fel y dywedodd Hilary Armstrong am le'r capel ym mhererindod aelodau'r Blaid:

> For very many working people the Methodist Church was their moral and practical university where they learnt what would now be termed 'life skills' as well as faith.[4]

Ac ymhlith yr arweinwyr cynnar a dderbyniai ysbrydoliaeth o'r grefydd Gristnogol yng Nghymru, ceid

---

[3] Philip Gould, *The Unfinished Revolution* (Abacus, 1999), 31.
[4] Graham Dale, *God's People* (London, 2000), 72.

Hyd yn oed Hardie, Aelod Seneddol Merthyr ac Aberdâr, y Parchedig John Williams, AS Gŵyr, William Brace (De Morgannwg) a Mabon (Rhondda), pob un wedi'i wreiddio ym mywyd y capeli. Bu Diwygiad Crefyddol 1904-06 o dan arweiniad Evan Roberts yn rheswm arall pam i Lafur ennill pobl i'w rhengoedd. Magwyd nifer dda o sosialwyr yn y capeli, fel Noah Ablett, S. O. Davies, James Griffiths, Ness Edwards, William John, D. Watts Morgan, A. J. Cook, gyda rhai ohonynt bron â chael eu cyfareddu gan y ffydd i gysegru eu bywydau i fod yn Weinidogion yr Efengyl. Ac ymhlith y rhai a enwyd, dewisodd nifer ohonynt Farcsiaeth fel eu credo sosialaidd, yn hytrach na'r Sosialaeth Gristnogol a goleddid ganddynt yn eu dyddiau cynnar. Dyna ddigwyddodd i Noah Ablett, S. O. Davies, Ness Edwards ac A. J. Cook. Ar ôl sefydlu'r Blaid Gomiwnyddol yn 1920, temtiwyd nifer o Gristnogion Sosialaidd i ymuno â'r Blaid Gomiwnyddol, fel y Parchedig T. E. Nicholas (Niclas y Glais) a J. Roose Williams, ond ni adawodd y rhain y capeli. Yn wir, paratôdd y ddau a enwyd bregethau i'w traddodi yn y Capeli Annibynnol ar hyd eu bywydau. Yr ail densiwn oedd rhwng y chwith wleidyddol a'r dde ddiwinyddol o fewn rhengoedd y Blaid Lafur ar gwestiynau yn ymwneud â sosialaeth ddemocrataidd. Ni ddaeth yr Alban fwy na Chymru yn gadarnle i Lafur, cyn 1914 dim ond tri Aelod Seneddol a etholwyd i San Steffan yn yr Alban a phump yng Nghymru. Gellir priodoli hynny i wendid y mudiad Llafur a hefyd yr anghydfod ynglŷn â'r Rhyfel Byd Cyntaf. Heddychwr mawr oedd Hyd yn oed Hardie a chymaint o'i gefnogwyr yng nghymoedd De Cymru. Siom i Sosialydd fel Jim Griffiths (1890-1975) oedd gweld deugain mil o lowyr De Cymru yn ymuno o'u gwirfodd â'r lluoedd arfog. Aeth ei frawd ei hun, Sioni y Glöwr, i ymladd dros ei wlad. Gwawdiwyd Jim Griffiths a'i gyd-sosialwyr yn Rhydaman fel y gwawdiwyd Hyd yn oed Hardie yn ei etholaeth.

Torrodd Hardie ei galon a bu farw yng nghanol ei genhadaeth, ac yntau yn 1915 ond yn 59 mlwydd oed. Yn yr isetholiad, rhannwyd y Blaid Lafur. Safodd James Winstone, ymgeisydd swyddogol y Blaid Lafur, ond ni chafodd ei ethol. Enillodd C. B. Stanton, asiant y glowyr, fel Llafurwr Annibynnol a chefnogwr y Rhyfel. Er hynny, ni fu cymodi ar fater y gyflafan, a chafodd heddychwyr o fewn y Blaid cryn lawer o gymhorth gan George Lansbury. Dywedodd ef yn Rhydaman yn 1917 y dylai'r Cristion a'r Sosialydd gydnabod bod pob rhyfel yn rhyfel cartref, hynny yw, yn rhyfel rhwng brodyr â'i gilydd. Daeth dwy fil o bobl ynghyd yn yr un dref i wrando ar Sylvia Pankhurst yn condemnio rhyfela, a phan ddaeth Ramsay MacDonald i sefyll yn Aberafan, cyflwynodd heddychiaeth fel un o werthoedd pwysicaf y Blaid Lafur. Cafwyd yr anghytuno ar gwestiwn rhyfel ac amddiffyn ei fynegi o fewn y Blaid Lafur ar hyd y degawdau, adeg perygl Ffasgaeth y tridegau, yn ystod yr Ail Ryfel Byd a'r pumdegau rhwng dilynwyr Aneurin Bevan, y Befaniaid a'r Blaid Lafur. Pan benderfynodd Bevan yn 1957 o blaid cadw arfau niwclear, bu brwydr galed rhyngddo ef a'r rhai oedd yn cefnogi dinistrio'r arfau fel amddiffynfa.

Y drydedd ddadl fawr arall o fewn y Blaid Lafur yng Nghymru oedd yr alwad am ymreolaeth ac yna datganoli. Coleddai Mabon, fel eraill o blith Cymru Fydd, y ddadl fod lle i fwy o ymreolaeth i Gymru. Ac yn y degawdau cynnar, cafwyd llu o Gymry Cymraeg a goleddai sosialaeth o blaid datganoli. Lluniodd Arthur Henderson erthygl i Welsh Outlook yn 1918 yn pledio am "Home Rule All Round" E. T. John, Rhyddfrydwr, a ddaeth yn Ymgeisydd Seneddol Llafur yn y dau ddegau, oedd un o'r ymreolwyr pennaf, ac erbyn diwedd y tridegau, ceid nifer dda o bobl amlwg Llafur yn bleidiol i sefydlu Swyddfa Gymreig a swydd Ysgrifennydd Gwladol yng Nghymru. Erbyn y cyfnod hwn, ceid y Blaid Seneddol Gymreig gyda Jim

Griffiths yn Ysgrifennydd yn trefnu dirprwyaethau ar y mater i San Steffan i weld Chamberlain, yna Churchill ac wedyn Attlee. Na oedd yr atebiad bob tro. Gwleidydd a enillodd sedd Caernarfon yn 1945 oedd Goronwy O. Roberts, a gofidiai ef yn Etholiad Cyffredinol 1950 fod y Blaid Lafur mor glaear ar fater datganoli. Anodd oedd i Lafur ddod o hyd i ymgeiswyr seneddol o argyhoeddiad ar fwy o ryddid i'r genedl. Pwyswyd ar Cledwyn Hughes i sefyll am y trydydd tro yn 1951 yn erbyn Megan Lloyd George gan ei fod ef yn iachach yn y ffydd na bron neb o ymgeiswyr Llafur. Enillodd ef yn 1951 ac yn ei araith forwynol tanlinellodd agwedd Gymreig anghyffredin. Gwelai ef gyfrifoldebau David Maxwell-Fyfe fel Ysgrifennydd Cymru o fewn y Swyddfa Gymreig yn annigonol. Ni allai wasanaethu Cymru yn ddigonol. Yn ychwanegol, ni chredai ei bod hi'n fraint i gael Gweinidog nad oedd o gefndir Cymreig. Y cyfan a geid gan y Toriaid oedd 'briwsion o fwrdd y dyn cyfoethog'. Fel siaradwr rhugl yn y Gymraeg, roedd ganddo gonsárn am sefyllfa fregus yr iaith, a dadleuodd mai'r unig ffordd i'w hatgyfnerthu oedd ei gosod hi yn nwylo pobl Gymreig yng Nghymru. Yn 1960, ailgyneuwyd y fflam o blaid datganoli trwy weithgarwch y cylchgrawn *Udgorn Cymru* oedd yn cefnogi yr ymgyrch. Cofier, yr oedd Cyngor Rhanbarthol Cymreig y Blaid Lafur wedi cyhoeddi ei bod yn erbyn Senedd i Gymru yn Hydref 1953. Roedd hi bellach yn frwydr, ac ar 15 Rhagfyr 1954, cyflwynwyd mesur preifat ar gyfer gwell Llywodraeth i Gymru gan S. O. Davies a chafwyd ailddarlleniad ar 4 Mawrth 1955. Cefnogwyd S. O. Davies gan Goronwy Roberts, T. W. Jones, Tudur Watkins a Cledwyn Hughes. Nid oedd Cledwyn Hughes na Goronwy Roberts yn fodlon gyda'r mesur a gynigid, ac yr oedd nifer o blaid eu diarddel, ond yr oedd un Cymro amlwg yn amharod i hynny ddigwydd, a hwnnw oedd Aneurin Bevan. Ond yn y cyfnod a ddilynodd, yn arbennig boddi Cwm Tryweryn, a newid arweinydd o Clement Attlee i Hugh Gaitskell, bu newid. Y rheswm pennaf am y newid oedd agwedd Jim Griffiths, yn arbennig ar ôl iddo gael ei ddewis yn Ddirprwy Arweinydd y Blaid Lafur Brydeinig. Newidiodd Aneurin Bevan a James Callaghan eu hagwedd hefyd, ac erbyn Etholiad 1959, yr oedd y Blaid Lafur Gymreig yn mabwysiadu datganoli. Pan enillodd Llafur Etholiad 1964, cafodd Cymru ei Swyddfa a'i Hysgrifennydd ym mherson Jim Griffiths, ac o hyn ymlaen gwelwyd rhagor o anghytuno yng ngwleidyddiaeth Cymru. Bu colli Etholaeth Caerfyrddin mewn is-etholiad yn Gorffennaf 1966 i Blaid Cymru a Gwynfor Evans yn danchwa wleidyddol. Ond yn Etholiad 1966, cafwyd nifer o wleidyddion newydd a oedd yn barod i gefnogi datganoli.

Yr oedd datganoli yn rhan o faniffesto'r Blaid Lafur yn Etholiad Cyffredinol 1970. Rhoddwyd addewid o 'gyngor etholedig i Gymru'. Ni lwyddodd Llafur i ennill yn 1970 a bu'n rhaid aros hyd Chwefror 1974 pan aeth Harold Wilson yn ôl i Downing Street gyda mwyafrif bychan. Penododd ef John Morris yn Ysgrifennydd Gwladol Cymru, gwleidydd a fu'n dadlau dros ddatganoli o'r pumdegau. Gwahoddwyd Gwilym Prys-Davies i gynghori'r Gweinidog Gwladol. Buan y sylweddolodd ef fod nifer dda o Aelodau Seneddol y Blaid Lafur yng Nghymru yn amharod i gefnogi datganoli.

Penderfynodd Harold Wilson drefnu refferendwm ar fater Ewrop, a chafodd etholaethau yng Nghymru gyfle i alw am refferendwm hefyd ar Gynulliad i Gymru a'r Alban. Dechreuodd ymgyrch sefydlu'r Cynulliad yn 1978 pan oedd James Callaghan yn Brif Weinidog, a rhannwyd y gwleidyddion i ddau grŵp: y rhai oedd o blaid a'r rhai oedd yn erbyn. Safodd chwech ohonynt yn erbyn, sef Leo Absе, Ioan Evans, Fred Evans, Ifor Davies, Donald Anderson a Neil Kinnock, gan ddadlau y byddai'n gostus, amherthnasol ac yn bygwth undod dosbarth gweithiol

Prydain. Nid oedd gobaith ennill a chadarnhawyd hynny ar 1 Mawrth 1979. Aeth 58.3% o etholwyr i bleidleisio gan wrthod y cynnig ym mhob rhan o'r wlad. Anfarwolodd John Morris ei hun wrth lefaru brawddeg gofiadwy ar ôl clywed y canlyniad: "Pan welwch eliffant ar stepen eich drws, fe wyddoch ei fod e yna."

Bu'r canlyniad yn siom enfawr i genedlaetholwyr sosialaidd oddi mewn y Blaid Lafur Gymreig, felly y bu hi hefyd yn Etholiad Cyffredinol 1979. Am y tro cyntaf erioed, dim ond 50% o'r dosbarth gweithiol a bleidleisiodd i Lafur yn y Deyrnas Unedig; roedd 35% ohonynt wedi pleidleisio i Margaret Thatcher a'r Blaid Geidwadol. Yr oedd hyn yn dweud y stori bron i gyd, a byddai'n rhaid i Lafur ganolbwyntio fwy fyth ar y dosbarth canol yn y blynyddoedd oedd i ddod. Roedd pobl y chwith yng Nghymru mewn gofid ac anobaith, ac etholwyd Michael Foot yn arweinydd, ef yn eicon y chwith ac yn Aelod Seneddol Glyn Ebwy, ffrind a chofiannydd Aneurin Bevan. Ar ôl methiant Etholiad 1983, dilynwyd Michael Foot gan Neil Kinnock, ac i garfan Gymreig y Blaid Lafur yng Nghymru, teimlwyd yn aml ofid am yr ysbryd gwrth-Gymreig amlwg a welid yn natganiadau'r Aelodau Seneddol. O'r chwedegau i'r nawdegau, ceid ymateb negyddol ar yr iaith a'r diwylliant a'r dreftadaeth gan Iori Thomas, Leo Absey, Arthur Probert a'i olynydd Ioan Evans, Elfed Davies (Dwyrain y Rhondda), Donald Coleman (Castell-nedd), Harold Finch a'i olynydd ym Medwellte, Neil Kinnock, Donald Anderson ac Alan Williams, Aelodau Seneddol Dwyrain a Gorllewin Abertawe. Yna cafwyd aelodau fel Alan Williams (Caerfyrddin) a John Marek (Wrecsam) gyda George Thomas (Caerdydd) yn bychanu datganiadau John Morris, Cledwyn Hughes, Elystan Morgan ac Ednyfed Hudson Davies o blaid y Cynulliad.

Pe bai Lloegr wedi bod yn elyn anghymodlon i Gymru oddi ar 1918, ni fyddai cenedl y Cymry wedi cael ei thrin yn salach. Caewyd y pyllau glo wrth y dwsinau, a'r un stori oedd hi ym mhob diwydiant, y rheilffyrdd, y dociau a'r diwydiannau tun, haearn a dur. Agorwyd ffatrïoedd yn y tridegau, ond ychydig iawn o swyddi a ddaeth i Gymru, er y bu dyddiau o berthyn i Ewrop yn hwb sylweddol. A gwelodd yr Aelodau Seneddol Llafur eu bod hwythau yn gwbl ddi-ddylanwad yn y Senedd hyd yn oed pan oedd Michael Foot a Neil Kinnock yn arweinwyr. Yr oedd gan Cledwyn Hughes, Gwilym Prys-Davies a Gareth Williams gymaint o ddylanwad yn Nhŷ'r Arglwyddi ag oedd gan Neil Kinnock fel Arweinydd yr Wrthblaid yn San Steffan. Daliai ef yn ansicr ynghylch yr angen am Gynulliad Cenedlaethol yng Nghaerdydd, a chreodd yr eithafwyr o dan faner Militant yng Nghaerdydd ac Abertawe ddigon o drafferth iddo. Hefyd, yn ystod cyfnod Thatcher, creodd mwy a mwy o awdurdodau Cymreig gysylltiad gwerthfawr gyda'r Gymuned Ewropeaidd, a dod i adnabod cynghorwyr a seneddwyr o wahanol ranbarthau ar y Cyfandir. Gwelent yn glir y grymoedd a oedd yn nwylo'r rhain yn y rhanbarthau. O ganlyniad i'r datblygiadau a'r cyffroadau rhwng y glowyr a llywodraeth Thatcher adeg y Streic Fawr yn 1984, ac nid oherwydd newid athronyddol sylfaenol y daeth yr alwad am Gynulliad Cymreig yn fwy derbyniol gan arweinwyr a oedd cyn hynny ar lawr gwlad yn elyniaethus i'r cysyniad, er bod y Blaid Lafur yng Nghymru yn arfer bod yn iach yn y ffydd Gymreig, sosialaidd mor bell yn ôl â datganiadau Arthur Henderson yn niwedd y Rhyfel Byd Cyntaf yn 1918. A daeth hi'n ffasiynol i Lafurwyr alw am Gynulliad yn ystod Cynhadledd Flynyddol y Blaid Lafur Gymreig fel y gwnaed gan ganghennau'r Blaid Lafur yng Nghaerdydd ac Abertawe mor bell yn ôl â'r Ail Ryfel Byd.

Trwy gydol yr wythdegau, yr oedd nifer o ddeallusion di-Gymraeg trwy'r Sefydliad Materion Cymreig yn cyhoeddi a chynnal seminarau i drafod y Cynulliad. Un o'r blaenaf o'r rhain oedd John Osmond, ond roedd trwch mawr o aelodau gweithgar y Blaid Lafur yn amheus dros ben o weithgarwch Osmond dros ddatganoli. Gyda'r mewnlifiad yn y degawd hwn i'r bröydd Cymraeg a ffaeleddau Deddf Iaith 1967, gweithiodd nifer o sosialwyr dros y Ddeddf Iaith Newydd, ynghyd â'r Cenedlaetholwyr ym Mhlaid Cymru. Erbyn Etholiad Cyffredinol 1992, yr oedd y Blaid Lafur Brydeinig yn ffyddiog fod Neil a Glenys Kinnock ar eu ffordd i Rif 10 Downing Street. O leiaf, trwy John Morris a Ron Davies, ceid addewid o Ddeddf Iaith a Chynulliad i Gymru.

Siom a gafwyd yn Etholiad Cyffredinol 1992 pan fethodd Neil Kinnock ag ennill mwyafrif o seddau a chael ei gyfle fel Prif Weinidog. Roedd ei bersonoliaeth a'i huodledd ar lawer achlysur yn blino yr etholwyr a chafodd John Major chwifio baner y Ceidwadwyr fel olynydd Margaret Thatcher am gyfnod arall. Y methiant hwn oedd y prif reswm i'r Undebau Llafur, y Blaid Lafur ei hun a'r cynghorwyr gweithgar yng Nghymru a'r mudiadau amrywiol fynd ati i baratoi ar gyfer ymgyrch arall dros ddatganoli. Roedd angen gwleidydd a gredai yn angerddol yn yr ymgyrch i ddilyn Kinnock oedd yn llugoer a phan ymddiswyddodd ef ar 12 Ebrill 1992, etholwyd yr union berson i arwain dwy genedl i gofleidio'r syniad o Senedd yng Nghaeredin a Chynulliad ym mhrifddinas Cymru. John Smith yr Albanwr oedd y gwleidydd hwnnw.

Ei Bresbyteriaeth oedd sylfaen ei Sosialaeth Gristnogol. Gweledigaeth ac arweiniad John Smith fu'n brif sbardun i'r Mudiad Llafur yng Nghymru osod datganoli yn ôl ar frig y rhaglen wleidyddol yn y nawdegau. Etholwyd Ron Davies i Gabinet yr Wrthblaid fel Prif Lefarydd dros Faterion Cymreig. Golygai John Smith sefydlu Cynulliad deddfwriaethol i Gymru, a theimlai Ron Davies fod gymaint yn gyffredin gyda phobl o'r un gred yn y pleidiau eraill. Ond pan oedd yr ymgyrch yn dangos gobaith o ennill tir, daeth angau dychrynllyd o sydyn i darfu ar yr holl weledigaeth. Bu farw John Smith ar 16 Mai 1994 yn 56 mlwydd oed ac fe'i holynwyd gan wleidydd ifanc, Tony Blair. Dywed Ron Davies:

> Blair did everything he could to emasculate and frustrate what I was trying to do, and I know that there were 'senior party figures' who were constantly advising him against devolution in Wales. He was never helpful.[5]

Gwrandawai Blair ar y sefyllfa yng Nghymru drwy ddau o'r Aelodau Seneddol Cymreig, Kim Howells (Pontypridd) a Neil Kinnock, a fu yn wrthwynebwyr am flynyddoedd i ddatganoli. Y gwleidydd Cymreig oedd ar yr un donfedd â Ron Davies oedd Dafydd Wigley o Blaid Cymru, a Gwilym Prys-Davies o'r Blaid Lafur.

Bu 1997 yn flwyddyn i'w chofio i'r Blaid Lafur am fuddugoliaeth ysgubol yn yr Etholiad Cyffredinol. A dylid nodi bod Tony Blair wedi rhoddi arweiniad digon cymeradwy gan nodi ei fod yn cadw ei addewid ar gyfer datganoli. Croesawyd Ron Davies yn Ysgrifennydd Gwladol Cymru, ac ef oedd yn arwain yr ymgyrch Ie yn y Refferendwm a oedd i'w gynnal ar 18 Medi 1997. Bu'n rhaid aros hyd 4.45 o'r gloch y bore i glywed canlyniad Sir Gaerfyrddin a chlywed bod Cymru wedi pleidleisio i sicrhau Cynulliad. Roedd breuddwyd Mabon, E. T. John, Jim Griffiths, Cledwyn Hughes, Gwilym Prys-Davies wedi'i gwireddu, breuddwyd a fu yn ysbrydoli sosialwyr o

---

[5] Dyfynnwyd yn Rees, D. Ben, *Cymro i'r Carn: Cofiant Gwilym Prys-Davies,* (Caernarfon, 2021), t20.

ddyddiau Cymru Fydd a'r Blaid Lafur yn ei dyddiau cynnar. Hon oedd un o'r buddugoliaethau pwysicaf yn holl hanes Cymru a fu yn nwylo'r Blaid Lafur ers 1922. Sylweddolwyd bod sefydlu'r Cynulliad yn her i'r genedl gyfan a chafodd y Blaid Lafur Gymreig arweinwyr yn y Cynulliad a oedd yn bleidiol i'r weledigaeth. Dyna oedd ymateb Alun Michael, Rhodri Morgan, Carwyn Jones, Mark Drakeford a Vaughan Gething. Oherwydd cyhoeddusrwydd am ymddygiad Ron Davies, bu'n rhaid iddo ildio'i swydd, ac yn y Cynulliad perthynai'r cyn-Ysgrifennydd Gwladol i grŵp o bedwar aelod anhydrin a thrafferthus. Gwelwyd y Cynulliad yn cyflawni gwaith gorchestol ar brydiau, a throeon eraill, yn ei chael hi'n anodd mewn meysydd fel y Gwasanaeth Iechyd ac Addysg ac Amaethyddiaeth. Roedd yr angen mor fawr, ac ar ôl dedfryd Refferendwm Bregsit, bu hi yn anodd cael y cymorth ariannol angenrheidiol o Drysorlys Senedd y Deyrnas Unedig. Ond yn 2024, dathlwyd chwarter canrif o lywodraeth Llafur, mewn clymblaid ar adegau, a throeon eraill heb hynny. Ond o leiaf llwyddodd Rhodri Morgan, Carwyn Jones a Mark Drakeford i greu'r Blaid Lafur Gymreig a oedd yn dderbyniol iawn gan yr etholwyr, yn arbennig adeg yr argyfyngau fel Cofid-19.

Er mor ganolog yw rôl y Blaid Lafur yn hanes Cymru dros y ganrif a hanner ddiwethaf, hyd yn hyn ni chafwyd llyfr yn y Gymraeg yn canolbwyntio'n benodol ar hanes y Blaid Lafur Gymreig. Maes ffrwythlon yw hwn i'r hanesydd, ond rwyf wedi ymdrechu i gynnig naratif o stori'r blaid gan drin yr yr hanes mor gryno â phosibl, o'r Diwygiad Methodistaidd hyd ddauddegau'r unfed ganrif ar hugain.

Yn y bennod gyntaf, ceir ymdriniaeth ar yr unigolion, cymdeithasau, terfysgoedd, bodolaeth y dosbarthiadau a'r tensiynau a greodd Undebaeth Lafur a chymdeithasau sosialaidd, trwy'r bedwaredd ganrif ar bymtheg wyneb yn wyneb â bodolaeth y Blaid Ryddfrydol. Ni fu'n hawdd i argyhoeddi'r werin Gymraeg i droi eu cefnau ar y Blaid Ryddfrydol, a bu dyfodiad y dosbarth canol yn gymorth i fagu arweinwyr ar ôl yr Ail Ryfel Byd. Ond erbyn y Rhyfel Byd Cyntaf, yr oedd Llafur yn agosáu at y domineiddio a ddigwyddodd o 1922 hyd heddiw. Yn yr ail a'r drydedd bennod, adroddir yr hanes rhwng y ddau Ryfel Byd, gyda phwyslais arbennig ar y dyddiau o adfyd (1939-1945) a buddugoliaeth ysgubol Llafur o 1945 i 1951. Trwy hyn, cyflawnwyd cyfnewidiadau aruthrol, yn wir: genedigaeth y Wladwriaeth Les, y cenedlaetholi a'r gofal am yr unigolyn o'r crud i'r bedd. Testun pennod pedwar yw 1951-1964, cyfnod yn y diffeithwch ar ôl methu â chadw gafael ar rym yn 1951, gyda dadlau a checru a oedd yn rhwygo'r Blaid rhwng y chwith a'r dde. Ceir gweld pwysigrwydd Jim Griffiths ac Aneurin Bevan yn y cyfnod hwn ac fel y llwyddodd y ddau erbyn 1959 i gael Ysgrifennydd Gwladol i Gymru ar yr agenda. Yn y bumed bennod trafodir Llywodraethau Llafur 1964-1970 a 1974-1976 o dan Harold Wilson a Llywodraeth Callaghan o 1976 i 1979. Yn y chweched a'r seithfed bennod wedyn trafodir gweddill yr hanes drwy gyfnod y Ceidwadwyr wrth y llyw am ddeunaw mlynedd, a thrafodir yr alwad a ddaeth am ddatganoli yn niwedd y nawdegau ar ôl siomedigaeth Refferendwm 1979 yn gwrthod y cyfle. Gwelwyd Cynulliad mewn bodolaeth yng Nghaerdydd yn 1999, ac yn y ganrif newydd, rhoddir sylw i'r hyn a gymerodd le mewn adeilad a gychwynnodd fel Cynulliad, ond sydd bellach yn Senedd. Gwelwyd y Blaid Lafur Gymreig yn dod i'w theyrnas yn y sefydliad cenedlaethol.

Rwyf yn ddyledus iawn i Adam Pearce am gofleidio'r cyfle yn enw y Wasg i ofalu am y gyfrol hon, ac am gynllunio'r clawr a darllen y cyfan gyda'i awgrymiadau gwerthfawr. Darllenwyd y cyfan hefyd gan ysgolheigion eraill fel y Dr. Pat Williams a fu yn drylwyr fel arfer a thrwy hynny yn cryfhau yr hanes. Gwelodd y Dr. Simon Brooks, yr Athro Richard Wyn Jones a Dafydd Rees y penodau, a bum ar fy ennill o drafod y bennod ar Etholiad 2024 gyda'r mab y bu galw mawr amdano gan y cyfryngau i ddadansoddi y chwyldro a gymerodd le ar 4 Gorffennaf 2024. Teimlwn ar hyd y ffordd fod gennyf arbenigwyr cyfoes a phob un yn barod i gynorthwyo drwy awgrymu y dylwn ystyried ambell drywydd gwahanol. Gwerthfawrogaf fy mod yn gweld cyfrol unigryw yn hanes y Cymry Cymraeg yn ymddangos ac y mae llinell gynganeddol R. Williams Parry yn crynhoi'r hyn a ddigwyddodd yn yr ugeinfed ganrif ar dir Cymru yn hanes y Blaid Lafur, ac yn wir i'r ganrif newydd, sydd yn dipyn o wyrth wleidyddol.

Pennod 1
Arloeswyr y Tir

Araf iawn fu twf yr ymwybyddiaeth Sosialaidd a chymdeithasau i amddiffyn y gweithwyr; y cynharaf o'r rhain oedd y cymdeithasau darbodus a welwyd yn niwedd y ddeunawfed ganrif. Bu Richard Price (1723-91), athronydd a anwyd yn Llangeinor yn Sir Forgannwg, yn brysur odiaeth dros egwyddorion yswirio bywydau ac i ofalu bod y cymdeithasau hyn yn berthnasol ac angenrheidiol. Ef oedd un o'r Cymry blaengar a roddodd groeso i'r chwyldroad yn Ffrainc.[1] Darparodd gyngor i'r y trefedigaethau yng Ngogledd Amerig yn ei gyfrol *Civil Liberty* a gyhoeddwyd yn 1776. Cafodd y gyfrol gylchrediad eang, yn sicr yr oedd ef yn un o'r arloeswyr mawr a gafodd Cymru o ran amddiffyn hawliau'r unigolyn. I ddeall cyfraniad y Mudiad Llafur yn ei oes aur, sef yr ugeinfed ganrif, dylid dechrau olrhain yr ymwybyddiaeth yn ôl i ddyddiau Richard Price a John Jones ('Jac Glan y Gors') (1766-1821), Thomas Roberts, Llwynrhudol ger Abererch (1765-1841) a Morgan John Rhys, Llanfabon, ger Caerffili (1700-1804.[2]

Purion peth felly yw cyfeirio at "ragredegyddion Sosialaeth yng Nghymru," chwedl yr arloeswr David Thomas. Rebel oedd Jac Glan y Gors a anwyd ac a fagwyd yn Uwchaled ac mae'n debyg mai gorfod ffoi i Lundain fu

---

[1] D. O. Thomas, *Richard Price*, (Caerdydd, 1976).
[2] Jones, Albert E. (Cynan): Jac Glan y Gors, 1766-1821, *Trafodion Cymdeithas Hanes Sir Ddinbych*, xvi, tt. 62-81; Owen, Bob: Thomas Roberts, Llwynrhudol, *Y Geninen*, xi (Gŵyl Ddewi), 41-5; Griffith, John T. *Morgan John Rhys (1760-1804)*, (Carmarthen, 1910), tt. 278.

ei hanes yn 1789. Erbyn 1793, yr oedd yn rheolwr, neu yn ôl rhai, yn berchennog ar y *Canterbury Arms* yn Southwark, a deuai llu o Gymry blaengar yno i drafod cwestiynau'r dydd. Cyhoeddodd y syniadau a gyflwynai yn y dafarn i sylw pellach ar ffurf dau bamffledyn, *Seren Tan Gwmwl* yn 1795 a *Toriad y Dydd* yn 1797. Neges John Jones ydyw cyflwyno ffraethineb a neges sylfaenol Thomas Paine am hawliau'r unigolion. Gwelodd y crefyddwyr yn bobl i'w beirniadu, lluchiodd dunelli o eiriau at ddifrawder esgobion Cymru, poenai am ddiffyg ysgolion i addysgu'r plant. Methai ddal ati i feirniadu o hyd, ac fel aml i feidrolyn arall bu'n barod i gymrodeddu. Yn 1803, canodd gân am frwydr Trafalgar, a chyn bo hir yr oedd yntau fel ei gyd-aelodau o Gymdeithas y Gwyneddigion yn moli'r milwr Wellington ac yn barod i gyfrannu at dysteb iddo.

Gŵr gwahanol iawn oedd Thomas Roberts, Llwynrhudol, ac yn sicr deallodd y Chwyldro Ffrengig yn well na'i gyfaill o Uwchaled.[3] Baich ei bamffled *Cwyn yn erbyn Gorthrymder* ydyw'r hyn oedd yn tarfu ar Gymru yn ei oes ef: Methodistiaeth Galfinaidd, un o'r mudiadau oedd yn haeddu beirniadaeth, a'r Eglwys Esgobol hefyd, sef y Sefydliad Eglwysig, a'r Degwm. Ond dechrau ydym ni yn y fan honno, gan nad oedd ganddo air da i'r drefn Saesnig, y barnwyr Saesneg eu hiaith a'r cyfreithwyr Seisneg boliog a balch. Temtiwyd yr hanesydd R. T. Jenkins i awgrymu bod Thomas Roberts wedi dylanwadu yn ei syniadau ar y gwron o Lanbryn-mair, Samuel Roberts (1800-1885) a adnabyddid gyda dwy lythyren 'S. R.'.[4]

Y trydydd arloesydd yn sicr yw Morgan John Rhys o Lanbradach, gŵr a gafodd ei anghofio am bron i ganrif

---

[3] Roberts, Thomas, *Cwyn yn erbyn gorthrymder (1798)*, Argraffiad newydd, Caerdydd, 1925.
[4] Jenkins, R. T., *Hanes Cymru yn y Bedwaredd Ganrif ar Bymtheg* (Caerdydd, 1933), tt. 19-20.

gyfan. Arweinydd y Blaid Lafur yn nauddegau'r ugeinfed ganrif oedd J. Ramsay MacDonald, ac ef a ysgrifennodd ar Morgan John Rhys i'r *Dictionary of National Biography*. Yr Ysgol Sul oedd un o'r mudiadau y bu Morgan John Rhys yn ei drefnu, mudiad a fu'n hynod o bwysig yn hanes y dosbarth gweithiol a'r dosbarth canol ym mhob rhan o Gymru, ac yn wir ymysg Cymry alltud. Cyflawnodd Morgan John Rhys gryn lawer ar ôl iddo ddod yn alltud yn yr Unol Daleithiau.

Bu'r tri y cyfeiriwyd atynt yn ymwybodol o'r cymdeithasau hynny a sefydlwyd i hyrwyddo diwygiad gwleidyddol yn Llundain o 1780 hyd ddiwedd y ddeunawfed ganrif. Yr oedd nifer o Gymry yn amlwg iawn yn y cymdeithasau hyn, fel yr ieithydd Syr William Jones (1746-1794) a gyhoeddodd bamffled arwyddocaol o dan y teitl *The Principles of Government in a Dialogue between a Scholar and a Peasant*.[5]

Ceid cymdeithas gref o chwarelwyr y Penrhyn, Bethesda a gadwodd bob un o'i channoedd o aelodau rhag gorfod llwgu a dibynnu ar gardod yn nechrau'r bedwaredd ganrif ar bymtheg. Ceid yn y De yn 1811 yn nhref Merthyr Tudful naw ar hugain o gymdeithasau gwirfoddol. Gelwid un ohonynt gyda'r enw cofiadwy, *Cymdeithas Cydymdeimlad* (Sympathy Club) gydag wyth ar hugain o aelodau. Ceid mil o bunnoedd yn y banc a thelid y swm ardderchog o ugain punt mewn blwyddyn i aelod oedd yn ddi-waith, nid trwy ddiogi na diffyg awydd i weithio, ond cyflwr isel y farchnad economaidd.

Ceid Undebau Llafur mewn bodolaeth fan hyn a fan draw, ond yr oeddent bron yn anweledig i'r awdurdodau ac i gymdeithas gyfan. Ofnai llywiawdwyr y wlad eu bodolaeth, a gofalwyd yn 1799 i ddeddfu yn eu herbyn, yn

---

[5] Ellis, Tecwyn, 'William Jones, Llangadfan', *Llên Cymru*, i, tt. 174-184.

yr hyn a elwid *Combination Laws*. Yr oedd yr Undebau Llafur yng Nghymru yn yr un cwch â'r mudiad crefyddol o fewn yr Eglwys Esgobol, a elwid y Methodistiaid Calfinaidd. Cyfrifed gan amlaf bod offeiriad y seiadau wythnosol yn trefnu gwrthryfel yn erbyn llywodraeth y dydd yn San Steffan. Ofni a wnâi'r llywodraeth yr hyn a fedrai gweithwyr a fynychai'r seiadau ei gyflawni. Yn 1806, carcharwyd chwech o weithwyr yn nhref Abertawe am dri mis am iddynt 'gynllwynio' i gael gwell cyflogau oddi wrth y perchnogion. Gostwng cyflogau'r gweithwyr oedd dyhead cwmnïau yn ne Cymru.

Nid oedd llawer o obaith o lwyddo gan yr Undebau Llafur a dyna pam iddynt gicio yn erbyn y tresi yn ne Cymru trwy'r hyn a elwid ar lafar gwlad yn 'Scotch Cattle'. Dynion cryf oedd yn ddigon parod i sefyll dros eu hachos oedd y rhain. Trefnwyd y 'gwartheg' yn gyfrinfeydd neu seiadau, a byddent yn cadw llygad barcud ar y diwydiant haearn. Os gwelid gweithwr yn barod i dderbyn llai o gyflog nag a ddylid, anfonid y blaenor, sef y 'tarw' i ymweld ag ef yn ei gartref a'i rybuddio rhag cyflawni hyn byth eto. Ac os na cheid cydweithio difrodid drysau ei gartref ynghyd â'r dodrefn; llosgid weithiau ei dŷ, a'i glwyfo ef gyda'r gyllell. Gofalai'r drwgweithredwyr hyn rhag eu dal trwy drefnu bod y 'tarw' a ddeuai i'w disgyblu yn hanu o ardal arall fel na fyddai'n bosibl i'w adnabod. Troai'r 'gwartheg' eu cotiau a pharddüant eu hwynebau fel nad oedd modd yn y byd wybod dim byd amdanynt. Dychrynai 'Gwartheg yr Alban' y strydoedd a'r pentrefi a'r wlad o amgylch gyda'u hymddygiad gwarthus. Hwy yr adeg honno, ran amlaf, oedd yn meddu ar y llaw drechaf.[6]

Erbyn 1825, llwyddwyd trwy gryn lawer o brotestio i gael gwared â'r Deddfau llym a adnabyddid gyda'r enw

---

[6] Jenkins, R. T., *Hanes Cymru yn y Bedwaredd Ganrif ar Bymtheg*, 79, tt. 122-3.

Combination Laws. Hyd yn oed yn awr, yr oedd yr Undebau Llafur yn rhwystredig gyda llu o lyffetheiriau i'w rhwystro. Nid oedd ganddynt hawl i alw streic, a sylweddolwyd mai Cymro o'r Drenewydd o'r enw Robert Owen (1771-1858) oedd yr ysgogydd pennaf dros Undebaeth Lafur. Cyhuddwyd ef gan aml un o fod yn 'anffyddiwr'. Pa fath o fudiad fyddai'n barod i adael i ŵr a goleddai syniadau hereticaidd eu harwain? Yn y sefyllfa enbydus, camarweiniwyd un o'r enwadau crefyddol, y Methodistiaid Calfinaidd, a phasiodd y Sasiynau benderfyniadau a oedd yn gosod aelodau gweithgar o'r enwad ac o'r Undeb Llafur mewn safle amhosibl. I aelodau Sasiwn y De a gyfarfu yn Nhredegar yn 1831 ac i aelodau Sasiwn y Gogledd a gyfarfu yn Yr Wyddgrug yn 1832, disgwylid i'r Methodist Calfinaidd o Undebwr wneud dewis rhwng perthyn i Gyfrinfa'r Undeb neu i Seiat y Methodistiaid Calfinaidd. Yr oedd arweinwyr y Methodistiaid Calfinaidd fel John Elias yn y gogledd ac Ebenezer Richard yn y de yn condemnio dull yr Undeb o dderbyn aelod i'w plith ynghyd â'r dirgelwch oedd o amgylch y seremoni fel pe baent yn Seiri Rhyddion. Yn waeth na'r cyfan, yr oedd ganddynt elfen dreisiol yn gweithredu yn erbyn y bobl nad oedd am berthyn i'r Undeb Llafur. Wedi'r cyfan, yr oedd nifer dda o'r bobl a ddaeth i Sasiwn Yr Wyddgrug wedi gweld terfysg annifyr yn siroedd Y Fflint a Dinbych yn niwedd 1830 a dechrau 1831. Gan fod y ddwy sir yn ffinio â Chlawdd Offa, llwyddodd Undeb y Glowyr (*Coalminers' Union*) ddylanwadu ar lowyr yn Sir Fflint a Sir Ddinbych. Safodd y meistri yn solet yn eu herbyn a'u herio, ac yn Rhosllannerchrugog, bu'n rhaid galw'r meirchfilwyr i gadw trefn. Ond tân shafins oedd y cyfan ac yn naturiol edwinodd yr undebau llafur unwaith yn rhagor.

Rhaid cyfeirio ein camre i dde Cymru am ragor o wrthdystio ac i Ferthyr Tudful a'r cyffiniau lle y bu ymladd dygn rhwng cyfalaf a llafur. Nid oedd croeso o gwbl i bobl a oedd am ennill hawliau i weithio yng Ngwaith Haearn Cyfarthfa a chanolfannau eraill o eiddo William Crawshay. Yn 1830 teithiodd hanner cant o weithwyr o Fynachlog Nedd a chawsant rybudd y perchnogion i ymadael gan nad oedd croeso iddynt. Eu meistr oedd Joseph Tregelles Price, aelod o'r Crynwyr, apostol heddwch ei oes, a llwyddodd ef i ddarbwyllo'r gweithwyr i anghofio am undeb llafur. Cyfalafwr patriarchaidd oedd mab tangnefedd a chan fod cymaint o barch iddo, gwrandawyd ar ei ddymuniad. Gŵr tra annhebyg oedd Crawshay. Ei ffordd ef o ddelio â'r gweithwyr oedd y ffordd arferol: gostwng cyflogau pan oedd y farchnad yn wael, a chanlyniad hynny bob amser fyddai ffraeo a gwrthryfel. Cafwyd yn wir wrthdaro ffrwydrol, ac yn Hydref 1830 gwelwyd rhai miloedd (9,000 yn ôl rhai haneswyr) a mwy o weithwyr y diwydiant haearn ar y bryniau y tu allan i Ferthyr yn barod i sefyll yn erbyn y milwyr a oedd ar eu ffordd i gadw trefn ar gais y cyfalafwyr. Erbyn bore Llun ymledodd y gwrthdaro i Sir Fynwy, i dref Tredegar, i Sirhywi, Cendl, Glynebwy a Nant y Glo. Diwrnod yn ddiweddarach, gwelwyd mwy o filwyr ym Mlaenau Gwent. Llwyddwyd i adfer cyfraith a threfn ac arbed rhagor o wrthdaro gwaedlyd.

Daliwyd y terfysgwyr amlycaf yn ôl yr awdurdodau, sef Lewis Lewis, gŵr a elwid yn gariadus gan ei gefnogwyr yn Lewsyn yr Heliwr, ynghyd â chyfaill iddo, Richard Lewis a elwid ar lawr gwlad fel Dic Penderyn, gan mai o'r pentref hwnnw ger Hirwaun y bu'n brysur odiaeth o blaid y werin bobl. Ym mrawdlys Gorffennaf ym Morgannwg, condemniwyd y ddau wron i farwolaeth. Gwnaeth Joseph Tregelles Price ei orau glas i amddiffyn Dic. Teithiodd Price i Lundain i weld dau o brif wleidyddion y dydd, Arglwydd Melbourne a'r Arglwydd Brougham. Ofer fu'r siwrnai o Fynachlog Nedd. Crogwyd Dic heb ronyn o drugaredd. Dangosodd pobl fusnes Caerdydd eu gwrthwynebiad chwyrn i'r anfadwaith trwy gau pob siop er parch iddo ar ddydd ei angladd. Dyma ferthyr cyntaf Undeb Llafur yng Nghymru. Dihangodd Lewsyn rhag ei grogi ac alltudiwyd ef i bellafoedd y byd.

Yr oedd creulondeb yr awdurdodau wedi chwerwi pob haen o'r gymdeithas Gymreig, ac yna ar 24 Medi 1831, mynnodd meistri'r diwydiant trwm gael eu ffordd eu hunain trwy wahardd unrhyw weithwyr i ymaelodi gydag Undeb Llafur. Cafodd y gweithwyr siom pellach pan ddaeth undebwr o Ogledd Lloegr a elwid yn Mr. Twiss i drefnu streic. Twyllodd Twiss hwy, gan adael de Cymru gyda llond ei bocedi o arian prin yr Undeb a gadael y gwroniaid a oedd wedi ymddiried ynddo ar y clwt ac yn dioddef tlodi. Yn ôl amodau Deddf y Tlodion anfonwyd cymaint o bobl a fedrid yn ôl i'r siroedd gwledig o'r lle y daethant yn y lle cyntaf i chwilio am waith, gan ei bod hi yn drwm ar dref Merthyr i'w cynnal yn y wyrcws. Nid oedd meistri'r gwaith haearn am ganiatáu unrhyw lygedyn o obaith i bobl a oedd o blaid yr Undebau Llafur. Torrwyd calon yr Undeb a sefydlwyd gan Robert Owen[7] yn 1834, ac ym Morgannwg gofalodd Crawshay na fyddai un o'r bobl hyn a ddaeth yn ddisgyblion Owen yn cael ei gyflogi yn y ffwrneisiau haearn. Gwell oedd ganddo ddiffodd pob ffwrnais o'i eiddo na chaniatáu bodolaeth Undebaeth. Mynnodd ef a chyfalafwyr Pont-y-pŵl fod pob gweithiwr a gyflogid ganddynt yn ymwrthod unwaith ac am byth â pherthyn i Undeb Llafur. Ni ellid cadw'r 'gwartheg' a drigai yn Nant y Glo yn barchus, a hwythau yn barod i 'frefu a chwythu cyrn', malu dodrefn y gell a chreu anrhefn.

Ofnai cylchgrawn *Seren Gomer* fod Cymru fel gwlad yn mynd yn debycach i werin anystywallt Iwerddon. Mentrodd siopwr cegog yn y Graig ger Bedwellte,

---

[7] Roberts, R. O., *Robert Owen y Dre Newydd* (Llandysul, 1948).

Thomas Rees, ddweud yn gyhoeddus nad oedd dim da yn deillio o'r Undebau Llafur. Ni chafodd drugaredd am sylw mor rhagfarnllyd a theithiodd hanner cant o'r 'gwartheg' i'r Graig. Taflwyd cerrig at ffenestri'r siop a mentrodd rhai eraill i mewn gan daflu nwyddau o'r silffoedd drwy'r ffenestri maluriedig. Llosgwyd ei lyfrau cownt. Daliwyd dau o'r rhai a fu yng nghanol yr anrhefn a'u halltudio gan y llys yn ddigon pell o'u cartrefi. Mis Tachwedd 1834 fu hi'n amser talu pwyth yn ôl eto ym Medwellte pan gafodd trigolion chwech o dai a siop a oedd wedi pardduo'r syniad o Undeb gosb ychwanegol. Cariai cefnogwyr yr Undebau, y terfysgwyr treisiol, bob math o gleddyfau a gwaywffyn yn eu dwylo. Saethwyd mewn gwaed oer wraig ddiniwed ond siaradus ac opiniyngar, a chrogwyd y person a ddefnyddiodd y gwn arni ym mis Ebrill 1835.

Y mae'n amlwg fu Gwent yn ganolfan i'r gwrthdystio treisiol sydd yn rhan o hanes anodd sefydlu'r Undebau Llafur. Nid oes sôn am dreisio tebyg ym Merthyr nac Aberdâr. Digon o ddadlau, anghytuno ond dyna'r cyfan. Er bod y dystiolaeth sydd gennym fod Blaenau Gwent yn ddigon tebyg i ganolfannau eraill fel Aberdâr a Merthyr, ceid y gwahaniaeth dybryd yn agwedd arweinwyr Siartwyr fel John Frost (1786-1877)[8]. Ef oedd prif arweinydd Siartwyr Sir Fynwy. Radical a anwyd yng Nghasnewydd, bu'n ŵr pwysig, yn Faer y dref, yn Ustus Heddwch, un o warcheidwaid y tlodion, ac yn selog yng Nghapel yr Annibynwyr yn Dock Street. Ceid rhai eraill o'r Siartwyr yn Sir Fynwy a oedd yn llawer mwy ymosodol eu bryd na Frost. Enghreifftiau eraill yw Zephaniah Williams, tafarnwr o Nant y Glo a William Jones, oriadurwr o Bont-y-pŵl. Pwerus yw'r gair i ddisgrifio Henry Vincent (1813-1878) a elwid yn Apostol Siartiaeth. Enillai ei huodledd aml un i goleddu rhaglen gyflawn y Siartwyr. Ef a

---

[8] David Williams, *John Frost* (Cardiff, 1939).

argyhoeddodd John Frost cyn i'r awdurdodau ei ddal a'i ddedfrydu yn y llys i flwyddyn o garchar. Aeth Sir Fynwy yn wenfflam gyda lleisiau croch yn galw am ei ryddhau yn ddiymdroi. Yr oedd y Siartwyr yn barod i ymosod. Cytunodd y tri arweinydd, Frost, William Jones a Zephaniah Williams, yn y Coed Duon y dylid goresgyn Casnewydd ar noson y 3ydd o Dachwedd 1839. Frost i arwain mintai o'r Coed Duon i lawr Cwm Sirhywi i Risga, William Jones i ddod â byddin arall o Abersychan trwy Bont-y-pŵl a Llantarnam i Gasnewydd, ac yna Zephaniah Williams i ddod â'i gyd-Siartwyr o Nant y Glo, yna i Lyn Ebwy a gorffen yng Nghasnewydd. Trodd y fenter yn fethiant, daeth y glaw trwm, methwyd cadw trefn ar y minteioedd, ac yn waeth na dim, bu Zephaniah a William yn hwyr yn cyrraedd y dref. Erbyn hynny, yr oedd y plismyn yn eu disgwyl ac er iddynt lwyddo i ymosod ar Westy Westgate, trodd y cyfan yn ffiasgo. Lladdwyd rhai o'r Siartwyr, a ffodd eraill. Wedi'r cyfan, pobl ar eu cythlwng oedd carfan dda ohonynt a phawb yn wlyb i'w groen, ac yn ofnus o'r canlyniadau. Daliwyd Frost, Williams a Jones gan yr heddlu. Gwyddai pob un ohonynt y gosb o'i flaen, ond yn lle eu crogi anfonwyd hwy i Ynys Tasmania. Llwyddodd John Frost i ddychwelyd i Loegr yn 1856 a bu'n byw bywyd tawel heddychlon ar gyrion Bryste am weddill ei oes.

Dyna ddiwedd ar y brotest dreisiol galed, ond nid ar raglen Siartiaeth yn galw am bleidlais i'r bobl a hawliau i ymgynnull i amddiffyn eu buddiannau fel gweithwyr. Daeth *Udcorn Cymru*, newyddiadurwr y Siartwyr Cymreig, i hau'r had yn 1840. Nid oedd *Udgorn Cymru* yn rhoddi lle o gwbl i derfysg fel un Casnewydd. Daliwyd i drafod gyda difrifoldeb yr angen i greu undebau i amddiffyn y gweithwyr. Nid oedd Ymneilltuaeth Gymraeg, a oedd yn tyfu yn fudiad mawr o ran aelodau, yn gytûn o gwbl yn ei safbwynt tuag at raglen Siartiaeth. Gwyddom fod nifer o Ymneilltuwyr yn Siartwyr; gorymdeithiodd nifer dda ohonynt i Gasnewydd. Diarddelwyd nifer ohonynt o'r capeli, hyd yn oed yng Ngogledd Cymru. Ceir hanes y rhai a ddiarddelwyd o Gapel Dwygyfylchi ger Penmaemawr am bleidio Siartiaeth. Ni chadwodd un o'r Ymneilltuwyr gweithgar, y Parchedig David Rees o Lanelli yn dawel o gwbl. Galwai ef am ysbryd ymosodol tuag at fudiadau a oedd yn gwrthod cyflwyno amodau teg i'r rhai a'u gwasanaethai. Cyhoeddai Rees y gair 'Cynhyrfer', a chafodd ei gylchgrawn *Y Diwygiwr* gyfle da i wneud hynny ar gwestiynau'r dydd. Gofalai ef fod Ymneilltuaeth grefyddol a Rhyddfrydiaeth wleidyddol yn clywed ei lais a'i lef. Cymeradwyai ef y Siarter. Ni allai ef gytuno o gwbl gyda ffyrdd treisiol o weithredu, a dyna pam y cynhyrfid ef pan ddigwyddai hynny.

Canlyniad mudiad y Siartwyr i aml un oedd bodolaeth protest Becca yn y Gorllewin. Cynnwrf gwledig oedd Becca gyda'r amaethwyr yn Sir Gaerfyrddin a Sir Benfro yn cicio yn erbyn y tresi o Gomin Maenclochog i ganol tref hynafol Caerfyrddin. Gwrthododd cefnogwyr Becca wrando ar leisiau'r cymrodyr David Rees a John Thomas (Bwlchnewydd).[9]

Ym Mehefin 1839, rhwng terfysg y Siartwyr yn Llanidloes a therfysg Casnewydd y gwelwyd Becca gyntaf pan ddrylliwyd tollglwyd Efail Wen, ger Crymych, eraill yn ymyl Arberth a'r Tŷ-Gwyn-ar-Daf. Yr arweinydd oedd un a alwai ei hun yn Rebecca, a ddisgrifiwyd fel 'rhyw greadures hynod, nis gwyddom yn y byd ym mhle y mae'n byw'. Marchogai geffyl gwyn. Bu hi a'i phlant yn gyfrifol yn y pen draw am ddryllio yn agos i chwe ugain o dollbyrth a chlwydydd, ac ymledodd y dryllio i dair Sir y Gorllewin, yna i Forgannwg a Maesyfed, i Ynys Môn ac i Arfon, a'r

---

[9] Am David Rees, gweler Huw Edwards, *Capeli Llanelli* (Caerfyrddin, 2009), 39-43; am John Thomas, gweler D. Ben Rees, *Hanes Rhyfeddol Cymry Lerpwl* (Talybont, 2019), tt. 186, 275.

wlad rhwng Y Bala a Cherrig y Drudion. Uchafbwynt y gwrthdaro oedd yr ymosodiad ar 19 Mehefin 1843 ar Wyrcws Caerfyrddin ac yna ym mis Medi ar Waith Haearn Gwendraeth, yr adeg y cafodd dau o ddilynwyr selog Becca, Sioni Siarter Fawr a Dai'r Cantwr eu dal a'u gosod o dan glo. Y mae'n amlwg fod Y Parchedig Caleb Morris, gŵr yn wreiddiol o Ogledd Penfro a phregethwr nodedig yn Llundain wedi gosod y cyfan yn ei gefndir priodol. Dyma ei eiriau:

> Y mae gwleidyddiaeth Cymru yn aristocrataidd, a'i chrefydd yn ddemocrataidd. Ond yn awr, mae Cymru yn symud, yn datblygu. Er cynddrwg oedd Becca, yr oedd yn arwydd o dyfiant mewnol. Gwnaeth i ddynion o bob dosbarth feddwl am eu lles – eu lles unigol a'u lles cymdeithasol; ac y mae cyfnod newydd wedi gwawrio.[10]

Yr oedd Caleb Morris dipyn yn optimistaidd gan y bu'n rhaid i Gymru aros dipyn hirach nag y tybiai ef cyn cael Undebau Llafur i warchod buddiannau'r gweithwyr mwyaf parod i ymaelodi yn y Chwyldro Diwydiannol. Ond o leiaf, yr oedd yna ychydig o bobl nad oedd yn fodlon ar y sefyllfa fel ag yr oedd hi ac yn meddwl o ddifrif am yr hawl i bleidleisio, ac yn trafod imperialaeth a heddwch cydwladol. Ac yng nghyfnod Becca a Siartiaeth ymddangosodd nifer o weinidogion digon radicalaidd eu hagwedd gyda chynlluniau realistig yn eu meddiant.[11] Soniwyd eisoes am David Rees. Un o'i gyfoeswyr yn y Coleg yn y Drenewydd

---

[10] J. Dyfnallt Owen,' Caleb Morris (1800-65)', *Y Bywgraffiadur Cymreig hyd 1940* (Llundain, 1953), 619.
[11] R.T Jenkins , Hanes Cymru yn y Bedwaredd Ganrif ar Bymtheg , 54-5

oedd Samuel Roberts 'S. R.' a ddaeth yn llais cryf o blaid heddwch a chyfiawnder i'r tyddynwyr tlawd eu byd ym Maldwyn.[12] Ei diriogaeth ef oedd Llanbryn-mair a'r cyffiniau, Carno a'r mân bentrefi o amgylch. Ef oedd yn gyfrifol am gychwyn cylchgrawn *Y Cronicl* yn 1843 i drafod cwestiynau lleol a byd-eang. Yr un flwyddyn yn Lerpwl daeth papur *Yr Amserau* o dan ysgogiad William Rees (Gwilym Hiraethog), un arall a oedd â gweledigaeth a gorwelion eang Ewropeaidd.[13] Yr oedd un peth yn gyffredin gan y golygyddion hyn i gyd, David Rees *Y Diwygiwr*, Gwilym Hiraethog *Yr Amserau* ac 'S. R.' *Y Cronicl*, a hynny oedd eu hanallu i weld gwerth mewn Sosialaeth. Nid oedd David Rees, er ei fawredd, yn gweld gwerth yn y 'baradwys Owenaidd', a thrwy gynrychiolaeth gwleidyddol yn hytrach nag mewn gweithgarwch Sosialaeth y gwelai ef obaith i wella byd y gweithiwr caib a rhaw. Ac eto, rhaid cyfaddef, oni bai am ddycnwch y radicaliaid hyn, y mae'n amheus iawn a fyddai Sosialaeth wedi gwreiddio mor ddwfn yn hanes y Cymry brodorol ac alltud yn yr ugeinfed ganrif. Gellid dadlau mai cyfuniad o elfennau Iwtopiaeth Morgan John Rhys a chenedlaetholdeb sosialaidd R. J. Derfel ac Ymneilltuaeth radicalaidd 'S. R.' a David Rees ac eraill a etifeddwyd gan y Parchedigion R. Silyn Roberts, D. D. Walters (Gwallter Ddu), T. E. Nicholas (Niclas y Glais), William Abraham (Mabon), David Thomas yw'r hyn y gellid ei alw yn Sosialaeth Gymraeg Gristnogol yn nechrau'r ugeinfed ganrif.[14]

---

[12] E. Pan Jones, *Cofiant y Tri Brawd o Llanbrynmair a Conwy* (Bala, 1893); Glanmor Williams, *Samuel Roberts*, (Caerdydd, 1950).

[13] Davies, Thomas Eirug, 'Cyfraniad Dr William Rees (Gwilym Hiraethog) i fywyd a llên ei gyfnod', *Traethawd Ymchwil Cymraeg a Chymreig* (1931).

[14] Am Sosialaeth Gristnogol, gweler D. Ben Rees, *Cofiant Mabon: Eilun Cenedl y Cymry a'r Glowyr* (Lerpwl 2022), 143-151; Graham Dale, *God's People* (London, 2000).

William Abraham "Mabon" (1842-1922)

Dylid crybwyll pwysigrwydd y papurau a welwyd ar ddiwedd y ganrif oedd yn llinach *Udgorn Cymru* a'r *Gweithiwr*. Yn Aberdâr y cyhoeddwyd *Y Gwladgarwr* a'r *Gweithiwr Cymraeg* yn 1859 ac yn y dref, cyhoeddwyd yn 1875 *Tarian y Gweithiwr* a barhaodd at ganol tridegau'r ugeinfed ganrif. Yn 1898, cychwynnwyd *Llais Llafur* o dan olygyddiaeth Ebenezer Rees a fu'n gynhaliaeth arbennig yn y maes glo caled i'r Blaid Lafur Annibynnol. Croesawyd erthyglau sosialwyr fel R. J. Derfel, a daeth pobl o'r un gred i weithio ar y papur, fel John Davies ac E. G. Chappel. Yng Nghaernarfon, daeth papur llafur arall, *Y Dinesydd Cymraeg*, a bu fyw hyd ddauddegau'r ugeinfed ganrif.

Gŵr oedd ag inc yn ei waed a'i gyfraniad yn un arbennig iawn i'r Cymry Cymraeg yn ail hanner y bedwaredd ganrif ar

bymtheg oedd Robert Jones Derfel (1824-1905), a chafodd
lu o ddisgyblion trwy'i erthyglau, ei gerddi sosialaidd a'i lyfrau.
Ganwyd ef yn dlawd yn Y Foty, ger Llandderfel,
Meirionnydd yn 1824. Fel gŵr ifanc, bu'n ansefydlog iawn.
Crwydrodd lawer, a bu am gyfnodau byr yn ceisio ennill
bywoliaeth yng Nghefn Mawr, Llangollen, Lerpwl,
Manceinion, Merthyr a Llundain cyn iddo gartrefu yn
derfynol ym Manceinion ac aros yno weddill ei oes faith.
Rhoddodd gynnig ar lawer swydd. Bu'n baciwr yn warws y
Mri J. F. ac H. Roberts, bu'n deithiwr masnachol dros y
ffyrm yng ngogledd a chanolbarth Cymru, bu'n cadw siop
lyfrau Cymraeg ym Manceinion, a'i siomi bod ei gyd-Gymry
capelyddol mor ofnus o gefnogi llyfrau Cymraeg. Gwnaeth
yn well o lawer fel argraffydd a thyfu fel cwmni llwyddiannus,
ond yn ôl safonau masnach gyfalafol ni wnaeth lawer ohoni
a chafodd ergydion blin yn y cyfnod 1864-65. Methodd ei
fusnes fel llyfrwerthwr, cefnodd ar y Capel Bedyddwyr
Cymraeg er iddo gael ei ordeinio'n weinidog, ac fe'i siomwyd
yng Nghymry Manceinion. Yr oedd tlodi materol yn brofiad
byw iddo ac ar ganol yr argyfwng personol hwn daeth o hyd
i lyfrau'r sosialydd Robert Owen. Profodd dröedigaeth
sosialaidd, fel y dywed wrth ei gyd-Sosialwyr ym Manceinion:

> But unfortunately for me, I came accidently
> across some of the works of Robert Owen,
> and the ideas contained in them captured my
> conviction almost instantly and I became a
> Socialist. The new ideas gave me a new life. I
> was, so to speak, born again. The world and
> all in it seemed new and I began again to take
> interest in life and its duties.[15]

---

[15] D. Gwenallt Jones (gol.): *Detholiad o Ryddiaith Gymraeg R. J. Derfel*,
gyda Rhagymadrodd, Cyfrol 1 a Cyfrol 2 (Dinbych, 1945); Davies, J.

Cyd-ddyheu a'i Cododd Hi

Dyma dröedigaeth feddyliol heb amheuaeth. Drachtiodd ddysgeidiaeth Robert Owen ac wrth ddisgrifio'r digwyddiad hwn, pwysleisiodd Niclas y Glais gysylltiadau Cymraeg y Sosialydd o'r Drenewydd:

> Cymro mewn gwaed ac iaith oedd efe: ganed ef yng Nghymru, a daeth yn ôl i fro ei febyd i farw. Daeth yn ôl yn hen ŵr, a chenhedloedd y ddaear wedi gorfod gwrando ar ei neges.[16]

Ond gellid awgrymu mai nid rhywbeth damweiniol oedd i R. J. Derfel ddarganfod gweithiau Robert Owen. Wedi'i cyfan, bu R. J. Derfel yn llygad-dyst i brotest y Siartwyr yn Llundain yn 1848 ac yr oedd wedi gwrando ar areithiau arweinwyr amlwg y mudiad fel Ernest Jones. Yr oedd gan R. J. Derfel dueddiadau Sosialaidd cyn 1865, ond fe'i cyflyrwyd gan lyfrau Robert Owen. Trwythodd ei hun yng ngweithiau Robert Owen a'i ddisgyblion, a elwid yn Arminiaid, ac ymdaflodd ei hun i fwrlwm cymdeithasol Manceinion.

Bu dylanwad R. J. Derfel yn fawr iawn ar ddatblygiad Sosialaeth Gymraeg trwy'i gyfrolau o farddoniaeth yn y ddwy iaith a'r ysgrifau niferus o'i eiddo. Y mae Manceinion felly yn bwysig yn hanes Sosialaeth Cymru a Lloegr, ac y mae i R. J. Derfel ei le amlwg yn yr hanes fel sydd gan gyfaill Karl Marx, sef Friedrich Engels a'i glasur *Condition of the Working Class* sydd yn adrodd sefyllfa'r dosbarth gweithiol Manceinion yn eu tlodi. Wedi'r cyfan, R. J. Derfel oedd un o sylfaenwyr Cymdeithas y Ffabiaid a ddaeth i fodolaeth yn 1884, ac yn 1890, y llwyddodd Derfel i sefydlu y *Manchester*

John Breese: 'R. J. Derfel' yn *Ysgrifau John Breese Davies* (Lerpwl, 1949), tt. 39-49.
[16] T. E. Nicholas, 'R. J. Derfel: Y Gwrthryfelwr Cymraeg', *Y Geninen*, xxxii (Gŵyl Ddewi), tt. 59-62.

and District Fabian Society. Anturiodd Derfel ar waith anodd, sef 'canu mudiad' fel y dywedir. A thrwy ei gerddi, daethpwyd i'w adnabod fel y sosialydd mwyaf o holl feirdd Cymru ei gyfnod. Pwysleisiodd ef y themâu canlynol yn ei fersiwn o sosialaeth.

1) Pwnc y tir

Roedd hon yn thema a gafodd gefnogwyr brwd o blith y Cymry, a'r amlycaf ohonynt i gyd oedd Evan Pan Jones (1834-1922), gweinidog gyda'r Annibynwyr ym Mostyn, Sir y Fflint o 1870 hyd ei farwolaeth yn 1922.[17] Yn ei ddyddiau cynnar yng Ngheredigion fe wybu Evan Pan Jones dlodi mawr ac nid anghofiodd byth wedyn gyflwr y tyddynnwr. Bu'n fawr ei brotest yn erbyn y landlordiaid Toriaidd a daflodd allan gymaint o dyddynwyr o'u cartrefi yn 1859, 1865 ac 1868 am bleidleisio i'r Blaid Ryddfrydol ac nid i Blaid y Sgweiar a'r Offeiriad. Yn yr wyth degau aeth ati o ddifrif i bledio'u hachos. Ymddangosodd yn y *Celt* yn 1883 ar y 'Tir a'i Berchenogion' a 'Chymdeithas y Ddaear i'r Bobl'. Hyd ddiwedd ei ddyddiau, ni pheidiodd y Dr Pan Jones â dadlau'r achos hwn. Dadleuai'r Dr E. Pan Jones fod y ddaear yn eiddo i'r bobl a dylid dileu landlordiaeth ormesol a digydymdeimlad. Collodd ei amynedd yn llwyr gyda'r Blaid Ryddfrydol ar y pwnc ac ochrodd gyda'r Sosialwyr. Mewn erthygl yn *Y Genhinen* yn 1908 dywedodd mai'r Sosialwyr 'yw cefnogwyr y ddaear i'r bobl' ac nid y Rhyddfrydwyr. Fe'i cefnogwyd gan Annibynnwr arall, sef Michael Daniel Jones (1822-98), un o gefnogwyr pennaf y Wladfa Gymreig. Cymhellid ef gan ei ysbryd cenedlaethol, ei wladgarwch a'i radicaliaeth a ddeilliodd o ormes tirfeddianwyr Toriaidd Sir Feirionnydd. Galwodd ef ar i'r werin hawlio'r tir gan ychwanegu yn ddeifiol:

---

[17] Alun Charles, 'Gŵr o Flaen ei Amser: R. J. Derfel 1824-1905', *Cennad*, 181, Awst 14, 2024, t.4.

Y tir arglwyddi yw'r segur-wenyn, neu yn ôl yr hen Gymraeg, y begegyron, sef y cegyrod diog a safnrhwth sydd yn difa'r mêl, a'r bobl yw'r gwenyn gwaith sydd yn galed lafurio i'w gasglu.[18]

Fel Michael D. Jones, credai R. J. Derfel y dylai'r werin bobl 'hawlio'r tir', ond y gair a ddefnyddiai'r Sosialydd oedd cenedlaetholi, gair a ddaeth yn hynod o bwysig i'r Mudiad Llafur. Rhoddodd R. J. Derfel fynegiant i'w ddaliadau yn ei gerdd 'Mynnwch y Ddaear yn ôl' a gyhoeddwyd yn y *Genhinen* dair blynedd ar ôl marw'r bardd.

> Forwynion a gweision ein gwlad
> Amaethwyr a gweithwyr bob sir,
> Ymunwch â'ch gilydd bob un
> Yn erbyn ysbeilwyr y tir:
> Mae'r ddaear yn perthyn i chwi –
> Eich llafur roes werth ar bob dol,
> Tynghedwch bob gradd a phob oed
> A mynnwch y ddaear yn ôl.

> Mae'r ddaear yn perthyn i bawb
> A'i golud yn rhan i bob un
> Fel arwyr, goleuni, a dŵr
> Anghenraid bodolaeth pob dyn
> Danghoswch Frythoniaid i'r byd
> Nad ydych yn llwfr nac yn ffôl –
> Ymunwch i gyd fel un gŵr
> A mynnwch y ddaear yn ôl.[19]

---

[18] 'Michael David Jones (1822-1898)' yn *Gwyddoniadur Cymru yr Academi Gymreig* (Caerdydd, 2008), tt. 488-9.
[19] 'Mynwch y Ddaear', *Y Genhinen*, 1908.

Ceir enghreifftiau eraill o fynegiant sosialaidd ym marddoniaeth R. J. Derfel. Yn ei gân 'Fy Ngwlad, fy Ngwlad' dirmyga'r bardd y bobl a ganant yn ddi-feddwl, a hwythau'n berchen ddim modfedd o Gymru. Dyma bennill olaf y gân:

> Na fyddid heddwch mewn tref na gwlad,
> Na gorphwys i fab nac i fun,
> Tra byddo y tir yn eiddo i neb
> Oddigerth y genedl ei hun,
> Ar ôl cael y wlad yn rhan i bawb
> Cawn gynnal eisteddfod a gŵyl;
> A chanu a siarad wrth ein bodd
> Am 'hen wlad ein tadau' mewn hwyl.[20]

Bu'r pwnc yn boblogaidd gan y beirdd ac fe allwn ni enwi beirdd mor wahanol â John Morris-Jones a Daniel James (Gwyrosydd) a gymerodd diddordeb. Ni fedrai Morris-Jones adael y Blaid Ryddfrydol, er bod ganddo gydymdeimlad gyda'r Mudiad Llafur yn y blynyddoedd cynnar oherwydd ei gydymdeimlad gyda'r werin Gymreig. Dyma'i neges:

> Mae'n wir nad yw ei gwerin
> Yn meddu ohoni gŵys
> Na'r Cymru ond pererin
> Ar ddaear Cymru lwys:
>
> Y treision a'u meddiannodd
> A mynych y griddfanodd
> Y genedl a'i trigiannodd
> Mewn du gaethiwed dwys.[21]

---

[20] Cerdd o eiddo R. J. Derfel, fy Ngwlad, fy Ngwlad.
[21] John Morris-Jones, *Caniadau*, (1907) t.2 er mae'n debyg cyfansoddwyd y gerdd yn yr 1880au.

Etyb Daniel James (Gwyrosydd: 1847-1920), gweithiwr alcam am flynyddoedd, ar ôl hynny glöwr yn Aberpennar lle y daeth yn gefnogydd i Mabon, y cwestiwn: 'Pwy bia'r tir?' yn y cywair hwn yn 1911:

> Rhoddodd Duw y tir i'r gweithwyr,
> Ond dim modfedd i segurwyr,
> Erbyn heddyw arglwydd rhywbeth
> Biau'r tir, y môr a phobpeth.
>
> Onid teilwng i lafurwr
> Ymborth i adennill cryfder
> Nage, nage, medd y lordyn
> Rhent yn gyntaf ymborth wedyn.
>
> Gall y lord aberthu'i denant
> Er mwyn cysur pryf a phesant;
> Try ef allan i newynu
> Os bydd eisieu lle i'r rheiny.
>
> Weithiwr tlawd, anghenus, cofia –
> Gwaeth na lumber braidd wyt yma;
> Fe ga hwnnw le yn rhywle,
> Ond chei di ddim lle yn unlle.
>
> Gwarth i wlad yw goddef dyrnaid
> Glythog, segur o landlordiaid;
> Cadw'r tir i besgi pryfaid
> Chwys y talcen heb ei damaid.
>
> Ond mae'r werin wedi deffro,
> A'r landlordiaid yn clustfeinio,
> Ambell lord yn rhegi'n rhyfedd
> Gweld llafurwyr yn y Senedd.

Pen a chalon, ac nid Arian,
Gaiff y Senedd o hyn allan:
Cwyd dy galon, frawd, bydd wrol:
Rhaid i'r ddaear ddod i'r bobl.[22]

2) Addysg

Credai'r Sosialwyr Cymreig cynnar fod angen hyfforddi'r gweithiwr a'i oleuo ynglŷn â'i gyflwr a'i amgylchiadau. Ar ôl sefydlu Ysgolion Sir, lleiafrif bychain o blant y dosbarth gweithiol a dderbyniai addysg yn niwedd y bedwaredd ganrif ar bymtheg. Symudiad pwysig oedd sefydlu Mudiad Addysg y Gweithwyr (WEA) gan Albert Mansbridge (1876-1952). Rhoddid y pwys mwyaf ar ddosbarthiadau, a sefydlwyd i hyfforddi'r dosbarth gweithiol ym Mhrydain i ddeall democratiaeth a dinasyddiaeth. Sefydlwyd dosbarthiadau o Fudiad Addysg y Gweithwyr yn ardaloedd poblog de Cymru a gogledd-ddwyrain Cymru yn y cyfnod rhwng Diwygiad Crefyddol 1904-06 a'r Rhyfel Byd Cyntaf. Llwyddwyd i sefydlu dosbarthiadau yn Wrecsam a Rhydaman yn 1908. Yn Wrecsam, cafwyd R. H. Tawney, un o feddylwyr pennaf y Mudiad Llafur yn diwtor ac yn Rhydaman William King. Gosodid traethawd i'r disgyblion ei baratoi bob wythnos. Derbyniai'r bechgyn ifainc, llawer ohonynt yn lowyr, gefnogaeth ac anfonid nifer o'r galluocaf yn fyfyrwyr preswyl yng Ngholeg Ruskin yn Rhydychen. Ond wedyn fe ddaeth diflastod yn hanes Ruskin ac allan o'r ffrae daeth Coleg newydd i fodolaeth, sef y Coleg Llafur Canolog wedi'i leoli yn Earls Court, Llundain.[23]

---

[22] Gwyrosydd, 'Pwy bia'r tir', *Geninen*, 1911; *Caneuon Gwrosydd*, (Caernarfon, 1892).
[23] Am y WEA a'r NCLC, gweler D. Ben Rees, *Cofiant Jim Griffiths: Arwr Glew y Werin* (Talybont, 2015), tt. 72-79.

Datblygodd mudiad o'r enw *The Plebs League* a'i bwyslais ar gyfuno gwleidyddiaeth gydag addysg yn dilyn y streic yn 1909 yng Ngholeg Ruskin. Craidd y streic oedd dadl boeth am briod le Marcsaeth o fewn y bywyd diwydiannol. Yr arweinydd oedd y Cymro galluog o blith y glowyr, Noah Ablett. Bu ei ysbrydoliaeth ef, ynghyd â chefnogaeth Frank Hodges a'r Prifathro Dennis Hird (1850-1920), yn foddion iddynt sefydlu'r Coleg Llafur Canolog a dechrau cylchgrawn *Plebs' Magazine*.[24] Crëwyd rhwydwaith o ddosbarthiadau ym maes glo'r De i gystadlu gyda dosbarthiadau mwy rhyddfrydig y WEA. Ond bu dosbarthiadau'r ddau fudiad yn foddion i fagu ugeiniau lawer o sosialwyr Cymreig. Creodd Cynghrair y Plebs rwydwaith o ddosbarthiadau gyda'r tiwtoriaid yn Sosialwyr argyhoeddedig ac yn cyflawni'r gwaith yn hollol ddi-dâl. Yn y dosbarthiadau hyn, swcrwyd gweithwyr y diwydiannau trwm a gwŷr y rheilffyrdd mewn dadl ar seiliau Marcsaeth. Daeth y dosbarthiadau hyn yn ganolog i gymaint o fechgyn ymroddgar o blith y dosbarth gweithiol, ac elwodd Aneurin Bevan yn fawr o ddarpariaeth Sidney Jones yn y Coed-duon a Thredegar.

3) Y Diwydiannau Mawr

Cyfnod cloddio am lo oedd hi; dyma oedd yn arglwyddiaethu ar bob diwydiant mawr arall fel dur a haearn. Coleddai Derfel safbwynt y Ffabiaid a'r Marcsiaid, sef y gymdeithas o'r enw *Social Democratic Federation* a sefydlwyd 1880 gan y Marcsydd cyfoethog

---

[24] Bu Noah Ablett, John Hodges a Dennis Hird ynghlwm â Choleg Ruskin, Rhydychen a hwy oedd rhai o sylfaenwyr y *National Council of Labour Colleges*. Gweler E. D. Lewis, *The Rhondda Valleys* (London, 1980), tt. 173-4.

H. H. Hyndman, y dylid cenedlaetholi diwydiannau mawr er budd y wlad a'i phobl. Nid oedd ganddo lawer o gydymdeimlad â Syndicaliaeth a Sosialaeth y Gild a ddaeth mor ffasiynol adeg y Rhyfel Byd Cyntaf.

4) Undebau Llafur

Fel y dangosodd D. Gwenallt Jones, ychydig iawn o gydymdeimlad oedd gan Derfel â'r Undebau Llafur cynnar.[25] Ymosododd ar streiciau am lawer rheswm: yr oeddent yn wastraff ar arian; nid oedd codi cyflog o dan y gyfundrefn gyfalafol yn deg oherwydd gallai codiad leihau'r fasnach allforio; ac ychydig, os dim, o fantais a roddid i'r gweithiwr wrth leihau ei oriau gwaith. Yn wir, credai fod gweithwyr yng Nghymru yn y bymthegfed ganrif yn well eu byd na gweithwyr y bedwaredd ganrif ar bymtheg am y caent rhagor o fwyd yn gyfnewid am eu cyflog. Y mae'n debyg y lliwiwyd eu safbwynt o'r undebau llafur fel yr awgryma Gwenallt oherwydd methiant Robert Owen i ddatblygu *The Grand National Consolidated Trades Union*.

5) Tai

Yr oedd tai i fod yn eiddo'r gweithiwr, a mentrodd R. J. Derfel gyflwyno'r syniad y gellid cenedlaetholi'r tai, sydd yn sawru o sosialaeth a byth wedi ei wireddu. Roedd ymhell o flaen ei oes ond rhaid cofio ei fod yn coleddu yr un pryd agwedd y ceidwadwyr, gan roddi rhyddid i'r unigolyn neu i'r pâr gael y cyfle ar y farchnad agored i brynu ei dy ei hun i fod yn gartref iddynt a'r tylwyth maes o law.

---

[25] D. Gwenallt Jones, 'Rhagymadrodd', *Detholiad o Ryddiaith R. J. Derfel* (Dinbych, 1945).

6) Tlodi

Hwn oedd y bwgan pennaf i'r Sosialwyr. Lawer gwaith, rhoddodd R. J. Derfel fynegiant i'w gredo yn ei gerdd, fel y pennill hwn:

> Pe gallwn mi borthwn y tlodion
> Gosodwn bob teulu mewn tŷ.
> Dilladwn y gweithiwr mewn gwisgoedd
> Cyn hardded â neb yn y llu.
> Chai neb ofyn cymorth yn ofer,
> Na neb geisio bwyd heb ei gael;
> Cyn iddynt gael amser i ofyn,
> Diwallwn bob angen yn hael.[26]

7) Brawdgarwch Dyn

Sosialydd a bwysleisiodd yr agwedd hon o eiddo Derfel oedd ei ddisgybl pennaf, T. E. Nicholas (Niclas y Glais). Chwedl yntau, 'Gwelodd (R. J. Derfel) fod caru dyn yn fwy o beth na charu iaith a gwlad.'

Ychwanegodd, fodd bynnag:

> Ond breuddwydiai R. J. Derfel am frawdoliaeth gyffredinol dyn, heb gaethwas, heb was, heb forwyn. Un teulu mawr â chariad a chyfiawnder yn ben. Byd heb wallgofdai, heb dlodi, heb garchardai, heb ryfeloedd, heb frenhinoedd, heb gystadleuaeth rhwng dyn a dyn am foddion byw, byd rhydd, yn sylweddoliad o ddyddiau'r nefoedd ar y ddaear.[27]

---

[26] Nicholas, T. E., R. J. Derfel, *Y Geninen*, xxxiii (Gŵyl Ddewi), t. 60.
[27] Williams, Susan Elizabeth, *Astudiaeth o fywyd a phrydyddiaeth R. J. Derfel* (Traethawd MA), Aberystwyth, 1975.

8) Ei Gredo Crefyddol:

Rebel fu R. J. Derfel yn ei gredo crefyddol ac fe fu'n fflyrtian â'r rhesymolwyr gan ysgrifennu'n gyson i'w cylchgronau Saesneg. Ond am ei fod yn Gymro, ni allai ymddihatru o afael crefydd gyfundrefnol a Christnogaeth arno er ei ddyddiau cynnar yn Llandderfel ac yna ymysg Cymry alltud dinas Manceinion. Gwelai R. J. Derfel yr Iesu fel Sosialydd, yn wir fel aelod o sect yr Eseniaid, y sect honno a breswyliai yn Qumran ar lannau'r Môr Marw ym Mhalestina. Mae'n ddigon amlwg fod Derfel wedi cael ei syniadau o lyfrau'r Ffrancwr llengar Ernest Renan[28] (1823-92) a'r hanesydd o Iddew Flavius Josephus (ganed 37 AD) .

Gellir dadlau hefyd, fel y gwnaeth Epistol Iago, fod gweithredoedd dyn yr un mor bwysig â'i gredo crefyddol. Dyma eiriau Derfel ei hun:

> Yr wyf yn credu mai'r unig grefydd gwerth sôn amdano yw crefydd gwaith a gwasanaeth. Nid ar gredo y dylid rhoddi pwys, ond ar ymddygiad. Mae'r dyn sydd yn byw yn bur, yn gyfiawn, yn gymdogol, yn ddefnyddiol, beth bynnag fyddo ei gredo, yn ddyn crefyddol yn wir ystyr y gair.[29]

Dadl sydd yn dal yr un mor gyfoes ydyw'r ddadl rhwng ffydd a gweithredoedd.

Yn ddi-ddadl, cyfraniad pennaf R. J. Derfel yn grefyddol oedd ei gasgliad o emynau, *Geiriau Moliant*, a gyhoeddwyd yn 1865. Daeth o leiaf ddau ohonynt yn rhan

---

[28] Cyfieithwyd ei lyfr enwog, *Life of Jesus* (London, 1844) o'r Ffrangeg i'r Saesneg. Ni chafwyd cyfieithiad i'r Gymraeg.
[29] D. Gwenallt Jones, *Detholiad o Ryddiaith R. J. Derfel* (Dinbych, 1945), Cyfrol 1, t. 40.

annatod o lyfrau emynau'r enwadau. Y mae'r penillion mor afaelgar â'r weddi dros fyd anghyfartal, mor daer:

> O'r golud anchwiliadwy sydd
> Yn nhrysorfeydd dy ras
> Diwalla eneidiau teulu dyn
> Dros wyneb daear las.
>
> Yn erbyn pob gormeswr cryf,
> O! cymer blaid y gwan,
> Darostwng ben y balch i lawr
> A chod y tlawd i'r lan.[30]

9) Ei Wladgarwch a'i Genedlaetholdeb

Wrth ddarllen ei ysgrifau gwelir pa mor flaengar oedd safbwynt R. J. Derfel ar hyd ei oes weithgar, ynglŷn â chenedlaetholdeb Cymraeg. Cododd ei lef yn erbyn Adroddiad *Brad y Llyfrau Gleision* a ymddangosodd yn 1847. Drama ganddo ef oedd *Brad y Llyfrau Gleision*, a gyhoeddwyd yn 1854 yn dychanu *Adroddiad y Comisiynwyr ar Gyflwr Addysg yng Nghymru*. Yr oedd ei theitl yn cyfeirio at gloriau gleision yr adroddiadau (tair cyfrol) ac ar yr un pryd yn adleisio'r hen chwedl am *Frad y Cyllyll Hirion*. Cydiodd hyn yn nychymyg y Cymry i'r fath raddau mai wrth enw Derfel y cyfeirir at y comisiwn o dri arbenigwr – Lingen, Symons a Johnson – a fu'n ymchwilio i gyflwr a chyfleoedd a oedd ar gael i'r dosbarthiadau gweithiol gynefino â'r iaith Saesneg. Daeth darlun echrydus o'r adroddiadau, cyflwr truenus addysg ar wahân i'r Ysgolion Sul, a gofalodd y comisiynwyr roddi'r bai ar bawb am y sefyllfa, y tirfeddianwyr a'r offeiriaid a chyfalafwyr am eu

---

[30] Dyfynnir ail bennill a'r pumed pennill o emyn R .J Derfel (1824-1905) a welir yn *Caneuon Ffydd* (Aberystwyth , 2001). Pump pennill sydd yn yr emyn.

difaterwch, ac ar yr Anghydffurfwyr a'r Cymry am roddi eu holl sylw i'r iaith Gymraeg. Credai'r Comisiynwyr mai y Gymraeg, iaith y capeli, oedd y prif reswm am ddiffyg y Cymry. Nid oedd gan y tri dyn deallus amgyffred o gwbl o werth y Gymraeg nac Anghydffurfiaeth, a phortreadwyd cenedl y Cymry fel cenedl gyntefig a digon barbaraidd.

Cydiodd Derfel yn y cleddyf i amddiffyn ei bobl, gan alw'r cyfan yn 'frad'. Ef felly a fathodd yr ymadrodd "Brad y Llyfrau Gleision". Credodd fod y rhagfarnau a gyhoeddwyd wedi dod yn y lle cyntaf o enau offeiriaid yr Hen Fam ond daeth rhai ohonynt i gasáu y Comisiynwyr, Lingen, Symons a Johnson, am eu diffyg parch i'w cenedl.

Cafodd yr Adroddiad argraff arbennig gan argyhoeddi trwch yr arweinwyr fod angen gosod y Saesneg fel blaenoriaeth. Teimlodd arweinwyr eraill mai'r gamp oedd sefydlu sefydliadau cymwys fel yr oedd Derfel wedi ei awgrymu.

I'r dosbarth hwn y perthynai Derfel. Dadleuodd dros sefydlu Prifysgol i Gymru a Llyfrgell Genedlaethol i Gymru a thros ledaeniad yr iaith Gymraeg. Gosodd D. Gwenallt Jones ef yn un o dri chenedlaetholwr mwyaf y bedwaredd ganrif ar bymtheg. Y ddau arall oedd Thomas Gee o Ddinbych, cyhoeddwr *Y Faner ac Amserau Cymru* a Michael D. Jones, un o gefnogwyr pennaf y Wladfa ym Mhatagonia. Bu dylanwad Derfel yn fawr ar fudiadau Cymraeg y tu mewn i'r Blaid Ryddfrydol fel *Cymru Fydd* a fu'n gymdeithas lle y daeth datganoli ar y rhaglen a chlywid dadleuon grymus William Abraham (Mabon), Tom Ellis, Alfred Thomas a David Lloyd George. Yr oedd pob un o'r rhain yng nghyfnod *Cymru Fydd*, naw degau'r bedwaredd ganrif ar bymtheg, o blaid ymreolaeth i Gymru. Daeth cwmwl dros y cyfan pan fu ffrae rhwng aelodau de Cymru ac aelodau gogledd Cymru yn 1895 a lleihau gweithgarwch *Cymru Fydd*. Gwanhaodd tân eirias Derfel hefyd, pan ddaeth o dan ddylanwad Iwopiaeth

Robert Owen. A hyn a wnaeth i'r bardd, ysgolhaig a'r beirniad llenyddol D. Gwenallt Jones ddweud:

> Diffoddodd Owen iaith Derfel Llandderfel.
> Dilëwyd Cymru fel cenedl oddi ar ei fap gan
> y milflwyddiant cosmo-politicaidd.[31]

Ond ni ellir anwybyddu ei arweiniad fel Sosialydd a oedd yn cyfuno elfen bwysig yn hanes y Mudiad Llafur Cymreig. Oherwydd, fel y gwelwyd, bu ef yng nghanol y cymdeithasau a sefydlwyd yn chwarter canrif olaf y bedwaredd ganrif ar bymtheg i geisio gosod Sosialaeth yn rhan o wleidyddiaeth Prydain.

Y gymdeithas Sosialaidd gyntaf i gael ei sefydlu ym Mhrydain oedd *The Guild of St Mathew* (Brawdoliaeth Sant Mathew). Galw'r eglwysi Cristnogol o bob traddodiad i ddeffro yn wleidyddol oedd galwad y Sosialwyr Cristnogol hyn o dan arweiniad Steward D. Headlam. Fe'i hysbrydolwyd gan weithgarwch cenhadol y nofelydd Charles Kingsley, C. B. Mansfield, J. M. F. Ludlow ac yn bendifaddau Frederick Denison Maurice.

Gwelid gweinidogion Cymraeg yn gwireddu dyheadau'r gymdeithas hon. Un felly oedd y Parchedig Owen Thomas pan fu yn weinidog yn Llundain o 1852 i 1864 ac yn Lerpwl o 1865 i 1891. Gwyddom fod Owen Thomas wedi dangos gofal arbennig yn Llundain at unig ferch John Elias a adawyd yn weddw gyda dau o blant ac mewn amgylchiadau o angen dirfawr.

Yn Eglwys Princes Road, Lerpwl dangosodd Owen Thomas ei safbwynt, ac yn arbennig i'r gymdeithas a elwid yn *Cymdeithas Ddilladu Capel Princes Road, Liverpool* a sefydlwyd ganddo yn 1876. Yn Adroddiad Blynyddol yr

---

[31] D. Gwenallt Jones, *Rhyddiaith R. J. Derfel*, Cyfrol 1 (Dinbych, 1945), 56.

Eglwys am y flwyddyn honno, y mae ganddo ddatganiad gwefreiddiol o'r angen am ofalu am gorff dyn yn ogystal â'i enaid ac yn ddatganiad a fyddai wrth fodd calon rhai o'i gyfoeswyr yng nghymdeithas y Sosialwyr Cristnogol, gwŷr fel F. D. Maurice. Wele rannau o'r anerchiad:

> Er nad ydyw iachawdwriaeth pechaduriaid mewn un modd o weithredoedd, eto nid oes dim amlycach yng ngwyneb yr Ysgrythurau Sanctaidd na rhwymedigaeth Cristnogion iddynt, a'r angenrheidrwydd hollol am iddynt ofalu amdanynt, fel prawf o'u bod yn gyfranogion o'r iachawdwriaeth honno. Fe'n cyfiawnheir 'trwy ffydd, heb weithredoedd y ddeddf', ac eto 'ffydd heb weithredoedd mawr yw'.[32]

Ac ymhellach, fe ddweud y Calfinydd:

> Ac nis gall fod dim gofal gwironeddol yn neb am eneidiau ei gyd-ddynion, os bydd yn ddi-feddwl a diofal am eu cyrff. Nid un felly oedd Iesu Grist, pan yma yn y byd: ond yr oedd Efe yn arddangos gofal neilltuol am gyrff ac am amgylchiadau allanol dynion, yn ogystal ag am eu heneidiau. Yr oedd ei holl wyrthiau yn wyrthiau daioni.[33]

Yn 1881 ffurfiwyd y *Democratic Federation* gan H. H. Hyndman, Herbert Burrows ac eraill. Plaid Farcsaidd

---

[32] Cyfieithad o waith F. D. Maurice gan Owen Thomas yn D. Ben Rees, *Pregethwr y Bobl: Bywyd. a gwaith Owen Thomas* (Lerpwl a _Phontypridd, 1979), 151.
[33] *Ibid.*

oedd hon, fwy neu lai, a phlaid a ddrachtiodd ei hysbrydoliaeth oddi wrth blaid wleidyddol o'r un enw yn yr Almaen. Yn 1885, newidiodd ei henw i *Social Democratic Federation.*[34] *Yr* oedd ganddi gylchgrawn gyda'r enw *Justice*. Plaid sblit a adawodd y *Democratic Federation* oedd y *Socialist League* a gychwynwyd yn 1883 gan yr artist talentog William Morris, Belfort Bax ac eraill. Nid oedd hi'n bosibl i ddau berson mor wahanol i'w gilydd â William Morris a H. H. Hyndman fyw a chytuno â'i gilydd yn yr un blaid a dyna'r rheswm am y rhwyg. Hyn oedd y broblem yn aml ymhlith y Sosialwyr: er eu bod yn pregethu brawdgarwch, ni lwyddwyd yn aml i fedru cytuno â chydweithio er budd yr achos oedd yn bwysig iddynt oll.

Yn 1884 ffurfiwyd Gymdeithas y Ffabiaid *(Fabian Society)* gyda dwsin o aelodau a adawodd *Fellowship of the New Life*. Ymhlith yr aelodau yn y blynyddoedd cynnar, ceir enwau gwŷr a wnaeth gyfraniad nodedig yn rhan gyntaf yr ugeinfed ganrif – yr ysgolhaig Sidney Webb, y dramodydd Eingl-Wyddelig George Bernard Shaw a'r llywodraethwy Sydney Olivier. Cymdeithas ar gyfer y deallusion oedd Cymdeithas y Ffabiaid, cymdeithas a roddai le pwysig i ddod o hyd i ffeithiau ac ystadegau a ffigurau i gefnogi'r ddadl a gyhoeddid yn bamffledi.

Wrth edrych drwy'r pamffledi a gyhoeddwyd rhwng 1884 a 1909, ceir rhyw syniad o'r amrywiaeth fawr a gellir dosrannu'r teitlau i amrywiol feysydd – Sosialaeth a Chrefydd; Sosialaeth ac Amaethyddiaeth, Sosialaeth a'r Unigolyn; Seiliau a Pholisïau Sosialaeth; Sosialaeth a Phroblemau Arbennig; Sosialaeth a Llywodraeth Leol; Sosialaeth a Diwydiant.

---

[34] Am y SDF a H. Hyndam, gweler Daryl Leeworthy, *Labour Country: Political Radicalism and Social Democracy in South Wales 1831-1985* (Cardigan, 2018), tt72-90.

Mawr fu dylanwad y gymdeithas hon hyd heddiw a threiddiodd y dylanwad i Gymru. Cyfieithwyd y pamffled cyntaf: *Why are the many poor?* (Paham mae y lluaws yn dlawd?) i'r Gymraeg. Saif yn rhestr y pamffledi fel rhif 38 ac yn wahanol i lawer o bamffledi'r Ffabiaid yn y blynyddoedd cynnar, y mae'r datganiad o fewn y pamffled yn un eirias. Dyma ddarn byr:

> Mae mab i berchennog gwaith haearn heddyw yn eistedd yn Nhŷ'r Arglwyddi. Mae ganddo dŷ ardderchog yn y dref a dau neu dri phalas yn y wlad, dyger ei blant i fyny mewn mwyniant a moethau, ond pa le y mae plant y bobl fu'n gwneud ei gyfoeth? Maent hwy yn gweithio o fore hyd hwyr am ddim ond prin ddigon i'w cynnal fel yr oedd eu tadau o'u blaen.[35]

Un o'r pamffledi a werthodd fwyaf yn y cyfnod o 1884 i 1909 oedd yr un a luniodd John Clifford ar *Socialism and the Teaching of Christ*. Yr oedd y Parchedig John Clifford (1836-1923) yn ddyn anghyffredin. Ym more ei oes, gwybu beth oedd caledi bywyd ac ar hyd ei oes faith a ffrwythlon, daliodd yn gadarn i gyhoeddi Sosialaeth, heddychiaeth, addysg gyhoeddus seciwlar a'r ffydd Gristnogol o safbwynt Bedyddiwr selog. Ar glawr y pamffledyn a ailgyhoeddwyd yn Hydref 1906, dywedir i'r pamffledyn werthu 30,000 o gopïau.

Cyfieithwyd pamffledyn John Clifford, *Sosialaeth a Dysgeidiaeth Crist* fel rhif 87 yn 1909.[36] Yn yr un flwyddyn,

---

[35] Keir Hardie, *Paham mae y lluaws yn dlawd?* Pamffled y Ffabiaid, 1, cyfieithiad o *Why are the many poor?* (Pamffled y Ffabiaid, Rhif 1), James Griffiths, *Pages from Memory*, (London, 1969), t. 15.

[36] John Clifford (1836-1923), Gweinidog amlwg yn Llundain a gefnogai Sosialaeth.

cyfieithodd David Thomas bamffled arall o eiddo Clifford, *Socialism and the Churches* (rhif 139). Fe'i cyhoeddwyd yn rhif 141 o dan y teitl *Sosialaeth a'r Eglwysi*. Yn 1909, cyhoeddwyd yr unig bamffled Ffabiaid gwreiddiol yn y Gymraeg (rhif 143) o dan y teitl *Sosialaeth yng Ngoleuni'r Beibl*. Yr awdur oedd J. R. Jones o Gaernarfon. Y mae'n arwyddocaol mai'r grŵp cyntaf o'r Ffabiaid yng Ngwynedd oedd myfyrwyr Coleg y Methodistaidd Calfinaidd yn Y Bala. Enwir R. Silyn Roberts, D. J. Lewis, John Hughes, R. R. Parry fel rhai o'r aelodau a hefyd ymhlith yr aelodau ceid W. F. Phillips, gŵr ifanc galluogi o Eglwys Princes Road, Lerpwl a fu'n ar ôl hynny yn ddraenen yn ystlys y Mudiad Llafur yn ne Cymru ac yn elyn anghymodlon o fewn y Blaid Ryddfrydol i weithgarwch y Blaid Lafur ifanc a'r Gweinidogion a berthynai i'r Blaid.

Y cam nesaf yn hanes Sosialaeth ym Mhrydain oedd cychwyn y cylchgrawn wythnosol y *Clarion* yn 1901 gan gyfathrebwr o'r radd flaenaf, Robert Blatchford, gŵr na fu'n boblogaidd iawn gan grefyddwr Cymru ar sail ei anghrediniaeth. Meddai ar allu neilltuol iawn i osod ei feddyliau mewn iaith glir a syml ac yn 1895, cyhoeddodd lyfr diddorol, gwerth ei ddarllen ar Sosialaeth o dan y teitl camarweiniol *Merrie England*. Daeth y llyfr yn un poblogaidd iawn, gwerthwyd tua miliwn a hanner o gopïau ym Mhrydain a'r Amerig. Cyfieithwyd ef i'r Ffrangeg, Almaeneg a hefyd i'r Gymraeg gan y Parchedig D. D. Walters (Gwallter Ddu), gweinidog gyda'r Annibynwyr Cymraeg yng Nghenarth a Chastell Newydd Emlyn. Bu ef yn Weinidog ar y ferch dalentog, Eluned Phillips a enillodd y Goron yn yr Eisteddfod Genedlaethol. Meddyliai hi'r byd o Gwallter Ddu, un o arloeswyr cynnar y Mudiad Llafur.[37]

---

[37] Am hanes y Blaid Lafur Annibynnol gweler David Leeworthy, *Labour Country* (Cardigan, 2018) tt91-158.

Bu'r llyfr yn Saesneg a Chymraeg yn foddion i ddwyn gwybodaeth am Sosialaeth o fewn cyrraedd pobl ymhob rhan o'r wlad. Yn ôl David Thomas, bu'r gyfrol hon, *Merrie England* yn help i baratoi'r ffordd i'r Blaid Lafur ar ddechrau'r ugeinfed ganrif. Dyma brofiad David Thomas yn *Lleufer y Werin* (Abercynon, 1965):

> O wel, yn Llanfyllin 'roeddwn i. Mi roth Percy Watkins anerchiad i'r *Debating Society* unwaith ar *Merrie England* – llyfr Robert Blatchford ar Sosialaeth ac mi ges innau gopi, a darllen hwnnw, ac o'r amser hwnnw, 'roedd Sosialaeth fel rhyw ddelfryd yn fy meddwl i o hyd, 'te?[38]

Ond y mudiad a gafodd yr afael fwyaf ar Gymru oedd Plaid Lafur Annibynnol (ILP) a sefydlwyd mewn cynhadledd yn Bradford yn 1893. Yno llwyddodd glöwr o Albanwr, Hyd yn oed Hardie, i ddwyn ynghyd nifer o undebwyr llafur a sosialwyr i drafod y syniad o greu plaid. Llwyddodd i'w darbwyllo dros sicrhau cynrychiolaeth wleidyddol i'r dosbarth gweithiol. Nid oedd Hardie yn gefnogol o gwbl i wleidyddion ac undebwyr fel Mabon a oedd yn perthyn i Lafur ac i'r Blaid Ryddfrydol, y gwleidyddion hynny yn y Senedd a elwid yn Aelodau Seneddol y Lib-Lab. Yn drist iawn, ni chafwyd neb o Gymru yng Nghynhadledd Bradford. Yr oedd un brawd wedi gwirfoddoli i fynychu'r Gynhadledd, ond yn anffodus collodd ei drên yng Nghaerdydd.

Roedd amcanion arbennig gan y Blaid Lafur Annibynnol. Yn y lle cyntaf, fel y pwysleisiwyd, nid oedd cael Rhyddfrydwyr o'r meysydd glo yn y Senedd yn ateb diben y Sosialwyr o gwbl. Yn ail, yr oedd angen cenhadaeth

---

[38] Ben Bowen Thomas (gol.), *Lleufer y Werin* (Abercynon, 1965), t32.

ddeinamig yn y trefi mawrion a'r canolfannau diwydiannol i ennill cefnogaeth i'r gred Sosialaidd. Doedd dim gobaith cyflawni hyn trwy weithgarwch y Marcsiaid yn y Gymdeithas Ddemocrataidd Sosialaidd ac yr oedd gwaith distaw'r Gymdeithas Ffabiaid yn annigonol. Yr oedd gweithwyr diwydiannau cyfan o dan gyfaredd Rhyddfrydiaeth, yn arbennig y Chwarelwyr yng ngogledd Cymru.

Y gwleidydd a sylweddolodd yr angen i genhadu yng Nghymru gymaint â neb oedd Hyd yn oed Hardie. Bu ei ymweliadau â Chymru yn ystod streic y glowyr 1898 yn sbardun i ganghennau'r Blaid Lafur Annibynnol ym Merthyr Tudful ac Aberdâr ei enwebu yn ymgeisydd yn eu hetholaeth yn 1900. Yn y flwyddyn honno, enillodd ef sedd Merthyr Tudful ac Aberdâr. Yr oedd gan Sosialwyr Cymru lais yn y Senedd yn fodd i danseilio safle'r *Lib-Lab*. Bu'r Blaid Lafur Annibynnol mewn cynghrair ag arweinwyr yr Undebau Llafur, yn llwyddo yn 1900 i sefydlu'r Pwyllgor Cynrychioli Llafur. Arweiniodd hyn yn 1906 i enedigaeth y Blaid Lafur Brydeinig a bu hyn yn gyfrifol am newid yr awyrgylch. Fe ddaeth hi'n unfed awr ar ddeg ar y bartneriaeth rhwng Ymneilltuaeth a Rhyddfrydiaeth. Clywyd lleisiau amrywiol fel y gwelir wrth ddarllen y Wasg yn ne Cymru. Ceir trafodaeth fawr yn y ddegawd olaf o'r bedwaredd ganrif ar bymtheg, yn arbennig yn y llythyron a anfonwyd i'r Wasg wythnosol leol. Un o'r rhai a fu'n ddiwyd yn pwysleisio cyfraniad Karl Marx oedd Lewis Edwards. Gwelir ei lythyron yn y *Barry Dock News*. Trigai Lewis Edwards yn Cowbridge Road, Canton a dywed yn ei lythyr ar 12 Medi, 1899 wrth ddadansoddi Marcsaeth.

> His system is not in close touch with facts. The system reins in one direction, facts go in another.[39]

---

[39] Lewis Edwards, 'Marxist', *Barry Dock News*, 12 Medi 1899.

Keir Hardie (1856-1915)

Erbyn diwedd y bedwaredd ganrif ar bymtheg, yr oedd ymysg Sosialwyr awydd i uno'r cymdeithasau a oedd yn bodoli yn enw'r athroniaeth sosialaidd. Daeth carfan dda o Sosialwyr ynghyd i Gaerdydd ar 15 Mawrth 1899 i *Custom House* yn y gobaith o uno canghennau'r SDF a'r Blaid Lafur Annibynnol. Gelwid y Gymdeithas Unedig yn Blaid Sosialaidd Caerdydd gyda'r gobaith y byddent yn cymryd rhan amlwg ym mywyd y ddinas. Cafwyd Pwyllgor Gwaith effeithiol. Yr un flwyddyn, cyfarfu'r *South Wales Socialist Federation* ym Merthyr a hynny ym mis Mawrth, a daeth cynrychiolwyr o Gaerdydd, Casnewydd, Abertawe, Abertyleri, Aberdâr, Rhymni, Dowlais, Merthyr, Maerdy, Bedlinog i drafod a chynllunio ar gyfer etholiadau ac ymweliadau sêr y Blaid Lafur Annibynnol, fel Bruce

Glasier o'r Alban a ddaeth i annerch cyfarfod cyhoeddus yn Aberaman yng Nghwm Cynon.

Gwelodd chwarelwyr Dyffryn Ogwen Hyd yn oed Hardie ym Methesda, adeg Streic Fawr Chwarel y Penrhyn. Meddai Hardie ar y ddawn i ennill dilynwyr a cheir enghreifftiau di-ri o bobl o bob oedran a gafodd eu llwyr feddiannu ganddo. Un ohonynt yn ei etholaeth oedd John Williams (1886-1917), asiant y glowyr yn nosbarth Merthyr a ymunodd â'r Blaid Lafur Annibynnol ac a fu'n edmygydd mawr ohono ar hyd ei oes. Aethpwyd ati o ddifrif i genhadu sosialaidd ymhlith gweithwyr y dociau, rheilffyrdd, gwaith dur a haearn, gweision ffermydd, y glowyr a'r chwarelwyr. Bu'r canlyniadau yn rhyfeddol, ac yn arbennig ar ôl sefydlu Pwyllgor Cynrychioli Llafur yn 1900.

Yr Undebau Llafur oedd yn bennaf gyfrifol am y symudiad pwysig hwn yng ngwleidyddiaeth Prydain. Yr oedd y gweithwyr yn anfodlon ar yr hen ddull o geisio ennill cyfiawnder trwy fargeinio â'r meistri gwaith neu streicio pan fethai ymresymiad yr arweinwyr â pherswadio perchnogion y glofeydd a'r chwareli i wella amgylchiadau'r gweithwyr. Yn aml, yr oedd y gweithwyr yn anfodlon ar y pleidiau Seneddol, y Ceidwadwyr a'r Rhyddfrydwyr. Yr oedd R. J. Derfel, fel y cydnebydd T. E. Nicholas, wedi bod yn pregethu hyn am gyfnod maith.

Deallodd ystyr y frwydr gymdeithasol. Nid brwydr pleidiau mohoni, ond brwydr dosbarthiadau. Nid dwy blaid sydd yn ymladd ond dau ddosbarth. Tasg fwy anodd o lawer oedd darbwyllo'r chwarelwyr na'r glowyr, am fod y chwarelwyr yn gymaint o Ryddfrydwyr. Rhai o wŷr mwyaf Rhyddfrydol eu daliadau a fu'n gyfrifol am gryfhau a sefydlogi Undebaeth Lafur yng Ngwynedd. Enghraifft deg o hyn ydyw'r arweinydd Llafur yn Nyffryn Ogwen, William John Parry (1842-1927), Bethesda, a feddyliai'r byd o W. E. Gladstone fel y gwnâi Mabon ymhlith y glowyr yn y de. Un arall oedd W. J. Williams (1839-1901),

Caernarfon, a chynrychiolodd Bryn Roberts yn Etholaeth Eifion yn 1885. Yr oedd diffyg arall hefyd sef nad ydynt yn ffyddlon i'w gilydd o fewn i'r Undeb.

Maes o law, fe argyhoeddwyd y chwarelwyr fel gweithwyr o sefydlogrwydd Undeb y Chwarelwyr a hynny trwy genhadaeth arloeswyr y Blaid Lafur yn Arfon fel David Thomas a William Williams, Felinheli, a Robert Silyn Roberts ym Meirionnydd. Yn sgil hyn, a'r Gwyliau Llafur dirywiodd dylanwad y Blaid Ryddfrydol arnynt, er i deulu Lloyd George gadw'r Gogledd-orllewin yn drwm o dan ei ddylanwad.

Yr oedd y penderfyniad yn 1900 i ffurfio plaid Seneddol Annibynnol trwy Bwyllgor Cynrychiolaeth Llafur yn dwyn ffrwyth erbyn Etholiad Cyffredinol 1906, pan enillodd y Blaid Ryddfrydol gyda mwyafrif da. Allan o 53 o ymgeiswyr yn lliwiau'r Pwyllgor, bu yn llwyddiannus a mabwysiadodd y Pwyllgor enw newydd, sef y Blaid Lafur.[40]

Ond y Blaid Lafur Annibynnol oedd y dylanwad mwyaf y tu mewn i'r Blaid Lafur ac felly y bu hyd y dau ddegau pan rwygwyd y mudiad a bu'r ddau ar wahân ar ôl 1922 ac yn wrthwynebwyr i'w gilydd.

Chwaraeodd y Blaid Lafur Annibynnol ran allweddol yn y bleidlais yn 1908 a arweiniodd at gysywllt ffafriol rhwng y Blaid Lafur a Ffederasiwn Glowyr Prydain Fawr. Rhwng 1908 a 1914, sefydlwyd canghennau yn y Gogledd-orllewin trwy weledigaeth y bardd-bregethwr, Silyn, ym maes y glo caled gan unigolion fel James Griffiths yn Rhydaman ac yn Sir Forgannwg gan Hyd yn oed Hardie, T. E. Nicholas a John Davies (1882-1937), a ddaeth yn un o bobl amlwg y WEA. Cyfunwyd Sosialaeth â dyheadau anghydffurfiol a gwladgarol Cymreig.

---

[40] D. Ben Rees, *Cofiant Mabon: Eilun Cenedl y Cymry a'r Glowyr*, (Lerpwl, 2022).

Cyd-ddyheu a'i Cododd Hi

Yn y cyfnod o 1908 hyd ddiwedd y Rhyfel Byd Cyntaf, aelodau o'r Blaid Lafur Annibynnol oedd arweinwyr a swyddogion y Blaid Lafur. Yn 1909, yr oedd 20 allan o 33 o Aelodau Seneddol y Blaid Lafur Brydeinig yn perthyn i'r Blaid Lafur Annibynnol. Aelodau o'r Blaid Lafur Annibynnol oedd prif swyddogion y rhan fwyaf o'r Undebau Llafur, a sêl a brwdfrydedd y Blaid Lafur Annibynnol oedd yn ysbrydoli'r Blaid Lafur. Gosodwyd David Thomas y pwynt yn gryno ym 'Meibl y Sosialwyr Cymraeg' *Y Werin a'i Theyrnas* a gyhoeddwyd ganddo yn 1910:

> Y Blaid Lafur yw'r corff, y Blaid Lafur Annibynnol yw'r pen, y Blaid Lafur yw'r peiriant, y Blaid Lafur Annibynnol yw'r ager.[41]

Magodd y Blaid Lafur Annibynnol nerth ym mhob rhan o Gymru ac fe hudwyd rhai o arweinwyr dawnus yr eglwysi Anglicanaidd a chapeli Ymneilltuol i ymddiddori yn symudiadau'r Mudiad. Bu hyn i gyd yn ffactor pwysig arall yn y newid mawr yn hanes cymdeithasol a gwleidyddol Cymru.

Ymhlith yr Anglicaniaid, rhoddir lle dylanwadol i'r Parchedig James H. Jenkins. Offeiriaid Eglwys Esgobol Cilrhedyn, Sir Benfro ydoedd, a chafwyd yn ogystal garfan gref o weinidogion y capeli: y Parchedig R. Silyn Roberts oedd yr arweinydd ond fe'i cefnogwyd yr holl ffordd gan T. E. Nicholas (Niclas y Glais), D. D. Walters (Gwallter Ddu), Cenarth a T. Rhondda Williams, Bradford. Ni ddylid anghofio Daniel Hughes, Pont-y-pŵl; Rhys J. Huws, Glanaman; Waldo James, Caerfyrddin; E. K. Jones, Brymbo; J. H. Howard, Cwmafan; John Morgan Jones,

---

[41] David Thomas, *Y Werin a'i Theyrnas*, (Caernarfon, 1906), t. 55.

Merthyr; David Pugh, Merthyr; J. Edryd Jones, Garnant; W. Rowland Jones, Merthyr; Herbert Morgan, Llundain; James Nicholas, Tonypandy; W. D. Roderick, Rhiw Fawr; T. M. Roderick, Cwm-gors; Iona Williams, Llanelli; D. G. Rees, Pen-y-bont ar Ogwr; J. Park Davies, Caerfyrddin a'r lleygwr o ddiwinydd, J. Gwili Jenkins, Academi Gwynfryn, Rhydaman.

Ni ddylid gorbwysleisio'r hyn a nodaf, ond ar y llaw arall, y mae'n anonest ac annheg i beidio â chydnabod y cyfraniad a wnaed gan rai o offeiriaid a gweinidogion Ymneilltuaeth Cymru dros Sosialaeth Gristnogol. Wedi'r cyfan, magwyd arweinwyr y Mudiad Llafur trwy Ddiwygiad Crefyddol 1904-05 yn arbennig ymhlith y bobl ieuainc a'r merched. Daeth aml un o'r rhain i'r Mudiad Llafur ac yn aelodau o'r Blaid Lafur Annibynnol. Etholwyd un ohonynt, y Parchedig John Williams, asiant y glowyr a gweinidog gyda'r Bedyddwyr, yn Aelod Seneddol Gŵyr yn 1906. Dyma'r bobl a oedd yn bennaf gyfrifol am gyflwyno a chroesawu a chefnogi Hyd yn oed Hardie, Ben Wilson, Ben Tillett, Thomas Mann dros Glawdd Offa i'r cymoedd. Elfen amlwg iawn yn natblygiad y cyfan oedd presenoldeb a gweithgarwch athrawon Ysgol. Yn Aberdâr, cafwyd cyfraniad yr ysgolfeistr W. W. Price a ddaeth yn un o ymchwilwyr dygn ein hanesyddiaeth. Ef oedd Bob Owen y de a chyfrifaf hi'n fraint i mi gael ei gyfarfod a mwynhau ei gwmnïaeth ar ei aelwyd yn Aberdâr.

Gosododd James Griffiths ei ddyled i Silyn ar ôl ei glywed yn Nyffryn Aman:

> Roedd gan ei ddyfodiad ef arwyddocâd arbennig inni ieuenctid Deheudir Cymru. Roedd ef yn ddolen yn cydio'r hen a'r newydd ac yr oedd gan yr hen eto ddigon o afael arnom i beri inni deimlo bod eisiau

dolen i'n cydio wrtho. Silyn oedd y ddolen. Pregethai Dduw a datblygiad. Roedd yn Weinidog ac yn Sosialydd. Efe oedd ein hysbrydoliaeth, a'n cyfiawnhad hefyd. Gallem ddweud wrth ein rhieni a ofnai'r efengyl newydd yma y soniem gymaint amdani, 'Ond mae Silyn Roberts yn credu fel yna?' Faint o dadau duwiolfrydig pryderus a gymodwyd â Sosialaeth eu meibion gan yr wybodaeth hon?[42]

Yr oedd Silyn Roberts yn cydio Evan Roberts, y glöwr o ddiwygiwr o dde Cymru, gyda'r glöwr o Sosialydd, Hyd yn oed Hardie. Caled fu'r brwydro a'r beirniadu ar y genhedlaeth a oedd yn arddel y gred newydd. Dyma fu asgwrn y gynnen, ac yn fy marn i, a fu'n un o'r rhesymau pennaf am ddirywiad Ymneilltuaeth Gymraeg yn yr ugeinfed ganrif. Gellir dweud i'r enwadau Ymneilltuol fethu â derbyn yr 'efengyl newydd' a'i oblygiadau a thrwy hynny, bu cefnu mawr ar y capeli yn yr ardaloedd diwydiannol. Yr enw a saif fel cynrychiolydd Sosialaeth Gristnogol ydyw R. J. Campbell, a ddaeth yn weinidog i eglwys yr Annibynwyr Saesneg, City Temple yn Llundain yn 1903. Gŵr dawnus a phregethwr carismatig oedd R. J. Campbell ac fe'i hargyhoeddwyd gan gyfaredd Hyd yn oed Hardie o wirionedd Sosialaeth. Yn Hydref 1906 mynegodd ei ffydd newydd Sosialaeth o'i bulpud ac agorwyd drysau i'r Mudiad Llafur led y pen iddo wedyn.

Datblygodd ei safbwynt yn Ddiwinyddiaeth Newydd ac fe'i condemniwyd yn llym gan sefydliad yr Eglwysi Rhyddion. Fe'i hesgymunwyd o bob pulpud a mudiad yn perthyn i'r Eglwysi Rhyddion, ond fe gafodd gefnogaeth lwyr gan ei eglwys gref City Temple. Ymgais

---

[42] D. Ben Rees, *Cofiant Jim Griffiths*, (Talybont, 2015), t. 58.

i fynd yn ôl at wreiddiau'r ffydd Gristnogol oedd y Ddiwinyddiaeth Newydd yng ngoleuni'r cyfnod newydd a dyma paham y gelwid yr athroniaeth weithiau yn 'grefydd gwyddoniaeth'. Efengyl gymdeithasol ydoedd yn y bôn, tra gwahanol i Galfiniaeth a fu'n rhan annatod o grefydd gyfundrefnol yng Nghymru oddi ar Ddiwygiad Methodistaidd y ddeunawfed ganrif. Pwysleisiai R. J. Campbell fod pob dyn yn ddatguddiad o'r Crist Tragwyddol. Mewn geiriau eraill, Sosialaeth ysbrydol oedd y ddiwinyddiaeth newydd. Gwelwyd Duw ym mhob peth; Ef oedd y greadigaeth a mwy, ac felly yr oedd y dwyfol ym mhob mudiad moesol ac ym mhob chwyldro cymdeithasol. Y Sosialaeth hon oedd yr adfywiad Cristnogol yn y ffordd a'r ffurf fwyaf addas ar gyfer anghenion y dydd.

Penllanw dylanwad R. J. Campbell oedd yn y blynyddoedd 1907 i 1910. Cynhaliodd Ysgol Haf ym Mhenmaenmawr yn 1907 a'r flwyddyn ganlynol yn Aberystwyth. O hyn, ac o'r sensoriaeth bulpudol arno, fe ffurfiodd y mudiad *Progressive League*. Ef oedd y Llywydd, a dewiswyd y Parchedig T. Rhondda Williams, Cymro Cymraeg yn un o'r ddau Is-lywydd. Mab i Weinidog gyda'r Methodistiaid Calfinaidd yn Nowlais oedd T. Rhondda Williams (1860-1945), ond fe dreuliodd ei oes gyda'r Annibynwyr Saesneg. Yr oedd yn un o gewri'r Blaid Lafur Annibynnol ac fe'i doniwyd yn helaeth â'r hwyl Gymreig. Pregethai Campbell yn Saesneg a Rhondda Williams yn Gymraeg yng Nghymru a thyrrai'r torfeydd i wrando arnynt. Ysgrifennai Campbell i'r papur enwadol *The Examiner* ac fe'i geid pregeth o'i eiddo yn *The Christian Commonwealth*. Gwnaeth argraff ar lawer aelwyd grefyddol ac yn ei hunangofiant, *Pages from Memory* (Llundain 1969) mynegodd y gwleidydd Llafur James Griffiths chwyldro'r Ddiwinyddiaeth Newydd yn ei gartref ym Metws ger Rhydaman.

These weekly sermons [o eiddo R. J. Campbell yn y ddau gylchgrawn a enwyd] suddenly threw two bombs into our family circle, the New Theology and Socialism. This set us all arguing at chapel, and in the mine and mill. Four years after Evan Roberts, there came to our valley the new theologian from the City Temple and from Merthyr, the Socialist Scotsman who was causing a stir in the Valleys. The journals and their sermons and the visits of the preacher and politician were to lead me to 'The Movement' which ever after was to be my life.[43]

Dyma fu profiad llu o fechgyn ieuainc eraill a fagwyd yn y capeli Ymneilltuol ac oni bai am ddylanwad gwŷr grymus fel J. J. Jenkins (Gwili), Prifathro Thomas Rees, Bangor, James Nicholas, Tonypandy a T. E. Nicholas, mi fyddai'r ecsodus o'r capeli wedi bod yn fwy niweidiol fyth. Daliodd y gwŷr hyn ac eraill a enwyd yn gynharach ergydion didostur mewn Undeb a Chymanfa crwsâd mileinig W. F. Phillips, erthyglau a llythyron ar dudalennau papurau newydd yn ogystal â'r cylchgronau Cymraeg a Saesneg.

Ergydiodd y seraff-bregethwr, Dr E. Herber Evans (1836-1896) ar Sosialaeth mor gynnar ag 1886 yn Undeb Enwad yr Annibynwyr yn Aberdâr ac fe aeth J. Towyn Jones (1858-1925), a fu ar ôl hynny yn Aelod Seneddol Rhyddfrydol Dwyrain Caerfyrddin, mor bell â dweud yn Undeb yr Annibynwyr yn Ferndale yn 1892 mai 'breuddwyd ynfyd yw'r syniad o gydraddoli cymdeithas'. Ond clywyd lleisiau gwahanol yn yr Undebau hyn, fel llais John Davies (1864-1924), Gweinidog Capel y Wern, Ystalyfera a ddywedodd yn Undeb yr Annibynwyr yn Rhosllannerchrugog yn 1908:

---

[43] James Griffiths, *Pages from Memory* (London, 1969), tt. 11-12.

> Sosialaeth yw'r cynhwysiad ymarferol o ysbryd y Bregeth ar y Mynydd a Gweddi'r Arglwydd at y byd a'r bywyd yma.[44]

Dywedir i ddau weinidog arall yn Undeb Aberaman yn 1911 ferwi drosodd mewn brwdfrydedd dros adeiladu'r Jeriwsalem newydd. Y ddau hyn oedd John Hadrian Evans, y Bryn, Llanelli (1863-1945) a John Hughes (1861-1923), Gweinidog Capel Jerusalem, Blaenau Ffestiniog o 1908 hyd 1923. Y mae'n deg cydnabod y dynion hyn, ond gellir honni mai Niclas y Glais oedd yr un parotaf o holl weinidogion yr Annibynwyr i godi baner y ddiwinyddiaeth newydd. Ar yr un pryd, cydnabyddai Niclas ei bod hi'n anodd i weinidog yr Efengyl gyhoeddi Sosialaeth yng Nghymru. Dyma'i brofiad yn 1914:

> Nid oes le heddyw i weinidog feiddia wrthwynebu Rhyddfrydiaeth adeg etholiad.[45]

Er hyn, ni allai gadw'n ddistaw oherwydd ei gred mewn Sosialaeth Gristnogol:

> Gweddnewid y ddaear yw neges yr Efengyl: credaf na weddnewidir hi byth gan gyfreithwyr a barnwyr, a milwyr, a charcharau, a chrogwyr. Fe gedwir y byd gan egwyddorion Iesu.[46]

Roedd angen ar i'r eglwysi gofio gwerthoedd ac egwyddorion mawr y Testament Newydd. Dyma'i sylw:

---

[44] R. Tudur Jones, *Undeb yr Annibynwyr Cymraeg* (Abertawe, 1964).
[45] Williams, John Roose: T. E. Nicholas – Niclas y Glais, the people's poet, *Cyffro*, Gaeaf 1970, tt. 45-7.
[46] Derfel: 'Niclas y Glais, bardd y werin yn 90 mlwydd oed,' *Baner ac Amserau Cymru*, 30 Hydref 1969, 3; Hughes, Donald, 'Gobaith', *Barn*, 89, t. 137.

> Mae rhywbeth mawr allan o le pan fyddo
> segurwyr y byd mewn palasau, a gweithwyr y
> byd mewn hofelau.[47]

Soniodd T. E. Nicholas am yr angen i'r Eglwysi wybod mwy am y mudiad Sosialaidd ac fe roddodd o'i orau i'w darbwyllo ac i'w hargyhoeddi. Hon oedd ei neges, boed o bulpud neu o lwyfan gwleidyddol, mewn pregeth, mewn erthygl, mewn cerdd.

> Mae'n bryd i'r eglwysi ddweud y gwir am y
> mudiad cymdeithasol. Dywedaf eto, fod
> bodolaeth yr eglwysi yn y dyfodol yn
> dibynnu ar eu safle tuag at y mudiad
> cymdeithasol.[48]

Erbyn heddiw, gwyddom mai clustfyddar a fu llu o'r arweinwyr, ond ar y llaw arall, gwrandawodd y gweddill ac ni ddiffoddwyd mo fflam yr efengyl gymdeithasol Sosialaidd ar hyd yr ugeinfed ganrif ond cafodd lu o weinidogion a oedd yn barod iawn i arddel ac i wasanaethu'r Blaid Lafur yn gydwybodol fel y cawn weld.

Bu Cymdeithasau Llafur a Masnach yn gymorth i'r Blaid Lafur gael y llaw drechaf ar y Rhyddfrydwyr. Sefydlwyd y rhain, fel yr *Aberdare Trades and Labour Council* i roddi cyfle i'r dosbarth gweithiol gael ei chynrychioli gan werinwyr. Gwerinwyr mewn gwahanol alwedigaethau yn dod at ei gilydd i gefnogi ei gilydd fel pe baent yn frodyr i'w gilydd. Daeth brawdgarwch i'w bwysleisio o fewn y Mudiad Llafur. Gwnaed ymdrech dda i wella amgylchiadau, diwygio a gofalu am welliannau amrywiol a

---

[47] Rees, D. Ben: Gŵr Gwâdd: T. E. Nicholas, *Aneurin* 1/3, tt. 45-7.
[48] Lewis, D. Glyn, 'Cofio Cyfaill Cywir (T. E. Nicholas)', *Ymofynnydd*, lxxiii, tt. 8-10.

fyddai'n dod yn rhan o raglen Cynghorau Dosbarth a Chynghorau Sir. At ei gilydd, bu'r papurau lleol yn ne Cymru a'r cymoedd nid yn elyniaethus i'r cymdeithasau o blaid y dosbarth gweithiol, ond yn barod i roddi cryn ofod i'r cyfarfodydd a gynhelid. Ysgrifennodd gŵr o'r enw A. Williams o 77 Regent Street, Doc Barri ar 19 Medi 1899 at olygydd y *Barry Dock News* yn diolch am y ffordd ddiduedd y cafodd cyfarfodydd *Social Democratic Federation,* Y Barri eu cofnodi yn yr wythnosolyn. Symudwyd ymaith cryn lawer o wrthwynebiad.

Clywyd llais Llafur yn hyderus a chydwybodol yn y Cynghorau Masnach a Llafur. Defnyddiwyd y cyfryngau a oedd wrth law, y papurau lleol, i danlinellu'r drwg yn y caws, i gondemnio anwybodaeth ac i gefnogi cydweithio, undeb, a llawenydd. Y pwrpas oedd cefnogi Llafur i esblygu o gymuned i gymuned ac i baratoi ar gyfer llwyddiant yn y dydd a ddaw.

Felly, paratoi'r ffordd oedd hi yn y cyfnod cyn 1922 pan ddaeth y Blaid Lafur yn rym yn y tir. Un rheswm am lwyddiant y Blaid Lafur oedd cyfraniad nifer dda o wragedd eithriadol o weithgar. Er nad oedd ganddynt y bleidlais, gwelwyd hwy o fewn y *Women's Labour League* a *Women's Co-operative Guilds*. Daeth gweithio am bleidlais i'r gwragedd yn bwysig a gwelid y merched dewr a elwid yn *suffragettes* yn teithio i gyflwyno eu hachos. O Forgannwg er enghraifft daeth dwy o wragedd eithriadol i wasanaethu. Y gyntaf o'r rhain oedd Rose Davies, Abernant, ffrind cywir i Hyd yn oed Hardie. Gweithiodd hi'n galed yn Aberdâr, hi a'i phriod, Ted Davies, a chafodd ei hethol yn aelod o Gyngor Sir Morgannwg yn 1909 a dod yn ddiweddarach yn Gadeirydd y Cyngor. Hi oedd y wraig gyntaf i fod yn gadeirydd Pwyllgor Addysg Cyngor Dosbarth Aberdâr. Y ferch arall oedd Elizabeth Andrews, gwraig i löwr yn Nhonpentre. Rhoddodd dystiolaeth gerbron Pwyllgor Sankey yn 1919 ar gyflwr tai'r glowyr, a gweithredodd y Blaid Lafur yn ddoeth wrth ei hethol yn Drefnydd y Gwragedd i'r Blaid Lafur yng Nghymru. Bu'n eithriadol o effeithiol trwy Gymru gyfan gan ddechrau traddodiad a gariwyd ymlaen ar hyd y degawdau.

Yn raddol, aeth y Blaid Lafur o fod yn blaid ymylol i blaid a oedd yn denu mwy a mwy o gefnogaeth. Gwelid gwellhad yn y sefyllfa ariannol a gweinyddol. Bu penodiad Meth Jones, T. I. Mardy Jones a William Harries fel trefnwyr gwleidyddol dros Gŵyr, Morgannwg a Mynwy, ynghyd â Zechariah Andrews, Cadeirydd Cyfrinfa y Farteg, yn asiant i Blaid Lafur Gorllewin Mynwy yn gam pwysig ymlaen. Ar ôl 1908, Undeb Glowyr De Cymru oedd yr ysgogiad i lwyddiant y Blaid Lafur ym maes glo'r de. Yr unig ffordd i Sosialwyr nad oedd yn Undebwyr i ddod yn aelodau o'r Blaid Lafur oedd trwy'r Blaid Lafur Annibynnol.

Erbyn 1908, ceid 130 o ganghennau o'r Blaid Lafur Annibynnol, pedair mil o aelodau, a phymtheg trefnydd llawn amser. Gwelid y Sosialwyr yn bwerus yng ngwleidyddiaeth Cwm Cynon, gyda saith allan o ugain o gynrychiolwyr ar y Cyngor Dosbarth. Cangen gryf arall oedd yn Llansawel (Briton Ferry) a Chastell Nedd. Yng ngogledd Cymru, gweithiai David Thomas a Tom Platt yn egnïol gyda 16 o ganghennau erbyn 1910 a'r iaith Gymraeg yn cael ei defnyddio fel prif iaith y gweithgareddau. Erbyn diwedd y Rhyfel Byd Cyntaf, ceid Cynghorau Llafur a Masnach yn Aberystwyth, Blaenau Ffestiniog, Bae Colwyn a Wrecsam.

Yn anffodus, cafodd aelodau'r *Lib-Lab* gryn lawer o drafferth gan y Rhyddfrydwyr am nad oedd arweinwyr lleol y Rhyddfrydwyr yn hapus o gwbl i ddewis ymgeiswyr o blith y dosbarth gweithiol i ymladd am le ar y cynghorau lleol, hyd yn oed yng nghymoedd Sir Fynwy. Yr oedd y Rhyddfrydwyr wrth eu bodd gyda'u hymgeiswyr o'r dosbarth canol ond nid o'r dosbarth gweithiol. Methodd Llafur gydag ymgeiswyr o safon. Collodd Vernon Hartshorn,

Maesteg, ddwywaith yn etholaeth Ogwr a hyd yn oed Ben Tillett am sedd ar Gyngor Dinas Abertawe, a dal i fethu wnaeth Dr. J. H. Williams yng Ngorllewin Caerfyrddin. Ond ceid buddugoliaethau fel yng Nghastell Nedd pan etholwyd Jonah Jones a Daniel Harry a ddaeth yn Gadeirydd Cyngor y Dref. Yn wir, Daniel Davies oedd Maer cyntaf Castell Nedd o blith y llafurwyr a hynny yn 1909.

Un o'r trefydd a ildiodd i Lafur ym Mynwy oedd Abertyleri gyda'r Blaid Lafur yng ngofal y Cyngor Dosbarth erbyn 1912. Gellid cyfrif Abertyleri yn ôl Eddie May fel y dref lafurol gyntaf yng Nghymru. Nid oedd hynny'n wir am Dredegar, dim ond tri o gynghorwyr o'r Blaid Lafur a oedd ar y Cyngor yn 1913. Rhyddfrydwyr oedd y gweddill. Roedd Cwm Rhondda yr un fath gyda dim ond pum Llafurwr yn 1901 tra meddai'r Rhyddfrydwyr ar 61 o gynghorwyr Rhyddfrydol. Ond araf fu hi i ddod â Chwm Rhondda yn gadarnle'r Blaid Lafur. Gwelid rhai o gewri'r Blaid Lafur yn gwneud eu marc erbyn 1914, fel Mark Harcombe yn sedd Trealaw. Cafodd ef 1146 o bleidleisiau a'r Rhyddfrydwr John Williams 647. Enillodd Thomas Owen Ward Clydach Vale a Lewis Hopkins yn Ward Pen-y-graig. Cafodd ef 934 o bleidleisiau a'r Llafurwr a safodd yn ei erbyn, Nefydd Thomas, 503. Anodd oedd hi yng Nghymmer, gyda pherchennog y lofa, Robert Gibb, yn cipio'r sedd dros atalbwyswr pwll y Cymmer, Tom John.

Bu tanchwa Senghennydd yn 1914 yn ddigwyddiad eithriadol yn hanes y Mudiad Llafur gyda thros 400 o lowyr yn colli eu bywydau. Cyflwynwyd trasiedi Senghennydd i'r Tŷ Cyffredin gan yr Aelod Seneddol Llafur, William Brace, Bedyddiwr cadarn, a phregethwr lleyg cymeradwy. Dywedwyd amdano:

> He has the power of capturing his audience
> and his congregation both by the matter of

his sermon or speech and by a compelling, attractive character of the man himself.[49]

Creodd alw cyffredinol yn y Tŷ, fel y gwelwyd ar hyd a lled y cymoedd, gan ddod â phobl yn agos iawn at ei gilydd o dan faner y Blaid Lafur.

Blwyddyn gyntaf y Rhyfel Mawr ydoedd, a datganodd Pwyllgor Gweithredol Cenedlaethol y Blaid Lafur yn 1914 eu gwrthwynebiad cryf i bolisi tramor Llywodraeth Ryddfrydol a arweiniodd i'r Rhyfel gyda'r Almaen. Yn ôl gohebydd y *Dinesydd Cymraeg*, dywedodd Ramsay MacDonald yn 1915 ym Mryste:

> Nid oes unrhyw blaid boliticaidd mewn bodolaeth, fydd ganddi fwy i ddweud pan fydd y Rhyfel drosodd na'r Blaid Lafur. Er bod pobl yn ei chamddeall ac yn ei chollfarnu'r dyddiau hyn, y mae gan y genedl a'r Llywodraeth destun diolch i Dduw am ei bodolaeth.[50]

Yr oedd MacDonald yn llygad ei le. Y Sosialwyr, bron yn ddieithriad oedd wedi mynnu tystio i rym heddychiaeth. Yr oedd Rhyddfrydwyr a Llafurwyr y dde wleidyddol a berthynai i'r undebau yn barod i gefnogi'r alwad i fynd i ryfel ac i wrando ar apêl arweinwyr y byd a'r eglwys. Dadleuai'r ddau Ryddfrydwr dylanwadol o Gymru, David Lloyd George a John Williams, Brynsiencyn, fod yn rhaid amddiffyn Prydain Fawr. Gadawodd llawer o lowyr Cymru'r maes glo am ffosydd Fflandrys i frwydro dros y

---

[49] D. Ben Rees, *Cofiant Mabon*, ceir cyfeiriadau at William Brace ar dudalennau 97-102, 127, 133, 137, 142, 146-7, 149-50, 173, 193, 195, 215-6, 253, 279, 287. Ni chafwyd cofiant iddo hyd yn hyn.
[50] *Y Dinesydd Cymreig* am 1915.

Brenin a'r Ymerodraeth. Gwelwyd deugain mil o lowyr de Cymru yn ymuno o'u gwirfodd â'r lluoedd arfog, gan wybod y byddai carfan uchel ohonynt yn cael eu haberthu yn y gyflafan erchyll. Un o'r rhain oedd y bardd o Drawsfynydd, Hedd Wyn, a fu am gyfnod byr yn löwr ym Mhwll Glo Abercynon. Rhannwyd teuluoedd. Aeth John Griffiths, neu Sioni'r Glöwr, o'r Betws i ymladd dros ei wlad, tra safai ei frawd, Jim, fel heddychwr. Gwawdiwyd Jim Griffiths a'i gyd-Sosialwyr heddychlon ar strydoedd Rhydaman, fel y gwawdiwyd yr arwr Hyd yn oed Hardie yn ei etholaeth yn nwyrain Morgannwg. Torrodd Hardie ei galon a bu farw yn annhymig yng nghanol ei genhadaeth ddaionus ac yntau ddim ond 59 mlwydd oed. Yn yr Is-etholiad ym mis Tachwedd 1915 a ddilynodd ei farwolaeth, gwelwyd difrod 'ysbryd y rhyfel' yng Nghwm Aberdâr a thref Merthyr. Ymgeisydd swyddogol y Blaid Lafur oedd James Winstone, llywydd Ffederasiwn Glowyr De Cymru, ond nid oedd modd i Winstone gael y llaw drechaf yn erbyn rhethreg filitaraidd asiant y glowyr lleol, C. B. Stanton. Enillodd Stanton, y bwli diedifar, fel Llafurwr Annibynnol a chefnogwr di-ben-draw y rhyfelgwn a'r llywodraeth o 10,286 o bleidleisiau; derbyniodd Winstone 6,080.

Gwaethygodd sefyllfa'r heddychwyr yn 1916. Daeth gorfodaeth filwrol yn ddeddf gwlad ym mis Ionawr y flwyddyn honno. Dyma heresi i lawer Cymro. Lloyd George o bawb a'i gynghreiriaid Toriaidd oedd y tu ôl i Fesur Gorfodaeth Filwrol 1916. Dadrithiwyd aml i Ryddfrydwr gan eu gorfodi i ofyn am le ymhlith y Blaid Lafur Annibynnol. Y gwleidydd mwyaf huawdl yn erbyn y Mesur oedd William Llewelyn Williams. O 1916 hyd ei farw cynnar yn 1922, ni ildiodd y Cymro hwn o Lansadwrn, Sir Gaerfyrddin mo'i 'ffrewyll oddi ar gefn Lloyd George'. Yr oedd Lloyd George, wedi'r cyfan, wedi bradychu ei gefndir radicalaidd.

Erbyn 1918, teimlai aml un fod y Cymry yn graddol laesu eu cefnogaeth ar Ryddfrydiaeth, ond tra'r oedd

David Lloyd George wrth y llyw fel Prif Weinidog, nid oedd gymaint â hynny o obaith gan y Blaid Lafur i dorri trwodd er yr holl waith addysgol a gymerodd le yn y ddau ddegawd. Ceid ymhlith cefnogwyr y Blaid Lafur yng Nghymru ychydig o bobl a oedd yn pledio ymreolaeth a datganoli. Un o'r rhai mwyaf optimistaidd oedd E. T. John, Rhyddfrydwr cysurus ei fyd a drodd i rengoedd Llafur. Treuliodd flynyddoedd lawer yn ddiwydiannwr yng Ngogledd-ddwyrain Lloegr ac ar ôl dychwelyd i Gymru, gofidiai fod cymaint o'r newydd-ddyfodiaid i Gymru yn dwyn delw Torïaeth Lloegr. Yn Etholiad Cyffredinol 1918, etholwyd pum Aelod Seneddol Llafur yn ddiwrthwynebiad a chydnabu E. T. John mai amherffaith ac annigonol oedd trefniant y Blaid Lafur i gymharu â'r Coalisiwn yn etholiad 1918.[51] Un arall a oedd yn llawdrwm oedd David Thomas, awdur *Y Werin a'i Theyrnas*, gan awgrymu bod ysbryd Torïaeth yn ffynnu bob amser ar ddiwedd rhyfel waedlyd. Gwelid y Wasg Seisnig yng Nghymru yn gyfan gwbl o blaid y Rhyddfrydwyr-Torïaid, ond trodd llawer o Gymry o'r Blaid Ryddfrydol i'r Blaid Lafur fel E. T. John, yr Athro Robert Roberts (a ddaeth yn ddiweddarach yn Aelod Seneddol Llafur Wrecsam), Syr Cyrnol Owen Thomas, a enillodd sedd Môn i Lafur, a'r Athro Joseph Jones o Goleg yr Annibynwyr, Aberhonddu, yn cofleidio y Blaid Lafur.

Yr oedd yna symud i rengoedd Llafur ar hyd a lled Cymru ymhell cyn 1918. Mor gynnar â 1907, gadawodd gŵr adnabyddus ym Môn, Cadben Lawrence Williams y Blaid Geidwadol ac ymuno â'r Blaid Lafur. Yr oedd ef yn dyheu am weld y Blaid Lafur yn sefydlu'i hun yn etholaeth Môn. Credai ef yn ôl *Y Clorianydd* nad oedd y ffermwyr Rhyddfrydol yn talu gweision ffermydd gyflog teg.

---

[51] *Wakes and Self-Government*, Papurau E. T. John, Llyfrgell Genedlaethol Cymru.

Methodd Undeb Chwarelwyr Gogledd Cymru ym Mai 1918 â phenderfynu ymuno â'r Blaid Lafur gan fod gormod o raniadau. I J. R. Williams, Ffestiniog a'i Ysgrifennydd Cyffredinol, R. T. Jones, ceid grwpiau o blaid y Fasnach Rydd, eraill dros heddwch ar unrhyw delerau, ac eraill dros ddiwygio'r gyllideb.

Sylweddolodd arweinwyr y Blaid Lafur yng Nghymru yn yr ail ddegawd o'r ugeinfed ganrif fod y Blaid Ryddfrydol yn fwy cysurus gyda'r dosbarth canol na'r dosbarth gweithiol. Yn 1898, 1911 a 1912 cafwyd streiciau helbulus ym maes glo'r De. Gwelodd y glowyr yr adeg honno fod y bobl a fedrai wella'u byd ddim yn barod i wneud hynny a Thorïaid a Rhyddfrydwyr oeddent. Y perchennog cefnog, gwleidyddol ei anian oedd D. A. Thomas, yr Arglwydd Rhondda, perchennog cwmni aruthrol o gyfoethog, y Cambrian. Gwrthododd yr ystyriaeth yn 1911 i roddi cyflog uwch i'r glowyr a bu'n feirniadol ohonynt am streicio. Ni welwyd llawer o gariad at y Blaid Ryddfrydol ymhlith y glowyr o'r adeg honno ymlaen. Erbyn y Rhyfel Mawr, gwelid y Blaid Lafur yn ennill mwy a mwy o gefnogwyr, a 1918 oedd y tro olaf i'r Rhyddfrydwyr fod ar y blaen. Yr oedd Lloyd George wedi troi ei olygon at y byd mawr a chafodd yr anghydfod rhyngddo ef ac H. H. Asquith yng nghynhadledd Versailles yn 1919 gryn ddylanwad ar etholaethau Cymru.[52] Yn Etholiad Cyffredinol 'y Cwpon' yn Rhagfyr 1918, a alwyd ar frys, etholwyd 20 o gefnogwyr clymblaid Lloyd George a'r Ceidwadwyr tra mai dim ond 10 sedd oedd yn nwylo'r Blaid Lafur. Ond mewn cyfres o isetholiadau allweddol mewn etholaethau diwydiannol, gwelid fod y Blaid Lafur ar ei ffordd i wthio'r Rhyddfrydwyr o'r neilltu yn y maes gwleidyddol.

---

[52] Llyfrgell Genedlaethol Cymru, *Stori Ddigidol o Gynhadledd Heddwch Paris*, 1919.

Pennod 2
Adrodd yr Hanes o 1918 i 1939

Dyma'r blynyddoedd y blinodd carfan fawr o Gymry ar y Rhyddfrydwyr a throi eu teyrngarwch i gyfeiriad y Blaid Lafur. Ar ôl y Rhyfel Mawr a thrwy'r dauddegau, ac yn wir y tridegau, bu ymddygiad a pholisïau'r Llywodraeth Geidwadol a'i Lywodraeth Glymblaid (1918 i 1922) yn fodd i rannu eu pobl eu hunain. Yn 1918, llwyddodd Lloyd George i uno mwyafrif y Blaid Ryddfrydol â'r Torïaid. Arhosodd lleiafrif y Blaid gydag H. H. Asquith, a chreodd hyn drafferth iddo. Yr oedd gan y Blaid Lafur gyfle godidog yng Nghymru, ac yn y blynyddoedd ar ôl y Rhyfel Mawr, dysgwyd gwersi elfennol nad oedd angen tyrfa fawr i wneud marc, ond fod nifer o unigolion yn medru llwyddo o ddifrif. Ceid unigolion yng Nghymru a oedd yn barod i roddi o'u hamser a'u hegni i gefnogi rhaglen y Blaid Lafur. Dyma gyfnod geni'r Actifyddion Llafurol. Ceid hwy ar hyd a lled Cymru. Yn Arfon, soniwyd am nifer ohonynt, ond daeth eraill i'w cefnogi yng ngwlad Llŷn. Gwelid bod Caradog Jones, athro ysgol, yn barod i sefydlu a swcro canghennau i'r Blaid Lafur. Teithiai ar ei feic i wireddu ei freuddwyd o Sosialaeth yn ei oes, ac i bobl debyg i Caradog Jones y lluniodd y bardd R. Williams-Parry ei englyn godidog i Neuadd Goffa Mynytho:

> Adeiladwyd gan dlodi, - nid cerrig
>   Ond cariad yw'r meini;
> Cyd-ernes yw'r coed arni,
> Cyd-ddyheu a'i cododd hi.[1]

---

[1] R. Williams Parry, 'Neuadd Goffa Mynytho', *Cerddi'r Gaeaf* (Dinbych, ail argraffiad Gorffennaf 1953), t. 87.

Fel ei gyfeillion David Thomas a Silyn Roberts, bu Caradog Jones yn llawn ei ymroddiad i Ddosbarthiadau Addysg i Oedolion o'r Mudiad WEA. Yn Sir Aberteifi, ceid pobl debyg i Caradog Jones yn R. Llewellyn Jones, Llanilar, T. E. Nicholas a'i fab Islwyn, ynghyd â John Davies, Llangeitho, un arall o bobl y WEA. Daeth y Blaid Lafur leol i fodolaeth yn Sir Benfro yn 1916 ac ymhlith y rhai a ddatblygodd yr etholaeth, ceid E. D. Harris, Willie Jenkins ac Evan Anthony a bu'r llenor, D. J. Williams, Abergwaun, yn weithgar cyn dod yn un o sylfaenwyr y Blaid Genedlaethol yn 1925. Yn Nyffryn Aman, ceid gŵr fel Edgar Bassett, mab a brawd i weinidogion gyda'r Bedyddwyr, a gefnodd ar y capel a rhoddi ei holl egni i dyfiant y Blaid Lafur. Glowyr oedd cymaint o actifyddion y Blaid Lafur yn y maes glo, a chafodd y rhain eu siomi ym mis Ebrill 1921 ym mhenderfyniad Llywodraeth y Coalisiwn i ddadreoli'r diwydiant glo. Iddynt hwy, canlyniad hyn fu chwarter canrif o dlodi i'r glowyr, anghydfod ar ôl anghydfod, yn arwain at argyfyngau yn dilyn ei gilydd a diweithdra. Buont yn ddi-waith am dri mis yn 1921 a saith mis yn Streic Fawr 1926. Colli a wnaeth y glowyr dro ar ôl tro. Rhaglen y perchenogion yn syml oedd codi oriau gwaith, gostwng cyflogau a cheisio gwerthu'r glo am bris is er mwyn chwyddo'r gwerthiant. Credent y gellid adennill y marchnadoedd cartref a thramor wrth ostwng y pris. Gwrthododd y glowyr dderbyn y rhaglen negyddol hon ac ymladdasant yn galed yn ei herbyn gyda'u dycnwch a'u gwroldeb arferol. Ond nid oedd gobaith o gwbl o argyhoeddi Llywodraeth y Glymblaid a'r Prif Weinidog cyfrwys, na pherchenogion y diwydiant. Fe godwyd dros nos yr oriau gwaith o saith i wyth awr y dydd, a gostwng cyflogau'r gweithwyr am fwy o oriau o waith. O ganlyniad, yr oedd cyflog glöwr maes glo'r De yn 1922 yn llai nag ydoedd yn 1920. Yr oedd glowyr Cymru yn gwbl anfodlon ar bolisïau Llywodraeth y Coalisiwn, yn arbennig wrth iddynt wrthod argymhelliad Comisiwn Brenhinol John Sankey o 'ddwyn y diwydiant dan berchenogaeth y Wladwriaeth'. I'r glöwr a gefnogai'r Blaid Lafur, un gair yn unig a oedd yn crynhoi'r stori, sef brad y perchenogion. Yr unig blaid wleidyddol oedd â gwir ddiddordeb am fuddiannau'r glowyr yn yr ugeiniau cynnar oedd y Blaid Lafur. Ychydig o etholaethau a ddilynodd esiampl Llanelli o ethol asiant llawn amser yn 1922. Crëwyd swydd a oedd yn gweddu'n berffaith i Sosialydd o Gymro, Jim Griffiths. Meddylid yn 1922 y byddai'r Llywodraeth yn debygol o gwblhau ei thymor arferol o bum mlynedd. Ond nid dyna fel y bu. Blinodd Ceidwadwyr eithafol y dde ar gyfrwystra Lloyd George a phenderfynwyd cynnal Etholiad Cyffredinol ar unwaith. Nid oedd hi'n hawdd ar y Blaid Lafur yng Ngorllewin Cymru na chwaith yng Ngogledd Cymru yn 1922. Dwyrain Cymru oedd y cadarnle, nid Caerdydd, ond y cymoedd fel y Rhondda (gorllewin a dwyrain), Merthyr, Caerffili, Aberdâr a Chastell Nedd. Anodd iawn iddynt fu hi mewn etholaethau eraill fel Dwyrain Abertawe, gyda mwyafrif o 407, a Gŵyr dipyn yn well gyda mwyafrif o 2,086. Yr oedd Wrecsam yn meddu ar Aelod Seneddol ond gyda mwyafrif o 1,098 yn 1922, ac ychydig yn fwy'r flwyddyn ganlynol, sef 1,881.

Yr oedd gŵr fel E. T. John yn barod i wario yn helaeth ar ymgeisiaeth, ac yn barod i dalu am asiant a chostau eraill i ymladd etholiadau, er enghraifft, yn etholaeth Brycheiniog a Maesyfed. Hyd yn oed wedyn anodd oedd creu Plaid Lafur gref o fewn yr etholaeth. Gwan oedd y gefnogaeth. Pan lwyddodd Peter Freeman i ennill y sedd i Lafur, bu'n rhaid iddo ef wneud cyfraniad ariannol personol sylweddol. Plediai'r Blaid Lafur ym Mrycheiniog a Maesyfed eu bod heb yr adnoddau ariannol. Ni allai cyfraniad yr ymgeisydd wneud i fyny am ddiffyg ymrwymiad pobl leol i'r Blaid Lafur. Llwyddodd Llafur i berswadio cnewyllyn o bobl adnabyddus o'r dosbarth canol ac o blith deallusion a siaradai'r Gymraeg i uniaethu eu hunain â hi yn y dau ddegau. Credai Percy Ogwen Jones, golygydd y papur Llafur, *Y Dinesydd Cymreig*, E. T. John a George M. Ll. Davies fod gan y Blaid Lafur gryn lawer i'w gynnig ar faterion rhyngwladol a chenedlaethol. Wynebai Llafur ar broblemau wrth ehangu ei hapêl i'r etholaethau o fewn Ffederasiwn Llafur Gogledd Cymru. Cwynid ymhlith rhai o'r selogion nad oedd digon o ddeunydd yn yr iaith Gymraeg, fod angen mwy o ymgeiswyr i'r Blaid Lafur yn yr ardaloedd gwledig, angen argraffiad Cymraeg o'r *Daily Herald* a gwell trefniadaeth ar gyfer gogledd Cymru. Y gwir ydoedd fod hi'n dasg anodd i ymladd etholiadau heb asiant llawn amser i hyrwyddo peirianwaith y Blaid Lafur.

Ni pharhaodd Llywodraeth 1922 yn hir. Bu Etholiad Cyffredinol arall o fewn blwyddyn oherwydd y Prif Weinidog, Stanley Baldwin. Hawliai Baldwin y dylai gael mandad o blaid ei bolisi o ddiffyndollaeth *(protectionism)*. I lawer un, y gwir reswm oedd yr angen i gryfhau'r Blaid Geidwadol yn wyneb bygythiad Lloyd George i greu 'Plaid y Canol'. Galwyd etholiad arall ar 6 Rhagfyr 1923 a thrwy hynny uno rhengoedd y Rhyddfrydwyr o dan arweinyddiaeth wan H. H. Asquith. Ond yr oedd hi'n amlwg fod dyddiau grym y Rhyddfrydwyr wedi darfod yng nghymoedd de Cymru, er nad oedd hynny yn wir yng nghefn gwlad.

Etholwyd i'r Senedd newydd o Gymru ugain Llafurwr (gan gynnwys yr heddychwr o blith Cymry Lerpwl, George M. Ll. Davies, dros sedd Prifysgol Cymru), deuddeg Rhyddfrydwr a phedwar Ceidwadwr. Yr oedd y Senedd yn cynnwys 258 o Geidwadwyr, 191 o Lafurwyr a 158 o Ryddfrydwyr. Gan na chafodd Stanley Baldwin ei ddymuniad na'i ffordd ar fater y mandad, penderfynodd H. H. Asquith roddi cyfle i'r Blaid Lafur brofi cyfrifoldeb llywodraeth am y tro cyntaf erioed yn Senedd Prydain.

Yr oedd hyn yn gam pwysig: trosglwyddo awenau llywodraeth gwlad i bobl a oedd yn aml yn dod, neu wedi dod, o gartrefi llwm, na phrofodd erioed foethusrwydd. Cynrychiolai'r Prif Weinidog newydd MacDonald etholaeth Aberafan, lle y cyfrifed ef fel Meseia am ei huodledd ar lwyfan. Dyna oedd barn Llewellyn Heycock (1905-1990), un a fu'n cynorthwyo MacDonald yn Aberafan. Mewn aml i etholaeth fel Llanelli, yr oedd y Blaid Lafur yn wirioneddol dlawd ar ôl colledion ariannol yn sgil Etholiad Cyffredinol 1922. Methwyd hyd yn oed yn Llanelli i brynu dodrefn angenrheidiol i swyddfa James Griffiths, yr asiant. Bu'n rhaid iddo ef ddod â desg o'i gartref i'r swyddfa. Llwyddodd yr asiant i leihau costau rhedeg yr ymgyrch. Dyma a ddywed Deian Hopkin:

> More important at the 1923 General Election, James Griffiths the Labour agent, spent only half as much money as in 1922 and yet managed to hold up the Labour vote, with the Conservatives belatedly putting up a candidate. Labour secured a majority of nearly 10,000 over the Liberals.[2]

Gan fod James Griffiths yn asiant llawn amser, llwyddodd i ganoli gryn lawer o rym ac awdurdod i'w ddwylo yn etholaeth Llanelli a dod bron mor bwysig â'r Aelod Seneddol, Dr J. H. Williams.

---

[2] Deian Hopkin, 'The Rise of Labour: Llanelli, 1890-1922' yn *Politics and Society in Wales 1840-1922, Essays in Honour of Ieuan Gwynedd Jones* (golygyddion) Geraint H. Jenkins a J. Beverley Smith (Caerdydd, 1988), t. 179.

Yn y tymor y bu Llywodraeth Lafur 1923 wrth y llyw cyflawnodd waith graenus ym myd addysg, ac ym myd tai a chartrefi. Gweddnewidiwyd rhannau o ddinasoedd Prydain fel Lerpwl gan y Gweinidog Tai, John Wheatley, mewn blwyddyn. Ond gan mai plaid leiafrifol oedd Llafur yn y Senedd ac yn dibynnu ar gefnogaeth y Rhyddfrydwyr, nid oedd modd iddi fynd yn rhy uchelgeisiol. Ni chaniateid unrhyw bolisïau a oedd yn sawru o Sosialaeth, ond sylweddolodd Lloyd George, yn anad neb, botensial arweinyddion y Blaid Lafur. Dywed yr hanesydd John Davies:

> Buan y daeth Lloyd George i'r casgliad na fyddai dyfodol i'w fath ef o radicaliaeth pe llwyddai Llafur. Gan hynny, ef oedd prif bensaer cwymp y llywodraeth.[3]

Ym mis Hydref 1924, daeth Llywodraeth Ramsay MacDonald i ben ei thennyn mewn ysbryd o chwerwedd a dryswch. Gwyddai'r Blaid Lafur y byddai'n rhaid iddynt wynebu etholiad lle y byddai eu gwrthwynebwyr yn defnyddio pob ystryw i'w pardduo. Trefnwyd cyfarfodydd cyhoeddus yn yr etholaethau. Yn Etholaeth Llanelli, er enghraifft, trefnwyd 61 o gyfarfodydd i'r ymgeisydd eu hannerch dros gyfnod o wyth niwrnod. Y pynciau a bwysleisid gan Lafur oedd heddwch, diweithdra a'r angen i adeiladu rhagor o dai. Pwysleisid yn rhai o'r etholaethau y safbwynt dirwestol, gan mai dyma oedd agwedd mwyafrif helaeth o weithwyr dygn y Blaid Lafur.

Bu Etholiad 1924 yn un anghyffredin o anodd. Prif atyniad y Blaid Lafur oedd ei harweinydd Ramsay MacDonald. Mesmereiddiwyd pob cynulleidfa ar hyd a lled y wlad gan ei bersonoliaeth, ei lais cyfareddol a'i acen

---

[3] John Davies, *Hanes Cymru* (Handsworth, 1990), t. 520.

Geltaidd. Yr oedd ei safiad dewr yn ystod y Rhyfel Byd Cyntaf yn rheswm arall am yr edmygedd a deimlid tuag ato. Ef oedd arwr y mudiad yn y dauddegau cynnar a gwelid ei lun ar bosteri ym mhob twll a chornel o etholaethau'r de, fel Aberafan a Llanelli. Ef oedd yr ateb i bropaganda'r Ceidwadwyr a'r Rhyddfrydwyr.

Defnyddiwyd 'Llythyr Zinoviev', y 'Llythyr Coch' fel y'i gelwid, i barddu o Lafur gan y Wasg Doriaidd, ac i awgrymu y byddai pleidleisio i Lafur yn hybu cynllwyn rhyngwladol y Bolsieficiaid yn Rwsia. Erbyn hyn, gwyddom mai celwydd oedd y cyfan, ond ar drothwy'r bleidlais ymddangosodd y llythyr. Yn Llanelli y gwelwyd Ramsay MacDonald ar Sadwrn olaf yr ymgyrch. Llenwyd y neuadd yn Llanelli. Yr oedd hi'n orlawn gyda phum mil yn bresennol, a phan gyrhaeddodd MacDonald, canodd y gynulleidfa emyn optimistaidd Watcyn Wyn, 'Rwy'n gweld o bell y dydd yn dod...'. Yr oedd ei anerchiad mewn cytgord ag emyn Watcyn Wyn, emyn a luniodd wrth feddwl am gyfraniad yr heddychwr mawr o Gymro, Henry Richard. Cafodd y dyrfa eu hysbrydoli, ond ni wnaeth Ramsay MacDonald ddinoethi'r llythyr a'i alw yn ffug. Disgwylid iddo gyflwyno'r cefndir a'i fod am ddiswyddo gŵr o'r Swyddfa Dramor o'r enw Gregory a oedd yn gyfrifol am gyhoeddi'r Llythyr Coch. Ef a'i trosglwyddodd i'r Wasg a neb arall. Dylai fod wedi condemnio'r llythyr fel llythyr ffug.

Llwyddwyd i gadw seddau'r de er i'r mwyafrifoedd leihau yn ddirfawr yn y seddau Llafur. Yr oedd y Blaid Lafur erbyn 1925 yn meddu ar ardaloedd, yn Sir Gaerfyrddin yn arbennig, a oedd yn iach yn y ffydd Sosialaidd, a'r mwyafrif o'r boblogaeth yn siarad Cymraeg, sef pentrefi Brynaman, Rhosaman, Cefn-Bryn-Brain ac Ystradowen. Ni ellid cael gwell llysgenhadon i'r Blaid Lafur na'r beirdd gwerinol fel John Harries ('Irlwyn'), D. R. Griffiths ('Amanwy'), a'r gwerinwyr diwylliedig a

Chymraeg eu hiaith, fel Griff Williams, Brynaman a'r gweinidogion Ymneilltuol, fel y Parchedig E. T. Owen, ymgeisydd y Blaid Lafur yn Sir Gaerfyrddin. Un arall oedd y Parchedig E. Curig Davies (tad y gwleidydd Ednyfed Hudson Davies) yng Nghydweli, ond nid oedd ganddo ef yr un brwdfrydedd a oedd yng nghalon E. T. Owen. Apeliai E. T. Owen am lenyddiaeth berthnasol o Swyddfa'r Blaid Lafur Brydeinig ar gyfer y Cymry Cymraeg, a hynny yn Gymraeg.[4]

Ond yn anffodus, erbyn canol haf 1925 yr oedd maes glo carreg yn profi gwrthdaro a thrais enbyd ar fater Rheol Blaenoriaeth yn y pyllau. Lluniwyd y rheol pan oedd y diwydiant glo yn un tymhorol. Y drefn oedd diswyddo gweithwyr yn yr haf, yn ôl y drefn, 'yr olaf i mewn, y cyntaf allan', neu pan fyddid yn ailgyflogi, 'yr olaf allan, y cyntaf i mewn'. Gwrthododd Rheolwr Pwll Un, Rhydaman gadw at y rheol. Dyma'r fatsien a gyneuodd y goelcerth a arweiniodd at wrthdaro eu byd yng Nglyn Nedd a hefyd yn nhref Rhydaman. Cafodd Dirprwy Brif Gwnstabl Sir Caerfyrddin gurfa gorfforol dost. Parodd y streic o ddechrau Gorffennaf hyd 24 Awst. Cosbodd y llysoedd y glowyr a fu'n amlwg yn eu gwrthwynebiad. Carcharwyd 59 ohonynt, yn cynnwys arweinwyr amlwg fel yr Henadur David Daniel Davies o Waun-Cae-Gurwen. Carcharwyd ef am ddeufis. Un arall a garcharwyd oedd un o gewri'r Blaid Lafur o lofa'r Betws, Tom Dafen Williams, gŵr y lluniodd Amanwy soned i'w goffáu. Eisteddfodwr pybyr, Cymro cadarn a Sosialydd brwdfrydig oedd Tom Dafen Williams, cynnyrch gorau pentref Llangennech. Gwnaed gwerth £670 o ddifrod yn nhref Rhydaman. Sefydlwyd Pwyllgor Glowyr Anghenus Rhydaman a'r Cylch gyda'r gweinidog a'r emynydd, W. Nantlais Williams yn

---

[4] D. Ben Rees, *Cofiant Jim Griffiths: Arwr Glew y Werin* (Talybont, 2014), t. 87.

Drysorydd ac Eddie Morgan yn Ysgrifennydd. Erbyn 25 Awst 1925 gofalai'r Pwyllgor am y dasg o fwydo 350 o blant anghenus. Cyfrannodd y Sosialydd pybyr, y Parchedig John Griffiths, gweinidog y Bedyddwyr a rhoddodd y Parchedig T. Roberts, Pen-y-banc y swm o ddeg swllt yr un at y gronfa a rhodwyd gini gan y Parchedig Tegfan Davies, gweinidog Capel Gellimanwydd lle y gwelid Amanwy yn ddiacon.

Yn ystod y streic yng Ngorllewin Cymru, gwelwyd arwyddion y gallai'r streic gwmpasu'r holl byllau glo ym Mhrydain. Sylweddolodd y Llywodraeth y dylai weithredu ar fyrder i gwrdd â'r bygythiad hwnnw, ac ar 3 Gorffennaf cynigiodd y Prif Weinidog, Stanley Baldwin, ffordd o osgoi neu o leiaf ohirio'r gwrthdaro. Sefydlodd ymchwiliad i'r diwydiant glo, prif ddiwydiant Cymru, o dan gadeiryddiaeth Syr Herbert Samuel, Rhyddfrydwr amlwg a anwyd yn Lerpwl, ac i'w gynorthwyo ddiwydiannwr, bancer ac economegydd. Rhoddwyd iddynt naw mis i gyflawni'r dasg o fesur a phwyso'r diwydiant, ac yn y cyfamser, estynnwyd cymorth ariannol i'r diwydiant, er mwyn cynnal safon byw'r glöwr ac i osgoi unrhyw ostyngiad yn ei gyflog. Hefyd, teimlid y dylai'r Llywodraeth yn y cyfamser baratoi o ddifrif ar gyfer bygythiad streicio, yn arbennig ymhlith y glowyr.

Ceid anfodlonrwydd ymhlith llawer o arweinwyr Plaid Lafur y cymunedau. Bu cyfarfodydd protestio yn Rhydaman a'r Tymbl am garcharu cymaint o ddynion o gymeriad da. Anerchodd dau o arweinwyr y glowyr, John James (Cwm-gors) a Joe Howells yng nghwmni tri o weinidogion yr Efengyl, sef B. James, Bedyddiwr; M. J. Rees, Methodist Wesleaidd a Tom Nefyn Williams, yr efengylwr Presbyteraidd o'r Tymbl a oedd yn boblogaidd iawn yn rhengoedd Llafur. Galwyd am ryddhau'r glowyr a garcharwyd. Bu disgwyl mawr am ryddhau David Daniel Davies o'r Waun am ei fod yn ymgorfforiad o arweinydd gwleidyddol ac yn Henadur ar y Cyngor. Pan ddaeth ef allan o Garchar Abertawe yn 1926, yr oedd tri band pres yn ei groesawu.

Sefydlwyd Cronfa Cynnal Teuluoedd y Carcharorion o Lowyr y Glo Carreg, a chafwyd ymateb haelionus. Cyfrannodd y Blaid Lafur Brydeinig swm o £250. Derbyniwyd swm arall o £250 gan Gyngor Undebau Crefftau a Llafur Rhydaman, cyfraniadau gan lu o arweinwyr Llafur, fel Dr J. H. Williams, AS Llanelli a D. R. Grenfell, AS Gŵyr oddi ar 1922. Cyhoeddwyd adroddiad Syr Herbert Samuel ym mis Ebrill 1926. Cofiai'r glowyr fel y cawsant eu bradychu yn 1919 pan argymhellodd Comisiwn Sankey wladoli'r diwydiant glo. Ac oddi ar 1924, ysgrifennydd Ffederasiwn Glowyr Prydain Fawr oedd A. J. Cook o'r Porth, Rhondda, ac ni cheid cymrodeddu yn ei eirfa ef. Ef oedd biau'r slogan: 'Not a Minute in the Day, not a Penny off the Pay'. Ef oedd arwr chwith gwleidyddol y Mudiad Llafur. Heidient yn eu miloedd o bob diwydiant i wrando ar ei anerchiadau huawdl.[5]

Safbwynt Syr Herbert Samuel a'i dîm oedd bod ystyfnigrwydd ar y ddwy ochr. Doedd y perchenogion ddim am symud modfedd o dan arweiniad y Cymro Cymraeg o Bontarddulais, Evan Williams, Llywydd y *Mining Association of Great Britain*.

Felly hefyd arweinwyr y glowyr. Methodd yr Adroddiad na'r Llywodraeth roddi arweiniad clir fel y disgwylid ac erbyn mis Mai 1926, yr oeddent yn wynebu Streic Gyffredinol. Parhaodd y streic o 3 i 12 Mai, naw niwrnod o erthyglau helaeth yn y Wasg feunyddiol,

---

[5] Hywel Francis a David Smith, *The Fed: A History of the South Wales Miners in the Twentieth Century* (Llundain, 1980, 108; Hugh Bevan, *Morwr Cefn Gwlad* (Llandybie, 1971), t. 51; LLGC Papurau James Griffiths, D3/7.

Cyd-ddyheu a'i Cododd Hi 77

A.J. Cook (1883-1931)

dadansoddi a bwrw bai. Safodd glowyr maes glo gogledd-ddwyrain yn solet gyda'u cyd-lowyr yn ne Cymru, a dylid cofio y ceid gweithlu mawr o 17,829 o lowyr yn Siroedd Fflint a Dinbych yn 1926. Y glowyr oedd gweithwyr mwyaf cadarn y Streic, gyda gwŷr y rheilffyrdd yn gymrodyr da iddynt. Rhoddodd Streic 1926 hwb sylweddol i'r ysbryd milwriaethus a fu'n ddylanwad ar y Blaid Lafur, a'r Blaid Gomiwnyddol a sefydlwyd yn 1920. Daeth rhai o'r Comiwnyddion Cymreig fel Will Paynter ac Arthur Horner i sylw'r cyhoedd yn y mudiad answyddogol,

Mudiad Lleiafrifol y Glowyr (*Miners' Minority Movement*). Daeth y ddau ohonynt yn arweinwyr y glowyr yn ne Cymru ac wedyn trwy Brydain, gan ganolbwyntio fwyfwy ar weithgareddau Undeb y Glowyr yn hytrach na gwleidyddiaeth y Blaid Gomiwnyddol. Ar ddiwedd ei oes, mynegodd Jim Griffiths, ei edmygedd o allu anhygoel Arthur Horner.

> One wonders what might have happened if Horner had used his influence and devoted his gifts and talents mainly to the organisation of the Communist Party. I think it might have presented a major challenge to the Labour Party in South Wales.[6]

Y Comiwnyddion oedd yr her gyntaf i'r Blaid Lafur yn ne Cymru ar y ffrynt wleidyddol, ar ôl iddi ennill cyfran helaeth yr etholwyr oddi ar y Blaid Ryddfrydol. Dyna pam y mae'n rhaid talu sylw i ddadansoddiad y Rhyddfrydwr, Rhys Hopkin Morris, fod yr elfen Ymneilltuol, a fu mor bwysig yng ngwleidyddiaeth y Rhyddfrydwyr, i'w chanfod bellach yn glir yn y Blaid Lafur yng Nghymru yn 1927:

> It is interesting to note the persistence of the old Nonconformist attitude in the Labour Party in Wales. Like the Liberal representative of the earlier period, the Labour representation of today have for the greater part been nurtured in this tradition.[7]

Gwir oedd hynny. Aeth y Blaid Lafur ati ar ôl y Streic Fawr i iacháu'r doluriau, a dyna gyfraniad Thomas

---

[6] D. Ben Rees, *Cofiant Jim Griffiths*, t. 45.
[7] Rhys Hopkin Morris, *Welsh Politics* (Wrecsam, 1927), t. 15.

Richards, Ysgrifennydd Cyffredinol Ffederasiwn Glowyr De Cymru ac un a fu'n Aelod Seneddol cydwybodol iawn. Gwelwyd cryn dipyn o weithgarwch yn y cyfnod hwn gydag unigolion brwdfrydig yn arwain yn y cymunedau. Bu Gorllewin Caerfyrddin, er enghraifft, yn ffodus o gael cefnogaeth bargyfreithiwr ifanc, galluog o'r enw Daniel Hopkin. Huw T. Edwards oedd yn bennaf gyfrifol am sefydlu cangen o'r Blaid Lafur ym Mhenmaenmawr ym mis Mawrth 1924, ac etholwyd ef yn Ysgrifennydd. Bu'n Ysgrifennydd gweithgar i'r Blaid Lafur ym Mhenmaenmawr yn ystod y 1920au. Erbyn 1928, yr oedd gan y gangen 250 o aelodau ym Mhenmaenmawr, y trwch ohonynt, sef 180, yn ward Penmaen, lle'r oedd y rhan fwyaf o setsmyn y chwarel yn byw. Daeth y Blaid Lafur yn rhan o waed y gymdeithas leol; felly y bu hi yn nhref Tredegar o dan arweiniad Aneurin Bevan, Archibald Lush a'u cymrodyr. Cynhelid ym Mhenmaenmawr ddramâu a *whist drives* o dan nawdd y Blaid Lafur, tra ceid yn Nhredegar bob math o weithgareddau ar gyfer oedolion a phlant o dan ofal pobl y Blaid Lafur. Ond fel y dywed Duncan Tanner, yr oedd hi'n haws dylanwadu yng nghymunedau de Cymru na chymunedau gogledd Cymru. Cafwyd brwydr hir i argyhoeddi'r Gogleddwyr nad oedd y Blaid Lafur yn blaid wrth-grefydd, wrth-Gymreig, wrth-genedlaethol, wrth-wledig ac yn anfodlon yn aml i roddi gwell cyfleusterau i bobl gyffredin Gwynedd a Chlwyd i wella eu byd. Nid oedd rhai o selogion y Blaid Geidwadol heb ymuno yn yr awydd i ddarlunio'r Blaid fel plaid Seisnig. Anodd oedd cadw momentwm yn y Gymru lle y ceid yr iaith Gymraeg yn iaith y gymuned. Daeth Ffederasiwn Llafur Gogledd Cymru i ben yn 1926, a bu'n rhaid aros tair blynedd i'w hailsefydlu gyda'r teitl Saesneg *North Wales Labour Parties Federation*. Gweinidogion blaengar oedd yr arweinwyr, fel y Parchedig Silyn Roberts a'r Parchedig Gwynfryn Jones a fu yn gaffaeliad mawr i'r

Blaid Lafur yn Sir Gaernarfon a Sir y Fflint. Cwynai aml un na allai fforddio bod yn swyddogion y Blaid Lafur. Anfonodd y chwarelwr Huw T. Edwards lythyr at Silyn (a hynny yn Saesneg) yn 1929 yn gofidio am ei sefyllfa:

> I wish that my circumstances were such that I could afford my out of pocket expenses, but as you know, I am only an ordinary quarryman, not always fully employed and often on short time, through lack of trade and bad weather. All of us in the movement have to sacrifice to carry on our Branch and Divisional Work. I may say that since the formation of Boroughs Labour Party, I have attended every executive meeting and paid all delegation fees out of my own pocket. But I really do agree with you that the federation should pay our expenses entailed in correspondence.[8]

Nid oedd hi'n hawdd ar y cnewyllyn o Lafurwyr ym mhob etholaeth, ac nid oedd pob un ohonynt yn cael eu digolledu. Llafur cariad ydoedd rhan amlaf. Erbyn canol y dau ddegau, yr oedd gan yr etholaethau gwledig a diwydiannol ymgeiswyr o safon. Cafodd Daniel Hopkin, bargyfreithiwr galluog a graddedig o Brifysgol Caergrawnt, ei fabwysiadu yn ymgeisydd i etholaeth Gorllewin Caerfyrddin ym mis Tachwedd 1926. Ymladdodd ef yr Is-etholiad yn 1928 gan golli o 47 o bleidleisiau. Ym mis Mai 1929 yn yr Etholiad Cyffredinol, safodd eto yn lliwiau Llafur gan orchfygu'r Aelod Seneddol Rhyddfrydol, Cyrnol W. Jones gyda mwyafrif o 653 o bleidleisiau. Yr

---

[8] Gwyn Jenkins, *Prif Weinidog Answyddogol Cymru: Cofiant Huw T. Edwards* (Talybont, 2007), tt. 63-4.

oedd yr etholaeth wedi'i sefydlu yn 1922 a chafwyd ymgeisydd i etholiad 1923 yn y Cynghorydd Roland Williams o'r Bala ac yn Is-etholiad 1924, ysgwyddwyd y cyfrifoldeb gan y Parchedig E. Teilo Owen, Llangeler. Pan symudodd ef i Gwm Gwrach, daeth Daniel Hopkin i lenwi ei le, ac yn ddiymdroi daeth yn arweinydd i'w blaid yn yr etholaeth. Meddai ar bersonoliaeth ddengar, yr oedd ganddo hiwmor ac yn wir hawdd i ymgomio ag ef, ac edmygid ef yn ardaloedd glofaol Cwm Gwendraeth am ei ofal yn ystod Streic 1926. Cafodd ei gefnogi yn yr isetholiad a'r Etholiad Cyffredinol gyda'i asiant, Gomer Evans o Garwe a'i fam, Ann. Dywedid amdani hi:

> She became well-acquainted with the area and proved a popular addition to the Labour team, always ready to help, assisting with meals and she would knuckle down to bake bread, at which task she excelled.[9]

Gofalodd Cymdeithas y Ffabiaid gyflwyno rhodd o £50 'to help their esteemed member in the campaign'.[10]

O fewn saith mlynedd i ffurfio Plaid Lafur i'r etholaeth, llwyddwyd i anfon gŵr cymwys i San Steffan. Aelod newydd arall a gyrhaeddodd San Steffan yn Etholiad 1929 oedd W. G. Cove a hynny yn sedd a fu ym meddiant Ramsay MacDonald, sef Aberafan. Un o Gwm Rhondda oedd Cove ac yn ŵr o argyhoeddiad cryf dros addysg. Y trydydd Aelod Seneddol newydd yn 1929 oedd Aneurin Bevan, yn sedd Glyn Ebwy. Llwyddodd ef i ddisodli'r Aelod Seneddol Evan Davies mewn pleidlais yr enwebu. Cafodd chwech o Sosialwyr gyfle i sefyll am yr enwebiad,

---

[9] Eric Davies, *Daniel: A Biography of Daniel Hopkin: First Labour Member of Parliament for Carmarthen* (Llangynnor, 1995), tt. 12-14, 46.
[10] Ibid, t. 47.

gan gynnwys Evan Davies. Aneurin Bevan oedd yr un a gafodd y mwyaf o bleidleisiau'r glowyr gan mai sedd y glowyr oedd Glyn Ebwy. O'r tri a enwyd, ef oedd y mwyaf carismatig a bu'n enw hynod o gyfarwydd am y deng mlynedd ar hugain nesaf yng ngwleidyddiaeth y Deyrnas Unedig.

Ym Mwrdeistref Caernarfon (sedd ddiogel Lloyd George), dewisodd y Blaid Lafur Tomos ap Rhys yn ymgeisydd. Yr oedd ap Rhys, fel y gweddill a enwyd, yn ŵr hynod o alluog; enillodd radd dosbarth cyntaf mewn Athroniaeth; yn fab i'r Athro Rhys, Coleg Bala-Bangor ac yn ŵyr i'r cenedlaetholwr Michael D. Jones, un o benseiri gweledigaeth Y Wladfa yn 1865. O ganlyniad i anaf a ddioddefodd yn y Rhyfel Mawr, yr oedd Tomos ap Rhys yn ddall, a threfnwyd iddo gael ei dywys o gyfarfod i gyfarfod. Siomedig oedd y canlyniad, gan gofio mor unigryw oedd Tomos ap Rhys a bod y gwragedd dros 21 oed yn cael y bleidlais am y tro cyntaf erioed. Y mae'n amlwg fod Lloyd George yn ffefryn y gwragedd ym mhob man a mynegodd actifyddion y Blaid Lafur hynny yn etholiad 1929 wrth weld pleidlais y merched yn ei etholaeth yn mynd iddo ef ac nid i blaid y chwith.

Yn adroddiad yr asiant Huw T. Edwards, cawn wybod mwy am y canlyniad:

Lloyd George (Rhyddfrydwr)	16,647
J. Bowen Davies (Ceidwadwr)	7,514
Tomos ap Rhys (Llafur)	4,536

Gofidiai na ddaeth un o gewri Llafur i siarad yn yr etholaeth a gofidiai hefyd am y drefniadaeth yng ngogledd Cymru. Dylid canolbwyntio ar waith y merched gan y credai ef eu bod hwy yn well gweithwyr na'r dynion adeg etholiad. Credai hefyd y dylid penodi trefnydd llawn amser ar gyfer gogledd Cymru, a'r person hwnnw yn byw yn un o'r etholaethau. Teimlai rhai fod sefyll yn erbyn yr eilun o Gymro, David Lloyd George, yn wastraff amser. Nid oedd gobaith gan neb i'w ddisodli ef. Yn wir, ym Medi 1931 penderfynwyd na fyddai'r Blaid Lafur yn sefyll yn erbyn Lloyd George mewn Etholiad Cyffredinol. Ni phenderfynodd Sosialwyr Môn beidio sefyll yn erbyn ei ferch, Megan Lloyd George a etifeddodd sedd y Rhyddfrydwyr yn 1929.

Erbyn Etholiad Cyffredinol 1931, yr oedd selogion y Blaid Lafur wedi'u siomi yn arw yn Llywodraeth Ramsay MacDonald, ac yn arbennig ar ôl iddo arwain clymblaid o Doriaid, Rhyddfrydwyr Cenedlaethol a rhai Llafurwyr fel y Cymro J. H. Thomas i lywodraethu. Daeth MacDonald yn gocyn hitio a chafodd aml un a fu'n ei gefnogi ei ddadrithio.

Un o'r rhain oedd Daniel Hopkin. Bu ef yn gefnogwr di-ildio iddo o 1929 i 1931, yn wahanol i Aneurin Bevan a W. G. Cove. Cynhaliwyd Etholiad 1931 ar 27 Hydref a theimlai'r etholwyr fod y Llywodraeth Lafur wedi colli ei chyfle rhwng 1929 a 1931. Cosbwyd hwy yn drwm. Cadwodd y Blaid Lafur yng Nghymru ei phobl, ond fel arall oedd hi yn Lloegr. Ceid Llafurwyr yng Nghymru a oedd wedi bod yn anfodlon. Cefnogodd y Cynghorydd W. Douglas Hughes, Llanelli yn 1931 y datganiad a alwai ar Aelodau Seneddol, fel Dr J. H. Williams, AS Llanelli, i roddi gorau iddi, ond ni wrandawyd ar y gri. Enillodd J. H. Williams Llanelli unwaith yn rhagor, ond collodd Daniel Hopkin yn y sedd gyfagos.

Llawenydd mawr oedd gweld bod y Blaid Lafur wedi ennill 41.1% o'r bleidlais yng Nghymru o'i gymharu â 30.8% ym Mhrydain gyfan. Yn San Steffan, o blith y 46 o aelodau seneddol Llafur a etholwyd yn 1931, yr oedd 16 yn cynrychioli etholaethau yng Nghymru, er na chafodd yr un ohonynt swydd yn y Cabinet. Yr oedd anwybyddu Aneurin Bevan yn gamgymeriad dybryd gan fod cymwysterau gweinidog ynddo ef o'r cychwyn cyntaf. Ar lefel llywodraeth leol, yr oedd Llafur wedi cael gafael ar y boblogaeth. Yn wir, erbyn y dauddegau hwyr, 1928 a 1929, yr oedd pob awdurdod lleol ym maes glo'r De o dan reolaeth Llafur. Yr oedd hi'n fuddugoliaeth ysgubol gan mai Llafurwr oedd mwyafrif o aelodau'r Cynghorau, er bod Cwm Rhondda yn magu Comiwnyddion a oedd yn barod i herio'r Blaid Lafur. Clywyd gan George Morris, trefnydd y Blaid Lafur, rybuddion am berygl y Comiwnyddion i gael gafael ar beiriant y Blaid Lafur a defnyddio Undeb y Glowyr i gyrraedd eu hamcan. Chwaraeodd y Blaid Gomiwnyddol ran amlwg ym mrwydrau gwleidyddol a diwydiannol y dau- a'r tridegau. Enillodd ymgeiswyr Comiwnyddol rai dwsinau o seddau ar gynghorau lleol y de a daeth pentrefi i'w galw yn Moscow Fach, dau yn arbennig, Y Maerdy, lle gwelid dylanwad Arthur Horner, a Bedliniog ger Treharris, lle ceid Comiwnydd o siopwr dylanwadol yn Edgar Evans. Yn Abertridwr, chwaraeodd y Cymro tanbaid, John Roberts, ran amlwg o blaid Comiwnyddiaeth, cymaint felly fel y galwyd ef yn Jac Rwsia.

Er mai plaid gymharol fechan fu'r Blaid Gomiwnyddol, ni ellid ei hanwybyddu. Yn wir, credai Aneurin Bevan y dylai Llafur gydweithio â hi, gan mai o dan adain y Blaid Gomiwnyddol y datblygodd Mudiad Cenedlaethol y Gweithwyr Anghyflogedig a drefnodd o dan arweiniad Wal Harrington orymdeithiau newyn o Gymru i Lundain a'r protestiadau yn erbyn y Prawf Moddion. Cysylltodd Aneurin Bevan ag Arthur Horner i greu ffrynt unedig ymhlith y glowyr yn erbyn Ffasgaeth. Y bwriad oedd sefydlu mudiad lled-filitaraidd a elwid yn Grŵp Rhyddid y Gweithwyr (*Workers' Freedom Group*) i amddiffyn y cymunedau glofaol. Trefnodd y Ffederasiwn gynhadledd yn Neuadd Cory, Caerdydd, yn 1933 i brotestio yn erbyn Ffasgaeth, a gwahoddwyd Jim Griffiths i fod yn un o'r prif siaradwyr. Yn y Gynhadledd, anghytunai Jim Griffiths gydag Aneurin Bevan am ddau reswm: yn gyntaf, fel heddychwr, ni allai gytuno â'r ddadl am sefydlu grŵp militaraidd, ac yn ail, ni ddylai Sosialwyr weithio y tu allan i rengoedd y Blaid Lafur a'r Undebau Lleol. Derbyniodd Jim Griffiths gefnogaeth gref oddi wrth H. W. May, Asiant y Glowyr yn rhanbarth Pontypridd. Llefarodd eiriau sobreiddiol, 'force has never been any remedy'. Disgrifiwyd Bevan mewn colofn yn y *Western Mail* fel 'the Cymric Hitler'. Ymddengys mai'r unig gylch a roddodd gefnogaeth i Bevan oedd bro ei febyd – Tredegar a phentrefi cyfagos fel Pontlotyn. Ni lwyddodd Bevan i ennill cefnogaeth y gynhadledd oherwydd gwrthwynebiad Jim Griffiths yn bennaf fel ceidwad cydwybod y Blaid Lafur yng Nghymru a hwyrfrydigrwydd Horner i gefnogi'r syniad o sefydlu grŵp milwrol yn y maes glo.[11]

Doluriwyd Undeb y Glowyr a'r Blaid Lafur ar ddydd Sadwrn, 22 Medi 1934 yn y trychineb a ddigwyddodd yng Nglofa Gresffordd ger Wrecsam pryd y lladdwyd 265 o ddynion, 261 o lowyr, 3 aelod o'r timau achub ac un gweithiwr ar ben y pwll, gan adael 164 o weddwon, 242 o blant heb dadau ac oddeutu 1,700 o ddynion yn ddi-waith. Cynhaliwyd ymchwiliad i'r trychineb dros gyfnod o 38 niwrnod a chynrychiolwyd y Ffed gan ddau Lafurwr, y bargyfreithiwr galluog a'r gwleidydd, Stafford Cripps, a'r Aelod Seneddol, D. R. Grenfell a siaradai bedair iaith yn rhugl. Yr oedd y tridegau yn cyflwyno sialens newydd i'r Blaid Lafur. Dangosai diweithdra dyrys wendid cyfalafiaeth ond methai Llafur â chynnig polisïau mwy cadarnhaol i oresgyn y sefyllfa. Ceid y Blaid Lafur yng Nghymru yn gadarn yn erbyn y Prawf Moddion, a theimlwyd yr angen i groesawu diwydiannau newydd i'r ardaloedd diwydiannol. Dadleuai Ysgrifennydd Undeb y

---

[11] James Griffiths, *Pages from Memory* (Llundain, 1969), t. 34.

Glowyr, Oliver Harris, fod llawer o'r pyllau ar fin eu cau a bod gwir angen dod â gwaith arall ar gyfer y glowyr a gollai eu swyddi. Ni welwyd llawer o ddiddordeb i ennill rhagor o aelodau i'r Blaid Lafur; teimlai'r Blaid Lafur yn ddigon cyfforddus ei sefyllfa, ond yr oedd angen cenhadu yn y Gymru Gymraeg, yn arbennig yng ngorllewin, canolbarth a gogledd Cymru. Yn 1937, dim ond un cynghorydd yn enw Llafur a geid ymhlith cynghorwyr Cyngor Sir Benfro. Ar Ynys Môn, ceid pum Cynghorydd Llafur i wynebu 55 o gynghorwyr o'r pleidiau eraill. Dim ond tri Llafurwr allan o ddeunaw oedd ar Gyngor Tref Aberystwyth a dau allan o 24 ar Gyngor Dinas Bangor. Yr oedd hi'n anodd ar Lafur yn y gogledd-ddwyrain, ac nid oedd Llafur yn cymryd Llywodraeth Leol o ddifrif yng ngogledd Cymru fel y gwnaethai yn ne Cymru. Er enghraifft, ni cheid un cynghorydd Llafur yn 1932 ym mwrdeistrefi Dinbych a Rhuthun. Y mae'n amlwg fod y gweithwyr a bleidleisiai i Lafur mewn etholiadau yn ofni dangos eu hochr, ac eto ar Gyngor Sir Ddinbych erbyn 1937 ceid 22 allan o gyfanswm o 81 o gynghorwyr. Yr oedd y Blaid Lafur yn bell ar ei hôl hi yn y trefydd, gyda 4 allan o 28 yng Ngholwyn, 5 allan o 24 yn Fflint, a 7 allan o 36 yn nhref Wrecsam er bod yr Aelod Seneddol yn un Llafur. Yn Sir Frycheiniog, deuai'r cynghorwyr Llafur o'r ardaloedd glofaol, fel Brynmawr, Ystradgynlais, Abercraf a Chefn Coed y Cymer. Yn 1934, ceid ugain o Lafurwyr ar Gyngor Sir Brycheiniog allan o saith deg. Yr oedd Brycheiniog gystal â Sir Gaerfyrddin lle y ceid rhai miloedd o lowyr. Yn 1937, gwelid 20 Llafurwr ar Gyngor Sir Caerfyrddin allan o gyfanswm o 76. Methwyd ennill Cyngor Bwrdeistref Llanelli rhwng y ddau Ryfel Byd. Nid oedd Caerdydd wedi dod eto yn gadarnle i Lafur. Yn 1937, allan o 56 ceid 17 o gynghorwyr y Blaid Lafur. Yr oedd Casnewydd ar y blaen, gyda phymtheg o Lafurwyr ar Gyngor y Ddinas yn 1934 allan o gyfanswm o 30.

Cyd-ddyheu a'i Cododd Hi

Felly, gwelid Llafur yn methu â thorri trwodd mewn rhannau helaeth o Gymru. Yr oedd cadarnleoedd y Rhyddfrdywyr fel Ceredigion a Maldwyn yn anodd a Sir fel Maesyfed yn amhosibl bron. Ond er hynny, ceid llawer o unigolion yn edmygu ymroddiad y Cynghorwyr Llafur. Yr oedd yr ymroddiad a'r brwdfrydedd yn creu argraff dda ar y cyhoedd. Dywedodd yr Henadur Richard Edwards wrth ymadael â Chadair Cyngor Sir Dinbych yn 1938 fod yr hedyn mwstard yn medru tyfu yn bren mawr. Pan etholwyd ef ar y Cyngor, dim ond dau Lafurwr oedd yn perthyn i'r Cyngor. Yr oedd y ddau hyn yn bobl eithriadol, caredig eu hysbryd, a thrwy eu cyfraniadau llafar, rhoddodd y ddau enw da i'r Blaid Lafur ymhlith Cynghorwyr y pleidiau eraill.

Pwysleisid adeg yr etholiadau y ddyletswydd oedd ar weithwyr y diwydiannau trwm i gefnogi ymgeiswyr Llafur. Dyna a glywyd yn ardaloedd Castell Nedd a Phort Talbot. Yr oedd Port Talbot yn llawer mwy effeithiol dros Lafur, a hynny i raddau helaeth trwy ysbrydoliaeth Llewellyn Heycock a'i deulu, a hefyd dawn arbennig y Cynghorydd Llafur Joe Brown. A phan ddaeth Llafur yn orchfygol ar Gyngor Castell Nedd, y prif reswm am hynny oedd cyfraniadau criw o Sosialwyr o Lansawel (Briton Ferry). Gwelid penderfyniad di-ildio ymysg ymgeiswyr Llafur i wella byd eu cylch, a dyna neges gyson ar daflenni'r ymgeiswyr. Dyna neges y Parchedig Howard Ingli James, a safodd yn Y Barri fel ymgeisydd i Gyngor Sir Morgannwg, gwneud bywyd y werin bobl yn fwy cysurus. I fyd Iwtopaidd y perthynai llawer o'u dyheadau!

Ond ar ôl dweud hynny, dylid cydnabod didwylledd, gonestrwydd, ymroddiad aml un a gysegrodd oes faith i hyrwyddo buddiannau'r Blaid Lafur. Un felly oedd Richard Woosnam, cynghorydd ar Gyngor Dosbarth Aberpennar o 1919 i'r tri degau, arweinydd amlwg yn ei gapel, ymhob gweithgarwch lleol yn Ynys-y-bwl ac atalbwyswr yn y lofa. Glöwr oedd Henry Harry Williams, ysgrifennydd Cyfrinfa Ynyscedwyn ac Ystradfawr, arweinydd Côr Meibion a Band Pres Ystradgynlais. Rhoddodd o'i orau i'r Blaid Lafur gan wasanaethau ar Gyngor Sir Brycheiniog. Yn ardal Rhydaman, ceid Tom Davies, sylfaenydd Capel Cymraeg y Presbyteriaid yn Tirydail, a chadeirydd Cyfrinfa Pwll Glo Tirydail am 19 mlynedd. Trysorydd Cyfrinfa Pant y Ffynnon oedd y gŵr llengar Cathan Davies, ef hefyd oedd Ysgrifennydd Capel Newydd, Betws. Yn Wrecsam daeth Joseph Parton â bywyd newydd i'r Blaid Lafur. Un o Wolverhampton ydoedd ac yn gweithio ar y rheilffordd ac yn weithgar gyda'i Undeb. Daeth yn un o bileri tîm criced y dref fel bowliwr, a phan ddaeth yn Faer Wrecsam dywedodd yn 1934:

> I represent the Labour party, but I recognise that I am not there to represent one class, but to look after the interests of all.[12]

Y bobl hyn a dwsinau tebyg iddynt yn y dau- a'r tridegau a fu'n arwain y Blaid Lafur yn lleol, yn awgrymu gwelliannau ac yn cefnogi dirprwyaethau, yn gwrando ar eu hetholwyr a thrwy hynny yn gofalu bod y cynghorau lleol yn cyflawni eu cyfrifoldebau o adeiladu llyfrgelloedd, pyllau nofio, casglu sbwriel a chynllunio'r gymdeithas. Rhoddodd Cyngor Dosbarth Abertileri arweiniad yn 1934 o fwydo plant ysgol, a bu'r Blaid Lafur yn fawr eu clod am hyn. Y mae llawer o wirionedd yn yr honiadau a wnaed gan aml i hanesydd mai 'plaid radical ' oedd y Blaid Lafur ar lawr gwlad ac yn barod iawn i gynnig gwelliannau i wella bywyd. Cytunodd y werin bobl yn y tri degau.

---

[12] Tanner, Duncan, Chris Williams a Deian Hopkin (Golygyddion), *The Labour Party in Wales 1900-2000* (Caerdydd, 2000), t. 79.

Llwyddwyd yn Etholiad Cyffredinol 1935 i gadw ei goruchafiaeth yng Nghymru ac yn Isetholiad Llanelli yn 1936 etholwyd arweinydd glowyr de Cymru, Jim Griffiths a ddaeth ar ei union yn arweinydd o fewn y Blaid Lafur yng Nghymru. Gofalodd i benodi W. Douglas Hughes yn asiant llawn amser iddo, ac ni fyddai wedi bod mor llwyddiannus oni bai am gyfraniad ei asiant. Er enghraifft, yn 1937 a 1938 yn unig, trefnodd W. Douglas Hughes dros gant o gyfarfodydd o dan nawdd Plaid Lafur yr Etholaeth a deliodd, yn enw Jim Griffiths, gyda saith gant o achosion a ddaeth i'r syrjeri yn Llanelli a Rhydaman.

Cymryd agwedd bragmataidd a wnaethant gan nad oedd atebion hawdd i'w cael i'r problemau dyrys a geid ym mhob cymuned. Fel Sosialwyr, yr oedd ganddynt gredo a her, ond ni ellid sefydlu gwladwriaeth Sosialaidd pan oedd y wlad ym meddiant y Toriaid. Yr unig obaith oedd ennill Etholiad Cyffredinol, ac ni welwyd hynny yn y tri degau.

Yr oedd terfynau i allu'r llywodraeth leol. Y cyfan y gallai Cyngor Sir ym meddiant y Blaid Lafur, fel Morgannwg, ei gyflawni oedd gwneud bywydau pobl gyfyng eu byd ychydig yn fwy cysurus mewn dyddiau enbyd o anodd. Yn ôl Elizabeth Andrews: 'it is the *Plodders* that do the work of the world, not the Shouters'.[13] Cydnabu Mavis Llewellyn, Cynghorydd dros y Blaid Gomiwnyddol yn Ogmore Vale, fod cydweithrediad da ran amlaf rhwng y Blaid Lafur a'r Comiwnyddion ym myd Llywodraeth Leol Morgannwg. Heb hynny, yn ei thyb hi, ni fyddai dim byd yn digwydd.[14]

Y Blaid Lafur felly oedd yn arwain ar gymaint o welliannau, ac yn ceisio bod mor flaengar ag y gellid ar

---

[13] E. Andrews, *A woman's work is never done: being the recollections of childhood and upbringing amongst the South Wales miners and a lifetime of service to the Labour movement in Wales* (Tonpentre, 1940), 31.

[14] D Ben Rees, *Bywgraffiadur y Sosialwyr Cymreig* (mewn teipysgrif ac yn barod i'r Wasg yn 2025).

gwestiwn iechyd cyhoeddus, llaeth am ddim i'r plant, a gwnaed hynny gan Gynghorau Dosbarth y Rhondda, Pontypridd, Aberdâr a Merthyr Tudful. Ym mis Tachwedd 1936, glaniodd glöwr di-waith o Gwm Rhondda yn Sbaen a chyfrifid ef fel y cyntaf o'r Cymry a wasanaethodd yn y Brigadau Rhyngwladol yn erbyn lluoedd arfog y Cadfridog Franco, un arall o arweinwyr Ffasgaeth yn Ewrop. Yr oedd Sbaen mewn argyfwng a thros nos trodd y gwrthdaro rhwng y Llywodraeth a'r Ffasgwyr yn rhyfel gwaedlyd a chwerw, Rhyfel Cartref a symbylodd lu o lowyr a phobl y chwith o'r Blaid Gomiwnyddol a'r Blaid Lafur i deithio i Sbaen i wrthsefyll lluoedd Franco. Erbyn diwedd 1936, yr oedd dau Gymro wedi cyrraedd Sbaen i frwydro am ryddid, W. J. Davies o Rydaman a D. J. Jones o'r Rhondda.

Sefydlwyd pwyllgorau cymorth i Sbaen i gasglu bwyd ac arian yng Nghymru, a bu Aelodau Seneddol Llafur yn gefnogol. Ym mis Ionawr 1938, derbyniodd Aelod Seneddol Llanelli wahoddiad i fod yn aelod o ddirprwyaeth seneddol i Sbaen. Teithiodd fel un o saith ar y ddirprwyaeth a chafodd brofiadau dyrys gan brofi arswyd y bomiau wrth iddynt ddisgyn yn agos i'w moduron. Ar ôl cyrraedd yn ôl i'w gartref ym Mhorth Tywyn, bu Griffiths yn brysur yn ymgyrchu dros anghenion y Cymry a wirfoddolodd i wasanaethu gyda'r Frigâd Ryngwladol. Ymunodd 177 o Gymry â'r Frigâd; yr oedd 122 ohonynt yn lowyr o faes glo'r de a'r gogledd, a chanran uchel ohonynt yn Sosialwyr y chwith. Bu farw 33 o Gymry ar faes y gad, a chymerwyd rhain yn garcharorion, fel y glöwr a'r Cymro brwd, Tom Jones, Rhoslannerchrugog, a lysenwyd am weddill ei oes yn Twm Sbaen. Ef oedd yr olaf o'r carcharorion i ddod yn ôl o Sbaen a bu ei Aelod Seneddol, Robert Richards, yn pleidio'i achos. Daeth Twm Sbaen yn un o hoelion wyth y Blaid Lafur yng ngogledd Cymru am weddill ei ddyddiau.

Yn y Senedd, bu Aneurin Bevan a James Griffiths yn barod iawn i feirniadu agwedd y Llywodraeth Doriaidd. Mewn dadl ar faterion tramor ar 24 Mawrth 1938, amlinellodd James Griffiths y perygl aruthrol i heddwch y byd o gyfeiriad Ffasgaeth gan dynnu ar ei brofiad ar ei deithiau i Prâg, Danzig a Sbaen. Beirniadodd y Prif Weinidog, Neville Chamberlain yn llym, am nad oedd yn ddigon cadarn ei safiad yn erbyn y Natsïaid a oedd yn dinistrio dyneiddiaeth:

> Democracy and freedom have no frontiers. Wherever the fight for them takes place that is also our struggle.[15]

Ond yng Nghynhadledd y Blaid Lafur Brydeinig yn Southport yn 1939 cafwyd dadl boenus am ddiarddel tri Aelod Seneddol Llafur, sef Aneurin Bevan, Stafford Cripps a George Strauss am iddynt fflyrtian yn ormodol â'r Comiwnyddion. Credai'r tri a oedd o dan y chwyddwydr fod yr hyn a elwid yn Ffrynt Poblogaidd yn erbyn Ffasgaeth yn bwysig i ddyfodol y Mudiad Llafur. Golygai y byddai'r Blaid Lafur a'r Blaid Gomiwnyddol yn cydweithio â'i gilydd ac yr oedd hynny yn hynod o boblogaidd mewn etholaethau yng Nghymru fel yn y Rhondda. Credai Bevan a'r ddau arall y gellid tanseilio Llywodraeth Chamberlain drwy weithgarwch y Ffrynt.

Erbyn 1938, gwelwyd ymhlith gwleidyddion Cymru awydd i ystyried ymhellach yr alwad a glywyd gyntaf yn 1892 i greu swydd Ysgrifennydd Gwladol ar gyfer Cymru gyda lle yn y Cabinet iddo. Coleddwyd yr awydd gan Hyd yn oed Hardie a llu o Sosialwyr Cymraeg fel David Thomas, R. Silyn Roberts, John James, E. T. John a Peter Freeman. Trefnwyd dirprwyaeth ar y cwestiwn i weld

---

[15] D. Ben Rees, *Cofiant James Griffiths*, tt. 123-4.

Neville Chamberlain yn 1939 gyda'r cais am Swyddfa Gymreig yn ogystal â chael Ysgrifennydd Gwladol i Gymru. Cydiodd Jim Griffiths, Aelod Seneddol Llanelli, yn dynn wrth y weledigaeth hon a lansiwyd ymgyrch i ennill cefnogaeth i'r syniad yng nghanol yr Ail Ryfel Byd. Anfonwyd llythyr at Winston Churchill ar y trywydd hwnnw, ac mewn argyfwng y rhyfel, atebodd yn gwbl negyddol. Cafwyd dadl bwysig ar 17 Hydref 1944 pan alwodd James Griffiths am ddatganoli i Gymru, ond hefyd i'r Deyrnas Unedig, ac anfonwyd dirprwyaeth eto adeg y rhyfel o dan arweiniad D. R. Grenfell a W. H. Mainwaring, ond nid oedd modd darbwyllo arweinwyr y Blaid Lafur Brydeinig mwy na'r Blaid Geidwadol. Ond ni ellid tawelu James Griffiths na'i gefnogwyr fel Iwan Morgan (ymgeisydd Llafur Ceredigion), Huw T. Edwards a Goronwy Roberts (a gafodd ei ethol yn Aelod Llafur dros Arfon yn 1945) ac eraill. Mynegwyd llawenydd ym mis Medi 1939 pan agorwyd drysau Ysgol Gymraeg Urdd Gobaith Cymru yn Aberystwyth gyda saith o ddisgyblion, a dechrau ar chwyldroad mawr ym myd addysg a fu'n bwysig i gynghorwyr Llafur y siroedd lle y ceid Llafur mewn grym. Teimlid rheidrwydd i weld yr iaith yn goroesi er bod carfan o gynghorwyr Llafur hefyd yn ddigon gwrthwynebus, ond lleiafrif oedd y rhain.

Pennod 3
Dyddiau o Adfyd ac o Lawenydd: 1939-1951

Yr oedd 1939 yn flwyddyn boenus dros ben i wleidyddion Llafur yng Nghymru, a gwelwyd nifer o aelodau pob plaid yn gwrthwynebu. Trodd James Griffiths, er enghraifft, yn gefnogydd i'r Rhyfel ar ôl blynyddoedd lawer yng ngwersyll yr heddychwyr; er hynny, dangosodd ef ac eraill gydymdeimlad mawr tuag at yr heddychwyr, a gofalodd godi'r cwestiwn ym mis Hydref 1939 am y trefniant a fyddai'n bodoli ar gyfer gwrthwynebwyr cydwybodol Cymraeg i ddefnyddio'u hiaith gynhenid wrth gyflwyno eu tystiolaeth yn y tribiwnlysoedd. Cafodd ateb boddhaol a chyfrifai heddychwyr Cymru yn y mudiadau amrywiol fel Cymdeithas y Cymod a Mudiad Heddychwyr Cymru o dan arweiniad George M. Ll. Davies a Gwynfor Evans fod Jim Griffiths wedi braenaru'r tir ar faterion yn ymwneud â'r iaith. Mynnodd cyfran dda o'r gwrthwynebwyr cydwybodol o gefndir Anghydffurfiol ar ddechrau yr Ail Ryfel Byd lawenhau ar y mater hwn, gan ddiolch am safiad Jim Griffiths drostynt. Ceid 2,920 o wrthwynebwyr cydwybodol yng Nghymru adeg y rhyfel a mynegodd y mwyafrif helaeth ohonynt eu gwrthwynebiad ar dir crefydd. Ond cafodd aml i wrthwynebydd eu herlid fel y bardd o Gomiwnydd, T. E. Nicholas, a'i fab Islwyn, gan eu carcharu heb reswm yn y byd. Mynnodd dinasoedd Caerdydd ac Abertawe fod y rhai a weithiai i'r ddwy Gorfforaeth yn gorfod bod o "lwyrfryd calon" yn "cefnogi'r Rhyfel". Siom arall oedd diswyddiad Iorwerth Cyfeiliog Peate gan yr Amgueddfa Genedlaethol ar ôl iddo ymddangos gerbron tribiwnlys fel gwrthwynebydd cydwybodol. Yr oedd cyfeillion Peate ac eraill yn ystyried bod y weithred mor annheg, ac y dylid ei adfer ef i'w swydd yn ddiymdroi. Un o'r cyfarfodydd rhyfeddaf a gynhaliwyd oedd Cyfarfod Llys yr Amgueddfa Genedlaethol ar 24 Hydref 1941. Ar y llwyfan, gwelid y Llywydd, Iarll Plymouth, y Cyfarwyddwr Cyril Fox a'r Ysgrifennydd Archie Lee. Ac ymysg aelodau'r Llys, yr oedd nifer o aelodau seneddol o bob plaid, ac yn eu plith, ceid tri aelod seneddol o'r Blaid Lafur, pob un yn edmygwr mawr o'i weledigaeth am Amgueddfa Werin i Gymru, yn ogystal â'r aelod dros Sir Aberteifi, D. O. Evans o'r Blaid Ryddfrydol.

Tystiolaeth yr ysgolhaig Thomas Parry am gyfraniad Jim Griffiths, Aneurin Bevan a Ronw Moelwyn Hughes (AS Gorllewin Caerfyrddin) oedd:

> A chawsant gyfle digyffelyb i berfformio yn eu ffordd arbennig hwy eu hunain. Ymosodasant yn gwbl ddidostur ar y gwŷr oedd ar y llwyfan; ni welais neb erioed yn cael eu crasu mor ddeifiol.[1]

Aneurin Bevan a wnaeth y crasu mwyaf; wedi'r cyfan yr oedd Iorwerth Peate yn un o ddarllenwr eiddgar y *Tribune*. Enillodd ei swydd yn ôl. Ac fel eraill o Lafurwyr, yn arbennig Dan Harry, ni fu'r rhain yn dawel hyd nes gweld Niclas y Glais a'i fab Islwyn adref gyda'u hanwyliaid yn Aberystwyth. Cafwyd cydweithrediad Llafurwyr, Comiwnyddion, Cenedlaetholwyr, Rhyddfrydwyr, glowyr fel Ianto Evans, Rhydaman, chwarelwyr, ffermwyr a phregethwyr nes llwyddo i'w rhyddhau heb gosb yn y byd.

---

[1] Thomas Parry, *Amryw Bethau* (Dinbych, 1996), t. 321-4; LLGC Papurau Iorwerth C. Peate, A1983/127 a 1985/169 a 1988/121. Gweler *Y Cymro*, 1 Tachwedd 1944, tt. 1, 12.

Aneurin Bevan gyda'i wraig Jennie Lee

Y gwleidyddion Cymreig a wnaeth enwau i'w hunain adeg yr Ail Ryfel Byd yn y Senedd oedd Jim Griffiths ac Aneurin Bevan. Yr oedd byd o wahaniaeth rhyngddynt, ac mae'n bosibl mai Jim Griffiths oedd y gwleidydd pwysicaf o'r ddau adeg yr argyfwng. Dyna a ddywedid yng ngholofn y *Watchman* ar ddechrau 1941 yn yr *Amman Valley Chronicle*:

> Who today is Wales' leading figure in the House of Commons? We would single out Mr. James Griffiths for the honour. Not only does he contribute to the most important

Debates in the House, but he also finds time to actively interest himself in affairs appertaining to the well-being and progress of his native valley.[2]

Yr oedd Jim Griffiths yn amlycach yn siambr y Senedd na mwyafrif y seneddwyr Cymreig ac yn cymryd rhan yn amlach nag unrhyw wleidydd o Gymru, er teg cydnabod ei fod ef ar fainc flaen yr Wrthblaid. Ni chafodd Aneurin Bevan ei osod ar y fainc flaen. Edmygid Jim Griffiths am ei fod yn gwbl hyddysg yng ngwleidyddiaeth, economeg a materion y dydd, ac fel y dywedodd Hannen Swaffer o'r *Daily Herald* wrth y Mudiad Llafur:

> Make use of Mr James Griffiths MP – the Miners' leader. The country needs men with a clarity of vision similar to him for the defence and preservation of our great democracy.[3]

Dioddefodd un o ddinasoedd Cymru, Abertawe, o 19-21 Chwefror 1941 pan ddinistriwyd canol y ddinas gan fomiau a ollyngwyd yn bwrpasol gan awyrennau'r Almaen i ladd cymaint o'r trigolion ag a fedrid. Llwyddwyd i ladd 387 o'r trigolion a niweidio 412 eraill mewn dinas o dan arweiniad Percy Morris ac eraill a oedd wedi dod yn ganolfan i'r Blaid Lafur.

Gwelid yn amlwg yr angen am agor ffatrïoedd yng Nghymru. Arweiniodd James Griffiths ddirprwyaeth o Ddyffryn Aman i weld Harold Macmillan mewn ymgais i

---

[2] Watchman, James Griffiths, *Amman Valley Chronicle and East Carmarthenshire News*, 8 May 1941, t. 4.
[3] Gwladgarwr, Tributes to James Griffiths, MP, *Amman Valley Chronicle and East Carmarthenshire News*, 12 Mehefin 1941, t. 4.

Cyd-ddyheu a'i Cododd Hi

gael ffatrïoedd newydd i'r fro gan mai Macmillan oedd Cadeirydd yr *Industrial Capacity Committee of Production*. Rhoddodd y Blaid Lafur ragor o gyfrifoldeb ar ei ysgwyddau pan benodwyd ef i fod yn un o'r cynrychiolwyr yn y Cynadleddau Aildrefnu (*Reconstruction Conferences*). Siaradodd mewn deg allan o'r hanner cant o gynadleddau a gynhaliwyd. Daeth 893 o gynrychiolwyr y Mudiad Llafur Cymreig i fynychu'r ddwy gynhadledd yn Ne Cymru. Rhoddodd y cynadleddau ysbryd gobeithiol, cadarnhaol yn y Blaid Lafur. Teimlai'r Llafurwyr trwy Gymru, Lloegr a'r Alban erbyn diwedd 1942 fod Lluoedd Arfog Prydain, y Gymanwlad ynghyd â byddinoedd yr Undeb Sofietaidd, yn cael y llaw drechaf ar Hitler ac yn arbennig ar fyddin yr Almaen. Yr oedd trafodaethau'r Cynadleddau Ad-drefnu wedi'u seilio ar bedair egwyddor:

1) Cyflogaeth lawn. Yr oedd hyn yn flaenoriaeth.

2) Ailadeiladu bywyd economaidd Prydain a gwarchod buddiannau'r holl gymunedau a'r rhanbarthau trwy ailgyfeirio diwydiannau i'r ardaloedd lle bu diweithdra yn fwgan am flynyddoedd. Dyma pam y bu agor ffatrïoedd y *Royal Ordnance* yn Hirwaun, Pen-y-bont ar Ogwr, Glascoed, Penbre, Marchwiel ger Wrecsam a ffatri fawr ar gyfer creu adenydd awyrennau yn Brychdyn yn Sir y Fflint a sefydlu ystâd enfawr yn Nhrefforest, rhwng Pontypridd a Chaerdydd yn affaeliad.

3) Darparu cyfundrefn o wasanaethau cymdeithas addas ar gyfer yr anafedig, yr afiach o'r henoed.

4) Gofalu am y plant a'r ifanc trwy ddarparu patrwm o ysgolion i'w hyfforddi ar gyfer ennill bywoliaeth o ddilyn gyrfa gyfrifol fel dinasyddion y wlad.

Gwelir yn yr egwyddorion hyn wreiddiau'r Wladwriaeth Les yr oedd Jim Griffiths ac Aneurin Bevan yn anad neb i chwarae rhan mor bwysig yn ei sefydlu.

Yr oedd cyhoeddi Adroddiad Beveridge yn 1942 yn gam pwysig i bob un o'r Aelodau Seneddol Llafur

Cymreig. Cafodd yr adroddiad dderbyniad gwresog; gwerthwyd dros nos bob copi a argraffwyd, sef 635,000 ohonynt. Neilltuwyd tri diwrnod yn y Senedd ym mis Chwefror 1943 i drafod Cynllun William Beveridge, un o enwau amlwg y Rhyddfrydwyr ers degawdau. Syr John Anderson, AS Prifysgol yr Alban, a agorodd y ddadl dros y Llywodraeth a'r Cymro Jim Griffiths i arwain y Llafurwyr. Derbyniodd gymeradwyaeth fyddarol gan ei gyd-Lafurwyr nad oeddynt yn aelodau o Lywodraeth y Coalisiwn am ei feistrolaeth lwyr ar y mater. Dangosodd ddewrder wrth herio Herbert Morrison ac Ernest Bevin, ond cefnogwyd ef gan Arthur Greenwood a David Lloyd George. Dyma oedd ei bleidlais olaf yn y Senedd. Yr oedd ef yn arwr i Griffiths a Bevan a'r gweddill ohonynt. Trechwyd cynnig Griffiths o 325 pleidlais i 119, ond fel y dywedodd yn broffwydol wrth awdur yr adroddiad, Syr William Beveridge ar ddiwedd y ddadl gofiadwy:

> This debate, and the division makes the return of a Labour Government to power in the next election a certainty.[4]

Yr oedd nifer o Aelodau Seneddol Llafur Cymru yn barod iawn i fynegi eu barn. Byddai Aneurin Bevan ar ei draed yn gyson yn beirniadu, a chlywyd ef ar ei orau yn gwrthwynebu Barn Regulation 1AA. Cytunai D. R. Grenfell gyda Bevan. Yn wir, bu Bevan o dan gwmwl unwaith yn rhagor yng ngolwg arweinwyr y Blaid Lafur Brydeinig yn 1944. Yr oedd dyhead mawr ymhlith arweinwyr yr Undebau i gael gwared ohono unwaith ac am byth, ond yr oedd yn ormod o anwylyn i garfan y chwith i hynny ddigwydd.

---

[4] D. Ben Rees, *Cofiant Jim Griffiths: Arwr Glew y Werin* (Talybont, 2014), t. 130 am Swaffer a'i gynghor.

Un arall a oedd yn beirniadu yn gyson oedd rebel arall, S. O. Davies, Merthyr, cyn-löwr fel Jim Griffiths ac Aneurin Bevan. Bu W. G. Cove, Aberafan yn uchel ei gloch ar fater Deddf Addysg R. A. Butler yn 1944, ond y gwrthwynebu pennaf oedd yr hyn a wnaeth Jim Griffiths yn nadl Beveridge. Cafodd naw o Aelodau Seneddol Llafur o Gymru i'w gefnogi, a David Lloyd George. Mewn darlleniadau o'r Senedd ar Radio Cymru, soniai James Griffiths yn gyson am y wefr a gâi ef a'r Aelodau Seneddol eraill wrth wrando ar David Lloyd George yn annerch y Tŷ ym Mawrth 1940:

> Efallai bod ychydig o'r trydan oedd yn ei lais wedi diflannu, ond fe fu'n siarad am yn agos i awr o amser, a chadw sylw'r Aelodau o'r dechrau hyd y diwedd. Pwnc y Tir oedd ganddo.[5]

Bu'r testun hwnnw ar wefusau Lloyd George ar hyd ei yrfa wleidyddol o 1885 i 1945, a braenarodd ef y tir ar gyfer Gwladwriaeth Les a sefydlwyd yn Llywodraeth Attlee o 1945 i 1951. Beirniadwyd Llywodraeth y Glymblaid am nad oedd hi'n rhoi mwy o sylw i anghenion Cymru. Arweiniodd D. R. Grenfell, Jim Griffiths a S. O. Davies brotestiadau er mwyn i Gymru gael mwy o chwarae teg gan Lywodraeth y Deyrnas Unedig fel rhanbarth o fewn cynlluniau economaidd yr Ail Ryfel Byd. Cawsant gryn dipyn o gefnogaeth gan un o ddeallusion y Blaid Lafur, Harold Laski, pan gyflwynwyd deiseb yn Hydref 1941. Pwysai'r tri gwleidydd yn eu hadroddiad am fwy o gynlluniau a hefyd i sefydlu Ysgrifennydd Gwladol i Gymru, a hynny yn Ebrill 1942. Ond yn anffodus, yr

---

[5] *Ibid.*, 135. Am gyfraniad Beveridge, gw. Jose Harris, *William Beveridge: A Biography* (Rhydychen, 1977), t. 501.

oedd pencadlys y Blaid Lafur Brydeinig yn bendant yn ei erbyn. Dyna oedd agwedd Morgan Phillips, y Cymro Cymraeg a mab i löwr o Aberdâr, pan ddaeth yn Ysgrifennydd Cyffredinol y Blaid Lafur Brydeinig yn 1944.

Yr oedd Undeb Glowyr De Cymru yn anhapus gyda Llywodraeth y Coalisiwn a bu aml i streic fel ym mis Chwefror a mis Mawrth 1944 pan welid 100,000 o lowyr yn anghymeradwyo'r cyflog a gynigid iddynt gan bwyllgor Porter. Bu'n rhaid i Arthur Horner ddefnyddio ei sgiliau i

Clement Attlee (1883-1967)

arbed sefyllfa flin rhag datblygu'n argyfwng. Gwelid yn amlwg mai gwir arweinydd gwleidyddol yr Wrthblaid oedd Aneurin Bevan, a chreodd ei gyfrol *Why not Trust the*

Tories? gryn ddiddordeb yn y byd gwleidyddol. Yn ei gyfrol bigog, boblogaidd ar y Toriaid, a ddaeth allan yn ystod yr Ail Ryfel Byd, soniodd Aneurin Bevan fod arweinwyr a gweinidogion y Blaid Geidwadol yn barod iawn, er mwyn ennill pledleisiau, i ddweud celwydd fel pe bai yn wirionedd. Mynegodd aml i was sifil fel Emrys Pride ei gydymdeimlad gyda dyheadau pennaf y Blaid Lafur Gymreig. Yn ystod y Rhyfel, gwelwyd y Blaid Lafur yn colli tir yn y cadarnleoedd fel dinasoedd Abertawe, Castell Nedd a Chasnewydd a hynny yn 1942. Y gwir oedd mai Undeb Glowyr De Cymru oedd wedi cynnal y Blaid Lafur yn blaid wleidyddol rymus o Lanelli i Lyn Ebwy. Yn y gogledd, cafwyd cymwynas debyg i'r Blaid Lafur yn etholaethau Môn ac Arfon gan Undeb Gweithwyr y Rheilffordd. Yn ne Caerdydd, Undeb *Inland Revenue Federation* oedd yn amlwg yn cadw'r sedd, lle y ceid y Ceidwadwr, Syr Arthur Evans, yn barod i wynebu ar un o'i haelodau, James Callaghan. Safodd ef fel ymgeisydd Seneddol ar gyfer Etholiad Cyffredinol 1945. Enillodd ef yr enwebiad o un bleidlais dros George Thomas, un o fechgyn Tonypandy. Yn wir, cafodd ef ei ddewis am sedd Gorllewin Caerdydd yn fuan wedyn. Yn 1945, y digwyddodd y newid mwyaf gofidus i genedl Sosialaidd pan benderfynodd Undeb Glowyr De Cymru ddod yn rhan o Undeb Glowyr Prydain Fawr. Daeth De Cymru yn un dosbarth o fewn yr Undeb. Ni ellid newid y sefyllfa gan fod y mwyafrif o'r glowyr wedi cytuno â'r bwriad a phleidleisio o blaid yr uniad. Ond nid oedd unrhyw amheuaeth fod gan Undebau Llafur ran gwbl allweddol ym mheirianwaith y Mudiad Llafur ar gyfer Etholiad Cyffredinol 1945.Yr oedd Undeb y Gweithwyr Trafnidiol a Chyffredinol ac Undeb y Gweithwyr Rheilffordd, ynghyd ag Undeb y Glowyr yn hynod o allweddol yn yr ymgyrch. Nid oedd bron neb yn disgwyl i'r Blaid Lafur ennill. Colli a wnaeth yn etholiadau 1931 a 1935, ac oherwydd y Rhyfel, ni chafwyd Etholiad yn 1940 ond colli fyddai ei hanes ym Mhrydain. Cymru oedd yr eithriad. Bu pleidleisiau aelodau'r Lluoedd Arfog yn 1945 yn gwbl allweddol i lwyddiant y Blaid Lafur yn Lloegr, ac i raddau llai yng Nghymru a'r Alban. Yr oeddynt yn ddiolchgar am arweiniad Winston Churchill trwy'r gyflafan, ond eto'n gwbl amheus a fyddai ef yn gofalu am fyd gwell iddynt ar ôl yr aberth mawr. Yng Nghymru, yr oedd gwaith cenhadol Aneurin Bevan, Jim Griffiths, D. R. Grenfell ac eraill yn dwyn cynhaeaf na welwyd mo'i debyg ers Etholiad Campbell-Bannerman i'r Rhyddfrydwyr yn 1906. Yn 1945, yr oedd y llif o'r diwedd yn troi ar ôl dros ddeugain mlynedd o wleidydda i'r Blaid Lafur. Am y tro cyntaf ers ei chreu yn 1900 daeth y Blaid Lafur i'w hetifeddiaeth.

Yr oedd Cymru ar 26 Gorffennaf 1945 yn Gymru goch. Cafwyd canlyniadau dramatig. Yr oedd Llafur wedi ymladd pob sedd yng Nghymru ar wahân i Drefaldwyn a sedd Prifysgol Cymru. Sir Drefaldwyn yw'r unig etholaeth lle na chafwyd erioed Aelod Seneddol Llafur. Daeth pobl amlwg yn fuddugoliaethus, fel Syr Lynn Ungoed Thomas a enillodd sedd Llandaf a'r Barri, Peter Freeman, pencampwr ar lawnt tennis a llysieuwr brwd oedd ef, Aelod Seneddol yng Nghasnewydd. Gwelwyd tri aelod seneddol yng Nghaerdydd, yr Athro Hilary Marquand o'r Brifysgol i gynrychioli Dwyrain Caerdydd, George Thomas dros Orllewin Caerdydd a Jim Callaghan yn Ne Caerdydd. Collodd Ronw Moelwyn Hughes ei sedd yn Sir Gâr, a bu bron i Gwilym Lloyd George golli Sir Benfro i Lafur. Daliodd y sedd gyda mwyafrif o 168. Stori debyg a welwyd ym Meirionnydd gyda'r cymdeithasegwr Huw Morris Jones yn dod o fewn 112 pleidlais i ennill y sedd. Cafodd gymorth Cymry brwd fel Meredydd (Merêd) Evans a D. Tecwyn Lloyd, ond gofalai un arall o fechgyn y sir, Gwilym Prys Davies i gefnogi Gwynfor Evans a

Cyd-ddyheu a'i Cododd Hi

Phlaid Cymru. Daeth Caernarfon yn sedd i Lafur ac yn nwyrain y Rhondda, enillodd W. H. Mainwaring yn erbyn Ysgrifennydd Cyffredinol y Blaid Gomiwnyddol, Harry Pollitt. Dim ond 972 o bleidleisiau oedd rhyngddynt. Enillwyd 25 o seddau felly i Lafur, gallai fod wedi bod yn 27 sedd. Yng Nghymru y gwelwyd y gefnogaeth orau i Lafur ym Mhrydain. Cafwyd mwyafrif o dros 20,000 o bleidleisiau yn seddau Caerffili, Castell Nedd, Ogwr, Pontypridd, Aberdâr, Abertyleri, Bedwellte a Glyn Ebwy. Ond yn Llanelli y cafwyd y bleidlais orau i Lafur trwy Gymru gyfan a'r ail orau trwy Brydain. Cafodd James Griffiths 34,117 o fwyafrif – canlyniad anhygoel. Cafodd 'ein Jim ni' fel y'i gelwid gan ei etholwyr, 44,514 o bleidleisiau, 81% o'r etholwyr oedd wedi bwrw pleidlais. At ei gilydd, pleidleisiodd 58.5% o etholwyr Cymru dros ymgeiswyr Llafur ac yng ngweddill y Deyrnas Unedig 48% a gefnogodd ymgeiswyr Llafur. Cafodd Will John, y Bedyddiwr Cymraeg brwdfrydig, ei ddewis yn ddiwrthwynebiad yng Ngorllewin y Rhondda – y tro olaf i hyn ddigwydd mewn etholiad am sedd yn Senedd San Steffan.

Dynion dawnus oedd Aelodau Seneddol Llafur Cymru yn 1945, ac yn nodweddiadol o wleidyddiaeth Cymru, o bob plaid, nid oedd lle i'r ferch fel ymgeisydd. Yr unig ferch oedd yn sefyll dros faner Llafur oedd Eirene L. Jones am sedd y Fflint. Go brin y byddai hi wedi cael ei dewis yn ymgeisydd oni bai am ddylanwad ei thad, Thomas Jones, a'r Undebwr, Huw T. Edwards. Daeth Eirene White (yn ddiweddarach) o fewn cyrraedd i gipio Fflint oddi wrth y Ceidwadwr a gefnogai ymgyrch am Ysgrifennydd Cymru, Nigel Birch. Cadwodd y sedd gyda mwyafrif o 1,030. O Aelodau Seneddol dawnus 1945, yr oedd pob un ond dau yn Gymry o ran gwaed a magwraeth, a deg ohonynt yn rhugl yn yr iaith Gymraeg. Yr oedd 19 ohonynt o gefndir dosbarth gweithiol, yn falch o'u cefndir gwerinol ac o'u cymunedau. Bu hi'n frwydr hir ac anodd o 1906 i 1945 i lawer un fel Will John, William Jenkins, Tudor Watkins, D. R. Grenfell, Percy Morris, Jim Griffiths, Aneurin Bevan, W. H. Mainwaring, Ness Edwards ac S. O. Davies. Cyfaddefodd fwy nag un o'r rhain ei fod uwchben ei ddigon wrth glywed canlyniadau Etholiad 1945.

Pan ddaeth hi yn fater o rannu cyfrifoldebau yn Llywodraeth Clement Attlee, mentrodd ef roddi'r swydd fwyaf anodd i Aneurin Bevan, i ofalu ar ôl Iechyd, Tai a Llywodraeth Leol gyda sedd yn y Cabinet. Ysgrifennydd Gwladol dros y Gymanwlad oedd y swydd a gynigiwyd i Jim Griffiths, ond gofynnodd ef am swydd arall, sef Gweinidog Yswiriant Gwladol. Cytunodd y Prif Weinidog â'i ofyniad. Rhoddwyd swydd i Hilary Marquand yn Adran Masnach Tramor, Arglwydd George Hall i'r Admiralty, Ness Edwards i Adran Bwrdd Masnach, ac o Hydref 1945 Jim Callaghan yn Weinidog Iau yng Ngweinyddiaeth Trafnidiaeth.

Gan fod Aneurin Bevan yn Weinidog yr oedd dros ei ben a'i glustiau mewn cyfrifoldebau, ond nid oedd hyn yn golygu nad oedd gan y Cymry Llafurol leisiau eraill a oedd yn pwyso ar y Llywodraeth i weithredu yn unol â syniadaeth Sosialaeth. Un o'r rheiny oedd S. O. Davies. Galwai ef am bolisi tramor Sosialaidd a Senedd i Gymru, tra ceid W. G. Cove yn ffyrnig yn ei feirniadaeth ar y Gweinidog Addysg, Ellen Wilkinson am ei hwyrfrydigrwydd yn cefnogi'r Ysgolion Cyfun. Y beirniaid llymaf ar fater cynhyrchu arfau rhyfel a niwclear oedd y tri Chymro alltud a gynrychiolai seddau dros Gloddiau Offa a Hadrian: Rhys Davies, AS West Houghton, Harold Davies, AS Leek ac Emrys Hughes, AS De Ayrshire a mab-yng-nghyfraith Hyd yn oed Hardie.

Ceid arweinwyr nodedig o Gymru yn yr Undebau Llafur, fel arweinydd gweithwyr dur, Lincoln Evans a Dai

Davies, Arthur Deakin (genedigol o Ferthyr a alwyd gan Kenneth O. Morgan yn "right wing Tzar of the transport workers"). Bu arweinwyr y glowyr fel Arthur Horner, Bill Paynter, Will Whitehead a Dai Francis, Comiwnyddion amlwg bob un ohonynt, yn hynod o deyrngar i Bevan, Attlee a'u llywodraeth. Gwelid Llafur yn bwerus yn Llywodraeth Leol Morgannwg a Mynwy, a hefyd yng Nghynghorau Dosbarth fel Aberdâr a Chwm Rhondda. Gwelid ethos y Blaid Lafur mewn cymaint o fudiadau fel y Ffabiaid, mudiad a olygai gymaint i nifer o Gymry amlwg. Hefyd, y mudiad cydweithredol, ynghyd ag undebau ac oedolion ymroddedig. Llewellyn Heycock, Port Talbot oedd un o'r cynghorwyr amlwg yn y de. Edmygid ef am ei gefnogaeth ddi-ildio i addysg, ac fel un o arweinwyr pennaf a oedd am weld yr Eisteddfod, Prifysgol Cymru ac Addysg Gymraeg yn llwyddo o fewn Sir Forgannwg. Un arall oedd Huw T. Edwards, Cadeirydd cyntaf Cyngor i Gymru yn 1949. Ceid arlliw o radicaliaeth Rhyddfrydiaeth ar ei orau yn rhengoedd Llafur, fel Cledwyn Hughes a adawodd y Blaid Ryddfrydol ar derfyn ei addysg yng Ngholeg Prifysgol Cymru Aberystwyth yn 1935 er mwyn maes o law sefyll yn 1945 yn etholaeth Môn yn erbyn merch arwr ei deulu, Megan Lloyd George. Profodd densiwn teuluol yn ei uchelgais a gwelodd ba mor anodd oedd ennill y sedd. Safodd yn etholiadau 1945 a 1950 cyn torri trwodd yn 1951. Ceid beirdd a llenorion Cymraeg o fewn y cymunedau fel Cenech, brawd Rhys J. Davies, Amanwy, brawd Jim Griffiths, Lisi Jones, Llandwrog, cefnogydd brwd Goronwy Roberts, ac felly hefyd John Llewellyn Roberts, Penygroes a John Roberts, Y Ffôr. Bu Luned Phillips o dan fugeiliaeth Gwallter Ddu. Aelod o'r Blaid Lafur oedd y nofelydd J. R. Evans, Llanilar yng Ngheredigion a medrai dau Aelod Seneddol, Goronwy Roberts a T. W. Jones Meirionnydd, gynganeddu yn ddidrafferth.

Croesawyd gwladoli'r diwydiant glo yn 1947 a gwelwyd rhagor o weithwyr o'r Eidal, Sbaen a Gwlad Pwyl yn dod i weithio ym meysydd glo Cymru. Cymysg fu'r ymateb er bod rhai ardaloedd fel Abercraf yn croesawu mewnfudwyr i'r pyllau. Trefnodd Llywodraeth Lafur i sefydlu gwaith haearn yn cyflogi ugain mil o weithwyr ym Margam, a gofalodd Jim Griffiths fod gwaith dur yn dod i Trostre, tra llawenhâi D. R. Grenfell o weld gwaith dur yn cael ei leoli yn Felindre. Daeth bywyd newydd i Ddociau Abertawe, Caerdydd, Casnewydd a'r Barri. Llwyddodd Llafur i sefydlu ffatri rwber yn nhref Brynmawr, ffatrïoedd yng Nghaerffili a stadau masnachol ym Mhenybont, Hirwaun a Fforest Fach.

Gofalodd James Griffiths am ei Adran, a gweithredwyd Deddf Lwfans Teuluol mor fuan ag y medrai. Gweledigaeth merch o Lerpwl, Eleanor Rathbone oedd y Ddeddf, gan y bu hi'n hyrwyddo a hybu deddfwriaeth i gynorthwyo'r fam ers ei hethol yn Aelod Seneddol yn 1929. Yr oedd Prydain yn brin o arian, gyda chyflenwadau'r Trysorlys wedi eu dihysbyddu i dalu am gostau'r Rhyfel. Bu'n rhaid i Lywodraeth Lafur fod yn ofalus, ac fe'i harbedwyd gan Gynllun Marshall yr Unol Daleithiau. Llywiodd Jim Griffiths Ddeddf Yswiriant Gwladol 1946 trwy'r Senedd. Byddai'r Ddeddf yn cynnwys pawb a oedd yn weithwyr, gan gynnwys y gwragedd, rhag effeithiau'r ddau elyn difäol – diweithdra ac afiechyd. Bu hefyd yng ngofal Deddf Anafiadau Diwydiannol a daeth i rym yn 1948.

Gwnaeth Aneurin Bevan wyrth debyg ym myd Iechyd ac o 1945 i 1948, bu ef yn paratoi cynllun unigryw a greodd y Gwasanaeth Iechyd Gwladol Bu'n rhaid iddo wynebu ar ddicter y *British Medical Association* a gwrthwynebiad yr Wrthblaid ar hyd yr adeg. Sefydlodd Aneurin Bevan wasanaeth na welwyd mo'i fath, a daeth llawenydd mawr i bob dosbarth trwy ei weledigaeth.

Cyd-ddyheu a'i Cododd Hi

Yn 1947, crëwyd Cyngor Rhanbarthol i Gymru o fewn y Blaid Lafur Gymreig, gyda Cliff Protheroe yn Ysgrifennydd iddo. Beiwyd Protheroe gan y cenedlaetholwyr yn bennaf am fod yn anhyblyg ar ddatganoli, ond yn ôl y sgyrsiau a gefais i gydag ef, nid yw hynny yn deg o gwbl. Gofalodd ef fod datganoli ar yr agenda gan fod lleisiau o'r de a'r gogledd yn galw am elfen ohono, o leiaf sefydlu Swyddfa Gymreig.

Yna, yn 1951 mentrodd y Blaid Geidwadol greu swydd, sef gweinidog dros faterion Cymreig o fewn y Swyddfa Gartref, a gwahoddwyd David Maxwell Fyfe i'w llenwi AS dros etholaeth yn Lerpwl, lle'r oedd cannoedd o Gymry'n byw. Daeth eraill fel Henry Brooke, Charles Hill a Syr Keith Joseph i lenwi'r swydd.

Ar ddiwedd ei dymor fel Gweinidog Yswiriant daeth Jim Griffiths, yn fwy na neb arall, yn gocyn hitio i rai aelodau tanbaid o fudiad gwleidyddol newydd a ddaeth allan o grombil Plaid Cymru yn 1949. Roedd Plaid Cymru o'r cychwyniad yn 1925 wedi bod yn blaid yr asgell dde o dan gyfaredd un o'r meddylwyr pennaf, Saunders Lewis. Rhoddodd ef, pan ddaeth yn arweinydd y Blaid ym 1926 hyd 1943 sylw arbennig i ddiwylliant cynhenid Cymru, yn arbennig yr iaith, er bod ei ddaliadau crefyddol wedi peri anesmwythyd i bobl fel Morris Williams a'i briod Kate Roberts. Roedd yr Anghydffurfwyr Cymraeg, a edmygid yn fawr gan Saunders Lewis, yn llawer mwy niferus na'r Pabyddion. Dilynwyd Saunders Lewis fel arweinydd am gyfnodau byr gan yr Athro Daniel ac Abi Williams cyn i Gwynfor Evans gael ei ethol yn arweinydd yn 1944. Ni allai ef ddygymod â gogwydd y gwerinaethwyr i gefnogi y chwith caled a'r Blaid Gomiwinyddol yn y cymoedd glo, yn arbennig y pwyslais cynyddiol a ddaeth o du y Gwerinaethwyr am i Blaid Cymru weithredu. Ffurfiwyd Mudiad Cenedlaethol Cymru yn sgil anghytundeb a

amlygwyd yng nghynhadledd flynyddol Plaid Cymru yn
Nyffryn Ardudwy ym mis Awst 1949. Bu'n rhaid i'r
garfan a safai dros Weriniaeth fel Gwilym Prys Davies,
Ithel Davies, Trefor Morgan, a Cliff Bere ymddiswyddo
o Blaid Cymru a gadawodd tua hanner cant o weithwyr
y Blaid i greu mudiad newydd oedd yn pledio Sosialaeth
a statws gweriniaeth annibynnol i Gymru. Erbyn 1957 yr
oedd y mudiad wedi chwythu ei blwc a dychwelodd y
rhan fwyaf ohonynt i Blaid Cymru, ond aeth rhai fel
Harri Webb a Gwilym Prys Davies yn aelodau o'r Blaid
Lafur.

Ni welwyd neb o blith Aelodau Llafur Cymru yn
ymuno gyda'r grwpiau fel *Keep Left* a sefydlwyd yn 1947
i brotestio yn erbyn polisïau Rhyfel Oer a gwaith y

Gwilym Prys-Davies (1923-2017)

Gweinidog Tramor, Ernest Bevin a dreuliodd ei
flynyddoedd cynnar fel Undebwr yn Nociau De Cymru.
O Loegr y deuai aelodau *Keep Left*. Amlygodd y Cymry
deyrngarwch i'r Llywodraeth. Ond ceid er hynny beth
grwgnach ar fater cynllunio ac adeiladau tai, a datganoli.
Aeth dirprwyaeth o dan arweiniad D. R. Grenfell a W.
H. Mainwaring i gyfarfod ag Attlee, Sir Stafford Cripps
a George Isaacs ar 25 Gorffennaf 1946 i gwyno am
ddiweithdra. Bu'n gyfarfod digon blin gydag Attlee yn

benderfynol o beidio â chaniatáu ystyriaeth i Ysgrifennydd Gwladol i Gymru. Gwelai'r gwleidyddion o Gymru fel yr oedd Llafur yr Alban yn bell ar y blaen, gyda Tom Johnson, Ysgrifennydd Gwladol o ddyddiau Churchill a'r Coalisiwn adeg yr Ail Ryfel Byd.

Soniodd golygydd y *New Statesman and Nation*, Kingsley Martin yn rhifyn 24 Awst 1946, fel yr oedd Llafur Cymru yn gorfod dioddef, er eu teyrngarwch aruthrol, beidio â chael Ysgrifennydd Gwladol i Gymru na chorfforaeth y BBC ar gyfer Cymru na ffordd newydd o'r gogledd i dde Cymru, heb sôn am well cynllunio a datblygiadau i'r economi. Er hyn i gyd, clywyd lluoedd George Thomas, Goronwy Roberts a Robert Richards yn galw ar Lywodraeth Lafur i roi chwarae teg i anghenion Cymru.

Ddiwedd Ionawr 1950, galwodd Attlee am Etholiad Cyffredinol gyda'r pleidleisio ar 23 Chwefror. Credai holl arweinwyr y Blaid Lafur y byddai'r etholwyr yn eu cefnogi am dymor arall gan fod yr "arbrawf Sosialaidd", ac yn arbennig sefydlu'r Gwasanaeth Iechyd Gwladol wedi bod yn chwyldroadol a hanesyddol yn y cyd-destun Prydeinig. Ar y llaw arall, credai'r Toriaid fod ganddynt hwy gyfle da i roddi ergyd i Lafur o dan ei harwr Winston Churchill. Rhoddodd 58% o'r Cymry a bleidleisiodd eu cefnogaeth i ymgeiswyr Llafur, bron yr un ganran ag yn 1945. Yr oedd y Cymry wedi'u plesio yn fawr, ond y Saeson yn sobr o siomedig yn eu cefnogaeth. Yr oedd seddau'r cymoedd glo yn solet o blaid Llafur gyda mwyafrif y cyn-lowyr o wleidyddion i gyd â mwyafrif o dros ugain mil. A'r pennaf o ran cefnogaeth oedd Jim Griffiths yn Llanelli unwaith eto. Enillodd fwyafrif o 31,026 dros y Ceidwadwyr, ac felly ceid 27 allan o 36 sedd yng Nghymru ym meddiant y Blaid Lafur. Enillwyd Sir Benfro gan Desmond Donnelly, newyddiadurwr ifanc o gefndir Gwyddelig, yn curo mab Lloyd George, Gwilym, a daeth Meirionnydd i ddwylo arweinydd eisteddfodau a gweinidog Enwad y Bedyddwyr Albanaidd, T. W. Jones o'r Ponciau. Cafwyd dwy ferch yn Aelodau Llafur, Eirene White yn Nwyrain y Fflint a Dorothy Rees yn sedd y Barri a Bro Morgannwg. Yr oedd merched eraill yn dal yn weithgar o fewn y Blaid Lafur Gymreig gyda dwy drefnydd frwdfrydig ym mherson Peggy England Jones a Megan Roach.

Erbyn i Aneurin Bevan ymddiswyddo yn sgil gweithred y Canghellor, Hugh Gaitskell i danseilio ei gynllun o Wasanaeth Iechyd, trodd y grŵp *Keep Left* yn ddilynwyr iddo gan arddel yr enw Befaniaid. Ni chafodd y Befaniaid gymaint â hynny o gefnogaeth ymhlith Llafurwyr Cymru, ond anghywir yw dweud na chawson nhw ddim o gwbl. Cefnogai nifer y grŵp am gyfnod fel Desmond Donnelly, Tudor Watkins, George Thomas, ac ar ôl iddo ennill Môn yn 1951, Cledwyn Hughes, edmygydd mawr Aneurin Bevan. Deuai'r Befaniaid Cymraeg o blith Aelodau Seneddol yn Lloegr, yn bennaf Harold Davies a Will Griffiths. Tueddai'r Cymry gefnogi'r asgell dde yn hytrach na'r chwith, ac nid oedd y mwyaf o'r glowyr, er eu hoffter o Bevan, yn ffafrio gwrthwynebu arweinwyr Llafur. Derbyniodd Bevan gefnogaeth ei etholaeth, ond deuai ei gefnogaeth bennaf o ddeallusion y Blaid Lafur, fel Barbara Castle, Dick Crossman, Harold Wilson, Michael Foot a Tom Driberg. Dyma eiriau Kenneth O. Morgan:

> Bevan remained, more than other Labour Leaders, a figure of International stature on friendly terms with figures as varied as Mendès France, Nenni... and Walter Reuther.[6]

---

[6] K. O Morgan, *Labour People,* (Oxford, 1990217

Siomedig fu cyfnod Aneurin Bevan fel Gweinidog Llafur ac ymddiswyddodd tra mwynhaodd Jim Griffiths ei dymor ar lwyfan y Gymanwlad fel Gweinidog y Trefedigaethau. Teimlai yn fodlon â'i ymdrechion.

Braenarodd y tir i annibyniaeth y gwledydd canlynol: Trinidad a Tobago, y Traeth Aur (Gold Coast neu Ghana), Sierra Leone, Gogledd Borneo, Nigeria, Dominica, Grenada, St. Lucia, St. Vincent, Singapore a Gambia. Hyd ddiwedd ei oes yn 1975, cadwodd mewn cysylltiad ag arweinwyr blaengar cyfandir yr Affrig.

Siomedig fu canlyniad Etholiad Cyffredinol 1951 yn gyffredinol i Lafur, er iddynt ennill y nifer uchaf erioed o bleidleisiau. Pleidleisiodd 13,948,883 dros Lafur, ond oherwydd patrwm yr etholaethau, cafodd y Ceidwadwyr gefnogaeth 13,718,199 o'r etholwyr ac eto mwyafrif o'r seddi a'r hawl gyfreithlon i lywodraethu'r Deyrnas Unedig. Enillasant 321 o etholaethau o gymharu â 295 i'r Llafurwyr. Gan i'r Rhyddfrydwyr benderfynu ymladd etholiad cyfyngedig gyda dim ond 109 o ymgeiswyr, elwodd y Toriaid yn fawr. Safodd gweinidog amlwg gyda'r Bedyddwyr Cymraeg, y Parchedig D. Eirwyn Morgan yn Llanelli, gan ennill 3,765, ond cafodd James Griffiths fwyafrif rhagorol o 28,416, sef dros hanner yr etholwyr. Trodd 84% allan yng Nghymru a chadwodd Llafur 27 o'r 36 sedd. Collwyd Conwy i Lafur ac amddifadu W. Elwyn Jones, Bangor o yrfa Seneddol ar ôl cyfnod byr, ef yn fab i Weinidog Wesle a mab-yng-nghyfraith i un o Weinidogion amlycaf yr enwad, y Parchedig Tegla Davies, cefnogydd i'r Blaid Lafur a ffrind cywir David Thomas. Siom hefyd oedd gweld gyrfa seneddol Dorothy Rees yn dod i ben. Ond enillwyd Môn a Meirionydd i wneud i fyny am y ddwy golled. Dim ond un Comiwnydd, Idris Cox, un o arloeswyr y Blaid Lafur yn ardal Maesteg, a safodd, a hynny yn nwyrain y Rhondda, lle y collodd ei ernes.

Pennod 4
O'r Diffeithwch i Lywodraeth: 1951-1974

Bu'r cyfnod o 1951 i 1964 yn gyfnod poenus o anodd i'r Blaid Lafur, a hynny yn bennaf am ei bod yn rhanedig gan gymaint o anghytuno ar bob math o gwestiynau, ond yn bennaf ar faterion tramor. Rhannwyd yr aelodau seneddol yn ddau wersyll: yr aelodau canol y ffordd a'r adain dde ar y naill law, ac ar y llaw arall, o dan arweiniad Aneurin Bevan o 1951 i 1957, yr aelodau chwith, a elwid yn grŵp Befanaidd.

Ond yng Nghymru, ceid sefyllfa llawer mwy calonogol na thros y ffin yn Lloegr. Bwriad arweinwyr Llafur yng Nghymru oedd dod yn blaid Gymru gyfan, ac yr oedd etholiad 1951 wedi rhoddi dwy sedd newydd i'w gofal ym Môn a Meirionnydd. Yr oedd rhan helaethaf o gadarnle'r iaith o Sir Gaerfyrddin i Fôn yn nwylo Aelodau Seneddol diwylliedig a Chymreig. Gyda golwg ar y dyfodol roedd cryn lawer o syniadau yn cael eu trafod, a symudiad amlwg gan rai i hyrwyddo'r syniad o ddatganoli. Gellid mentro dweud bod y Blaid yn hynod o boblogaidd am fod y ceffylau blaen yn cadw cysylltiad clos gydag aelodau cyffredin a gweithgar yn y cymunedau. Nid oeddent am anghofio ardaloedd Cymraeg eu hiaith fel Blaenau Ffestiniog, Tregaron, Llangefni, Pwllheli a Chaernarfon. Yr oedd pleidleisio Llafur wedi dod yn ffordd o fyw ac yn cael ei drosglwyddo o un genhedlaeth i'r llall. Y prif nod oedd cael goruchafiaeth dros y Torïaid, a gwelid hynny yn digwydd o etholiad i etholiad. Yn Aneurin Bevan a Jim Griffiths, ceid yng Nghymru dau o wleidyddion pennaf y Blaid Lafur Brydeinig, ac o'r ddau, Jim Griffiths oedd y mwyaf derbyniol i Aelodau Seneddol y Blaid Lafur

Brydeinig. Cydnabu Jim Griffiths yn ei atgofion, *Pages from Memory*, ei fod ef yn cael ei gyfrif yn un o'r gwleidyddion cymedrol gan arweinwyr amlycaf yr Undebau.

> Throughout this period, I was often described as a middle-of-the-road man. For myself I prefer to think of my role as that of a reconciler and seeking to promote unity, and to prevent rival factions and personal antagonisms from tearing the party to pieces.[1]

Yn y cyfnod o 1951 i 1956, bu dylanwad James Griffiths a'i gyd-Gymro Morgan Phillips ac eraill ar y *Socialist Union*, Y Ffabiaid a'r cylchgrawn *Socialist Commentary* yn drobwynt yn natblygiad athroniaeth ddemocrataidd-sosialaidd y Blaid Lafur. Talodd *guru* y Blaid Lafur oddi ar y dau ddegau, R. H. Tawney, glod uchel iawn i Jim Griffiths mewn erthygl yn y *Guardian*, 27 Mehefin 1952, o dan y teitl "Socialist Union as Replacement of the Old: Blessing from Mr Attlee and Mr Griffiths".

Jim Griffiths oedd yr unig wleidydd yng ngolwg y gŵr hirben R. H. Tawney a haeddai ei alw'n "the best evangelist in the Party". Y rheswm pennaf am hyn oedd fod cryn lawer o sosialaeth hen-ffasiwn ei ddyddiau cynnar yn y Blaid Lafur Annibynnol yn dal yn bwysig iddo, ynghyd â'i ddawn i addasu'r argyhoeddiadau i oes lawer mwy ffyniannus.

Yng Nghymru, bu rhai cenedlaetholwyr, gweriniaethwyr a chomiwnyddion yn galw Jim Griffiths yn rhagrithiwr oherwydd ei fod yn cefnogi annibyniaeth i'r Trefedigaethau Prydeinig, ond yn gwrthwynebu'r

---

[1] James Griffiths, *Pages from Memory*, (Llundain, 1969), t. 122.

ymgyrch dros Senedd i'w genedl ei hun. Ond gwrthwynebodd am ei fod yn ŵr mor deyrngar i'r Blaid Lafur a chan fod y Blaid Lafur yn anhapus gyda'r hyn a gynigiai S. O. Davies a'i gefnogwyr, Goronwy Roberts, Cledwyn Hughes, Tudor Watkins a T. W. Jones; nid oedd Jim Griffiths yn barod i anwybyddu'r Blaid a olygai gymaint iddo.

Cledwyn Hughes (1916-2001)

Y gwir oedd bod Llafur yn llwyddo yn rhyfeddol i fynd ymhellach yn ei dylanwad na'i chadarnleoedd gan gofleidio gweddillion y Blaid Ryddfrydol. Bu buddugoliaeth Cledwyn Hughes a T. W. Jones ym Môn a Meirionnydd dros ddau o'r Rhyddfrydwyr radicalaidd,

Megan Lloyd George ac Emrys Roberts yn symbol o'r newid amlwg yn hanes llawer o Ryddfrydwyr. Bu Cledwyn Hughes yn un o'r gwleidyddion a ofalodd yn ei etholaeth ym Môn i wella amodau byw llawer o'r trigolion, fel moderneiddio'r tai, gofalu bod trydan yn dod i'r cartrefi, cefnogi bwriad y Pwyllgor Addysg i sefydlu Ysgolion Cyfun, y cyntaf yng Nghymru, gan roddi pwyslais arbennig ar amaethyddiaeth. Yr oedd hi'n amlwg bod to o wleidyddion yn y cyfnod hwn oedd am roddi lle mwy amlwg i Gymru fel cenedl, nid fel rhanbarth, a hefyd am fabwysiadu sosialaeth a byd y Blaid Lafur. Yr oedd Goronwy Roberts yn flaenllaw, ac erbyn 1957, daeth Megan Lloyd George i rengoedd Llafur fel Aelod Seneddol Caerfyrddin. Enillodd hi'r enwebiad o un bleidlais dros fargyfreithiwr ifanc arall a adawodd y Blaid Ryddfrydol, John Morris, gan ei ethol yn Aelod Seneddol Aberafan yn 1959. Daeth y gweriniaethwr Gwilym Prys Davies, ffrind John Morris, yn ŵr pwysig o ran cynlluniau Cymraeg Llafur ac yn gymorth amhrisiadwy i James Griffiths, Cledwyn Hughes a John Morris.

Rhaid cyfaddef bod agwedd y Blaid Lafur yn gymhleth. Heb amheuaeth, yr oedd arweinwyr y Blaid Lafur Brydeinig yn llusgo eu traed, yn ofnus neu'n ddrwgdybus o genedlaetholdeb o fewn y Blaid Lafur Gymreig. Yr oedd rhan fwyaf o gynigion Cyngor Cymru yn dod yn dderbyniol i swyddfa Llafur yng Nghaerdydd. Gwelid ymhlith yr aelodau seneddol ymgyrch i fentro ac i gefnogi bwriadau blaenllaw, fel adeiladu Pont Hafren, croesawu ystadau diwydiannol a gwella'r ffyrdd. Ceid meddylwyr miniog ymhlith llawer o'r ymgeiswyr Seneddol, fel D. Caradog Jones yn sedd anobeithiol Sir Drefaldwyn. Yr oedd ef yn un o gymdeithasegwyr amlwg ym Mhrifysgol Lerpwl ac er bod Jim Griffiths yn awyddus iddo sefyll dros sedd ddiogel i Lafur, mynnodd aros ym Maldwyn trwy'r pum degau. Nes ei diddymu yn 2024 hon oedd yr unig etholaeth yng Nghymru na wnaeth erioed ethol aelod seneddol Llafur Er hynny, cofiwn iddo baratoi dogfennau pwysig ar gefn gwlad Cymru.

Sefydlwyd Pwyllgor yn 1955 yn cynnwys o'r Blaid Lafur Seneddol Gymreig pedwar o'r aelodau, Desmond Donnelly, T. W. Jones, Goronwy Roberts a Tudor Watkins, aelodau o Gyngor Rhanbarth Llafur, sef Cliff Prothero ac aelodau o Bwyllgor Gwaith y Blaid Lafur Brydeinig, David Ginsburg a Peter Shore. Gosodwyd y dasg o lywyddu ar James Griffiths. Pwrpas y cyfan oedd trefnu i ddod â diwydiannau newydd i orllewin a chanolbarth a gogledd Cymru a datblygu rhai o'r hen ddiwydiannau. Yr oedd Goronwy Roberts yn frwd o gael diwydiannau newydd gan fod y chwareli yn dirywio. Ond gwaetha'r modd, siop siarad fu'r Pwyllgor, a hynny i raddau am fod Peter Shore wedi drysu gyda'r cynlluniau a drafodwyd a'i fod ef yn anwybodus o'r dirwedd a drafodid. Hogyn o Allerton, Lerpwl, ydoedd ac er iddo gael ei fagu ymhlith Cymry Lerpwl, nid oedd hynny yn rhoddi iddo'r ddealltwriaeth a feddai, dyweder T. W. Jones a Goronwy Roberts. I'r Cadeirydd, pwrpas y trafodaethau oedd defnyddio cynllunio sosialaidd i gadw a meithrin diwylliant Cymreig a'r traddodiadau. Dyna ddymuniad y bobl leol a dylid amcanu cyrraedd yr amcanion hynny. Ond methiant fu'r drafodaeth, nid oherwydd y syniadau, ond am nad oedd modd i droi'r syniadau yn bolisïau ymarferol â hwythau yn wrthblaid. Bu methiant y Blaid Lafur Gymreig i wynebu ar broblemau diffyg gwaith cefn gwlad yn fêl ar fysedd y Llywodraeth Geidwadol am nad oedd ganddynt mewn gwirionedd ddiddordeb o gwbl yn y syniadau a drafodid. Yn 1961, beirniadwyd y Torïaid gan D. J. Davies, Llwyncelyn, Llywydd Plaid Lafur Sir Aberteifi a ffermwr llwyddiannus ar arfordir Bae Ceredigion. Cytunai John Morris gyda D. J. Davies; yn wir bu'r ddau yn arloeswyr sefydlu Undeb Ffermwyr Cymru.

Pwyswyd ar Jim Griffiths yn 1955 i sefyll am swydd Dirprwy Arweinydd y Blaid Lafur. Bodlonodd er mai ei wrthwynebydd oedd ei ffrind Coleg, Aneurin Bevan. Etholwyd Jim Griffiths. Cafodd ei gyfle i drafod anghenion Cymru gydag arweinydd y Blaid Lafur, Hugh Gaitskell, a hynny mewn adeg anodd pan oedd Corfforaeth Lerpwl wedi dewis boddi Capel Celyn a Chwm Tryweryn. Sefydlwyd Is-bwyllgor i roddi arweiniad ar y cwestiwn cyfansoddiadol. Gofynwyd i Jim Griffiths gadeirio, a buan y cafwyd y ddadl am Ysgrifennydd Gwladol i Gymru gyda sedd yn y Cabinet. Bu gwrthwynebiad ffyrnig gan Aelodau Seneddol y cymoedd, Aneurin Bevan, Ness Edwards a Iorrie Thomas. Aeth hi mor anodd cadeirio nes y bu'n rhaid i Gaitskell gymryd yr awenau yn y cyfarfod olaf. Dyma eiriau Ysgrifennydd y Blaid Lafur Gymreig, Cliff Protheroe:

> James Griffiths used all his powers as a negotiator in an attempt to persuade other members of the committee of the future of his cause.[2]

Un o'r mwyaf gwrthwynebus oedd Aneurin Bevan, crëwr y Gwasanaeth Iechyd Gwladol. Yn y cyfarfod olaf, dywedodd, yn ôl Protheroe:

> ...to everyone's surprise Aneurin Bevan proposed 'that we include in our policy statement that a Secretary of State for Wales will be appointed'.[3]

---

[2] LLGC, Papurau Cliff Protheroe, Nodiadau Bywgraffiadol, t. 137.
[3] *Ibid.*, R. Griffiths, 'The Other Aneurin Bevan', *Planet*, 41, 1978, tt. 26-8. Gwelodd cymaint o Gymry amlwg fawredd Aneurin Bevan ar fater datganoli.

Un arall a newidiodd ei feddwl oedd James Callaghan. Gwelai ef fod yr Alban yn elwa llawer mwy na Chymru oherwydd bod Ysgrifennydd Gwladol ganddynt yn y Cabinet. Gosodwyd yr addewid ym Maniffesto'r Blaid Lafur yn 1959 a phan etholwyd y Blaid honno yn Llywodraeth yn 1964, gwireddwyd y freuddwyd. Teg yw talu teyrnged i Harold Wilson am ddewis Jim Griffiths yn Ysgrifennydd cyntaf Cymru ac yntau yn 74 mlwydd oed. Yr enw ar wefusau bron pawb yn y Gymru Gymraeg oedd Cledwyn Hughes, ac yn y de ceid enw Ness Edwards, ond gofalodd John Morris roddi gwybod i Wilson mai Jim Griffiths oedd yn haeddu'r anrhydedd. Cydnabyddiaeth oedd y penodiad gan arweinydd yr wrthblaid i barchu ei ymroddiad hir dros sefydlu'r swydd, er iddo fod yn llugoer pan gyflwynodd S. O. Davies yn 1955 ei fesur am Senedd i Gymru, ond gellid deall ei agwedd. Ni chafodd hi'n hawdd fel yr Ysgrifennydd Gwladol cyntaf i Gymru, gan nad oedd Gweinidogion yn San Steffan am ryddhau eu pwerau i'r Ysgrifennydd. Llwyddodd ef a'i dîm, Harold Finch, Goronwy Roberts a Syr Goronwy Daniel i adeiladu'r Swyddfa Gymreig. Trosglwyddodd ei weledigaeth o ddatganoli i dri pherson yr oedd ef yn meddwl cymaint ohonynt: John Morris, Emrys Jones, Ysgrifennydd y Blaid Lafur yng Nghymru, a Gwilym Prys Davies, *confidant* Jim Griffiths ar fater datganoli.[4] Pan fu farw yn 1975, dygwyd ef yn ôl i'r dref lle y cychwynnodd ei yrfa ryfeddol, i Gapel Gellimanwydd yn Rhydaman, ac ym mynwent y capel hwnnw y ceir ei feddrod ef a'i briod Winifred Griffiths a fu'n gymaint o gefn iddo fel y dywedodd:

> The wife of a busy MP has to be half father and mother and my debt as my

---

[4] D. Ben Rees, *Cofiant James Griffiths* (Talybont, 2014), tt. 253-4.

wife's partner – in this as in all else – is immeasurable.[5]

Gwir yw'r deyrnged a diffuant hefyd.

Etholiad Cyffredinol 1955 oedd y tro cyntaf i'r teledu chwarae rhan allweddol yn yr ornest ddemocrataidd. Nid oedd cymhariaeth rhwng y ddau arweinydd, Clement Attlee ac Anthony Eden. Ymddeolodd Winston Churchill ar 15 Ebrill 1955, gan drosglwyddo cyfrifoldebau'r Prif Weinidog i Eden, yr Ysgrifennydd Tramor, a gymerodd yr awenau drannoeth. Yr oedd ef wedi aros yn hir am y swydd. Cyhoeddwyd y Gyllideb ar 19 Ebrill a chymerwyd chwe cheiniog oddi ar y dreth incwm. Yr oedd y bobl yn teimlo'n brafiach o glywed hynny, ac yn Anthony Eden yr oedd gan y Ceidwadwyr ŵr o brofiad i'w harwain fel plaid a Llywodraeth. Y gwir oedd bod Attlee wedi bod yn arweinydd am rhy hir o lawer: dylai fod wedi trosglwyddo'r awenau ar ôl Etholiad 1951. Yn ei raglen etholiadol, galwai'r Blaid Lafur am ail-wladoli trafnidiaeth, cludiant ffyrdd, haearn a dur, ac ailystyried gorfodaeth gwasanaeth milwrol. Er gwaethaf eu darllediadau gwleidyddol ar radio a theledu, nid oedd y Blaid Lafur yn ennill tir o gwbl; y gwir oedd nad oedd ganddynt neges boblogaidd. Nid oedd y neges yn apelio at drwch yr etholwyr oedd o'r diwedd yn teimlo bod baich aberth y Rhyfel yn ysgafnhau, y dogni ar fwyd yn cael ei ymlid ymaith, y gwaharddiadau yn cilio a safon byw'r wlad yn codi. Edmygid y Frenhines ifanc, Elizabeth yr Ail, a gymerodd drosodd yn ddirybudd ar ôl marwolaeth ei thad, ac yr oedd hi'n hardd, yn ofalus ei hymadrodd, ac yn gweithio ac yn magu teulu. Daeth hi'n esiampl o'r wraig ymroddedig a oedd yn barod i wynebu pob her. Yr oedd ganddi gefnogaeth helaeth yn yr

---

[5] Mrs. James Griffiths, *One Woman's Story*, (Ferndale, d.d.), t69.

etholaethau Llafur, ac ni cheid neb o blith Aelodau Seneddol yn gwrthwynebu'r Frenhiniaeth. Yn wir, daeth rhai o'r Aelodau Seneddol, fel T. George Thomas a Cledwyn Hughes, yn gefnogwyr di-ildio i'r syniad o Dywysog Cymru ac yn ddiweddarach, yr Arwisgo yng Nghastell Caernarfon.

Yn Etholiad 1955, enillodd y Ceidwadwyr yn gysurus ddigon. Cawsant gefnogaeth 49.7% o'r etholwyr yn y wlad. Cafodd Llafur 46.4%, ond yng Nghymru, ni allai neb wadu mai hon oedd plaid y mwyafrif o'r etholwyr. Er hynny, nid oedd pleidleiswyr i Lafur yn barod i ymuno â'r Blaid Lafur yn ei changhennau. Bu lleihad yn aelodaeth y Blaid Lafur mewn aml i etholaeth ond gwelid cynnydd yn sedd Aneurin Bevan, Glyn Ebwy o 641 o aelodau yn 1950 i 1,477 yn 1964, ac ym Medwellte o 1,050 yn 1950 i 1,331 yn 1964. Collwyd aelodau ar Ynys Môn o 978 yn 1951 i 716 yn 1956, yn Sir Gaerfyrddin o 2,014 yn 1951 i 952 yn 1956. Gwelid colli ar yr un raddfa yn etholaeth Wrecsam o 1,500 yn 1951 i 771 yn 1964.

Ond y dirgelwch oedd fel y medrid llwyddo gydag ychydig o bobl yn barod i'ch cynorthwyo ar lawr gwlad, a hefyd weithiau perswadio Aelod Seneddol oedd wedi cyflawni diwrnod da o waith rhoddi gorau iddi. Cododd y cwestiwn yn etholaeth Gŵyr lle ceid D. R. Grenfell yn gynrychiolydd oddi ar 1922. Pleidleisiodd mwyafrif o aelodau'r Pwyllgor Gwaith i bwyso arno i sefyll i lawr yn yr etholiad ar ôl 1955. Teimlai D. R. Grenfell hyn i'r byw; yn wir lluniodd lythyr i'w asiant Ifor Davies (a'i dilynodd ef fel Aelod Seneddol) yn cwyno am y driniaeth siabi a dderbyniodd. Credai y dylai Ifor Davies o bawb fod wedi ei rybuddio am y cynllwynio a oedd ar y gweill. Erbyn Chwefror 1959, gwelid bod canghennau o'r Blaid Lafur ym Mhontarddulais, Bontybrenin a Llwchwr wedi enwebu Ifor Davies fel ymgeisydd Gŵyr yn yr Etholiad Cyffredinol nesaf. Erbyn Ebrill 1959, Ifor Davies oedd yr ymgeisydd swyddogol ac fe enillodd yn hawdd yn Etholiad Cyffredinol 1959. Daeth i ben teyrnasiad hir D. R. Grenfell, Tad y Tŷ Cyffredin, o 37 o flynyddoedd, un o'r hiraf yn hanes yr Aelodau Seneddol Llafur Cymreig.

Gwelid hefyd yn y pum degau fel yr oedd aelodau o'r Cynghorau Sir yn meddu ar gryn lawer o awdurdod yn eu cymunedau. Un o'r rhain oedd yr Henadur W. Douglas Hughes o Lanelli. Yr oedd ei lythyron o gymeradwyaeth dros athrawon a ymgeisiai am swyddi prifathrawon yn medru dod â'r swydd i'r person a gefnogai, cymaint oedd ei ddylanwad fel cynghorydd. Hughes oedd llygaid a chlustiau James Griffiths yn etholaeth Llanelli. Ef a fyddai'n trefnu'r cyfan fel asiant llawn amser. Ni fentrai neb yn Llanelli na Sir Gaerfyrddin ei wrthwynebu. Trwy ei ail briodas gyda Lottie Rees, cafwyd partneriaeth wleidyddol arbennig iawn yn ne Cymru i Lafur. Gadawodd Lottie Rees Blaid Cymru am Lafur a chafodd gyfle i sefyll yn etholaeth Sir Aberteifi yn 1959, ond ni lwyddodd i oresgyn y Blaid Ryddfrydol. Cymerer asiant arall, Ron Evans, a ofalai am Aneurin Bevan yng Nglyn Ebwy – ffigur pwysig arall, gan mai ef oedd yn cadw llygaid barcud ar yr hyn a ddigwyddai yn yr etholaeth. Pan fyddai Bevan yn methu ymweld â'i etholaeth, llwyddai Ron Evans, fel Archibald Lush o'i flaen, i wneud esgusodion ar ei ran a fodlonai ei wrthwynebwyr siomedig. Ceid rhai etholaethau a oedd yn ddigon bregus, fel Brycheiniog a Maesyfed. Dibynnai cymaint ar yr Aelod Seneddol cydwybodol Tudor Watkins. Ceid yn yr etholaeth gryn lawer o ddifaterwch, diffyg gweithgarwch, gweinyddiaeth ddigon diffrwyth, ac anghytundeb. Collodd cangen Abercraf hanner ei haelodaeth yn y pum degau; er bod 151 ar lyfrau'r gangen, ni cheid ond rhyw hanner dwsin o weithwyr brwd. Canolfan Llafur yr etholaeth arall oedd Brynmawr gyda 140 o aelodau yn 1953, dim ond 90 yn 1955 ac i lawr i 53 yn 1959, ond daliwyd i dystio yn effeithiol oherwydd cyfraniad y gwragedd, er gwaethaf y diffyg cydweithrediad rhwng rhai o bobl flaenaf Llafur. Ni cheid neb yn perthyn i Lafur yng nghymuned y Bwlch a hyd yn oed ym mhentref glofaol Cefn Coed y Cymer; dim ond rhyw bump o selogion a oedd yn mynychu'r cyfarfodydd. Deuai un Llafurwr o gymuned Cross Gates i Gyfarfod Blynyddol y Blaid Lafur yn yr etholaeth. Bu'n rhaid i gangen Coelbren aildrefnu a

Tudor Watkins a Megan Lloyd George

cheid ar bapur o leiaf 150 yn perthyn i gangen Crughywel. Pan ddeuai'r Etholiadau Cyffredinol a Sirol, dibynnid yn helaeth ar dri neu bedwar o aelodau gweithgar. Dyna'r stori yn Llangynidr a Llanfyrnach, tra yn Presteigne ceid ond un person yn ymfalchïo yn gyhoeddus ar ran y Blaid Lafur; cefnogwr cudd oedd pob un arall! Sylweddolwyd hefyd ei bod hi'n bwysig cael ymgeiswyr cymwys; wedi'r cyfan yr oedd pedwar o'r wyth etholaeth yng ngogledd Cymru yn ymylol. Prif broblem Môn, Meirionnydd, Dwyrain Fflint, Conwy a Chaernarfon oedd denu aelodau newydd i atgyfnerthu'r Blaid Lafur. Mynegwyd dyhead yn y pum degau gan yr Undebwr Llafur, Tom Jones (Twm Sbaen) i weld hysbysebion yn y Wasg Gymraeg yn clodfori'r Blaid Lafur, a theimlai Owen Edwards, Meirionnydd, fod angen cymorth ariannol arnynt. Gallai'r sefyllfa ariannol newid mewn cyfod byr fel y digwyddodd yn ninas Casnewydd. Yn 1939, ceid mwy o aelodau yn arddel cerdyn aelodaeth y Blaid Lafur nag unrhyw ddinas arall yn ne Cymru, ond erbyn 1945 dibynnid i raddau helaeth am gymorth ariannol yr Aelod Seneddol Peter Freeman. Rhoddodd o'i adnoddau ei hun £100 i Gronfa Etholiad a £400 i'r etholaeth. Bu'n garedig i'r papur Llafurol *Newport Citizen*, ond byr iawn fu ei dynged.

Cydnabyddir bod aml i etholaeth yn ddigon llugoer yn eu perthynas â'r aelodau. Nid oedd cyfalaf gan yr etholaethau i ethol asiant llawn amser, swydd hynod o bwysig. Gwrthododd etholaeth Caerffili y syniad o asiant llawn amser oherwydd y cyflog. Yn wir, ni allant fforddio gael papur newyddion i'w anfon o dŷ i dŷ yn cronicio'r gweithgarwch a denu aelodau Newydd. Y gwir plaen oedd bod y Blaid Lafur yn y 1950au ac yn y degawdau dilynol yn dibynnu ar gnewyllyn bychan o unigolion ymroddedig, a'r unig wobr ddeuai i aml un ohonynt oedd cael mynychu'r cynadleddau a sefyll fel cynghorwyr. Cefnogwyd hwy gan yr etholwyr a wyddai yn dda am eu cyfraniad i Undeb Llafur a mudiadau Llafur, ac am eu llafur cariad i'r cymunedau. Yr oedd hi'n anos arddel y Blaid Lafur yng ngogledd Cymru na de Cymru, lle nad oedd gan y Blaid Lafur wreiddiau dwfn. Yr oedd eithriadau fel yr ystâd newydd o dai ym Maesgeirchen ger Bangor, pentref Dolarrog, a threfydd fel Bethesda, Blaenau Ffestiniog a Chaernarfon, ond gwelwyd colli tir yn y tair tref ar ôl i Blaid Cymru ennill dwy sedd Lafur yn 1974. Yng Ngheredigion, bu Penparcau ger Aberystwyth yn gadarnle i'r Blaid Lafur.

Soniwyd fel y bu'r merched yn amlwg o'r dyddiau arloesol, ar ôl sefydlu Cynghrair Llafur y Gwragedd (*Womens' Labour League*) a chyfraniad Grace Scholfield. Ymladdodd hi fel y gwnaeth Winifred Griffiths dros gael lle i'r glowyr ymolchi ar ddiwedd eu dydd gwaith. Treuliodd Agnes Brown amser yng ngogledd Cymru yn hau'r had, a rhoddodd Elizabeth Andrews ei holl allu i hybu'r Blaid Lafur. Ffrwyth ei gweithgarwch hi oedd gweld yn seddau Casnewydd, Merthyr, Ogwr, Abertileri, Bedwellte a Chasnewydd fwy o wragedd na dynion yn hyrwyddo'r dystiolaeth Lafurol. Fel arall oedd hi yng Nghastell Nedd, Pontypridd, Wrecsam a seddau Fflint. Cafodd Elizabeth Andrews drafferth i ddeall pobl Gwynedd yn siarad yr iaith, ond llwyddodd i'w cael hwy i'w deall hi pan ymwadodd â thafodiaith Cwm Rhondda a defnyddio iaith y pulpud Cymraeg, a ddeellid yn y gogledd a'r de.

Ni ellid gweithredu heb y gwragedd. Hwy oedd yn cyflwyno delwedd hynod o dderbyniol i'r cyhoedd ac i wragedd eraill yn arbennig wrth drefnu mabolgampau i blant ac i ieuenctid, trefnu gwibdeithiau i draethau Ynys y Barri, Porthcawl, y Mwmbls a Dinbych y Pysgod. Cefnogid dawnsio, sefydlu partïon canu a bandiau pres. Geiriau Elizabeth Andrews oedd y rhain:

> Our Socialist propaganda had to have a sense of reality. We were not only a political party, but a great Movement concerned about human personalities and their well-being.[6]

---

[6] Thomas-Symonds, Nicklaus, *Nye: The Political Life of Aneurin Bevan* (Llundain, 2015), t. 233; LLGC Papurau Huw T. Edwards A1/365. Llythyr Aneurin Bevan at Huw T. Edwards, dyddiedig 23 Hydref 1957.

Un o'r gwragedd a gyfoethogodd Sir Forgannwg yn enw'r Blaid Lafur oedd Rose Davies, a enwyd eisoes, mam i bump o blant a chynrychiolydd Aberdâr ar Gyngor Sir Morgannwg. Hi oedd y wraig gyntaf i ddod yn aelod o'r Cyngor yn enw Llafur, a'r ferch gyntaf i gadeirio'r Cyngor. Materion o ddiddordeb i wragedd oedd ei maniffesto: addysg, gofal am bobl a ddryswyd yn ei meddyliau, a chymorth i fagu teuluoedd. Cefnogwyd hi maes o law gan Dorothy Rees a oedd yn ugain mlynedd yn iau na hi. Gwnaeth ei marc fel cynghorydd, gan mai dim ond deunaw mis a gafodd fel aelod seneddol. Pechod o beth bod etholwyr y Barri wedi newid eu teyrngarwch ac amddifadu merch alluog o'r cyfle i gynrychioli ei phobl yn San Steffan.

Merch arall sy'n haeddu ei henwi oedd Alice Williams, Prifathrawes Ysgol Merched y Wern, Ystalyfera a ofalodd yn ystod ei gyrfa am 2,017 o blant. Daeth 119 o'r rhain yn athrawon fel hi ei hun, a 55 ohonynt yn dysgu plant pan ymddeolodd hi yn 1934. Gweithiodd hi yn ddygn dros y Blaid Lafur Annibynnol, Cyngor Llafur a Masnach a'r Mudiad Cydweithredol. Hi oedd 'Mam Mamaeth' llawer o drigolion Ystalyfera a Chwm Tawe. Bu etholiadau lle yr oedd y Blaid Lafur yn gryf yn gyndyn iawn i ddewis merch fel ymgeisydd hyd y saithdegau.

Bu Cynhadledd Flynyddol y Blaid Lafur Brydeinig yn Brighton yn 1957 yn ferw i gyd, yn arbennig y ddadl ar arfau niwclear, pan gafwyd dadl emosiynol rhwng y diarfogwyr digyfaddawd a'r arweinwyr fel Gaitskell a'i ddirprwy oedd am gadw'r *status quo*. Yn ei araith i'r Gynhadledd hon y newidiodd Aneurin Bevan ei agwedd a llefaru geiriau a ddyfynnwyd lawer gwaith erbyn hyn:

> But if you carry this resolution and follow out all its implications and do not run away from it, you will send a British Foreign

Secretary, whoever he may be, naked into the conference chamber. Able to preach sermons, of course, he could make good sermons. But action of that sort is not necessarily the way in which you take the menace of the bomb from the world.[7]

Yr oedd y Befaniaid yn gandryll gyda'u harwr. Ymosodwyd arno yn syth gan ddau ohonynt, Barbara Castle ac Ian Mikardo. Wedi'r cyfan, trodd ei anerchiad y fantol; enillodd arweinwyr y blaid yn hawdd o 5,836,000 o bleidleisiau i 781,000 i'r diarfogwyr. Fel canlyniad ym mis Chwefror 1958, sefydlwyd Ymgyrch Diarfogi Niwclear (CND) gan yr eglwyswr, y Canon John Collins, yr athronydd enwog o Benrhyndeudraeth, Bertrand Russell, yr hanesydd A. J. P. Taylor a'r gwleidydd Michael Foot a bwdodd wrth ei ffrind gorau Aneurin Bevan. Ymledodd y mudiad CND i bob cornel o Brydain ac yn arbennig i blith myfyrwyr y Colegau. Yr oeddwn i ac Arfon Jones yn gwneud ein gorau dros y *National Association of Labour Student Organisations* yng Ngholegau a Phrifysgol Cymru. Cefais fy newis yn gynrychiolydd dros Gymru i Bwyllgor Gwaith NALSO yn Llundain. Llwyddwyd i greu tystiolaeth effeithiol a llawer iawn o brotestiadau. Enillodd CND gyhoeddusrwydd mawr a daeth yn rym yng Nghymru a gwelwyd rhai o bobl amlwg Ymneilltuaeth yn amlygu eu cymorth i'r dystiolaeth. Cafwyd cyfraniadau gwerthfawr gan y Parchedig D. R. Thomas, Merthyr ac yna Aberystwyth, y Prifathro Gwilym Bowyer, Bangor, a gweinidogion ifanc fel David Morris a ddaeth yn ddiweddarach yn aelod dros y Blaid Lafur yn Senedd Ewrop ym Mrwsel.

---

[7] Goodman, Geoffrey, *From Bevan to Blair: Fifty Years of Reporting from the Political Front* (Argraffiad ddiwygiedig), (Brighton, 2010), t. 17.

Wynebodd Llafur ar Etholiad Cyffredinol arall yn 1959, yr etholiad olaf i Aneurin Bevan, a wnaeth ei orau i grwydro Lloegr, yr Alban a gogledd Cymru i annerch cyfarfodydd yng nghwmni un o newyddiadurwyr y *Daily Herald*, Geoffrey Goodman. Un o'r cyfarfodydd gorau a gafodd oedd ym Mhafiliwn Corwen o flaen Llafurwyr Sir Ddinbych a Sir Feirionnydd, a threulio'r noson yn un o westai Llangollen. Yn ei gyfarfod olaf yng Nglyn Ebwy, ei gynorthwyydd oedd Gwilym Prys Davies. Llwyddodd i fynychu'r Gynhadledd yn Blackpool ac yn gynharach ym mis Hydref, yr oedd wedi dilyn Jim Griffiths fel Dirprwy Arweinydd heb orfod sefyll etholiad. Yr oedd Bevan ar ei uchelfannau, ac ar ôl yr araith odidog a ddisgrifiwyd gan Geoffrey Goodman:

> One of the greatest speeches that I ever heard – perhaps the greatest in terms of ideological content, vision, perception and quality of oratory.[8]

Yr oedd y Bevan "newydd" yn mynd i arbed Gaitskell fel yr oedd Jim Griffiths wedi llwyddo. Ond fel y proffwydodd Bevan ar noson y cyfrif, collodd Llafur yr etholiad er i Lafur ddal ei thir yn y wlad oedd mor gefnogol iddi: Cymru. Er bod gan y Blaid Lafur gryfach peirianwaith nag yn 1955, ni chafwyd y cynhaeaf y gobeithid amdano. Methwyd yn llwyr ymysg yr ifanc. Yr oedd yr etholwyr o 18 i 24 mlwydd oed yn amharod iawn i bleidleisio dros Lafur. Dim ond deg y cant a gefnogodd Lafur. Yr ergyd fwyaf oedd deall bod 30% o'r dosbarth gweithiol wedi pleidleisio i'r Blaid Geidwadol yng Nghymru. Er hynny gwnaeth Llafur yn dda ym mhob un

---

[8] Geoffrey Goodman (gol.) *The State of the Nation: Political Legacy of Aneurin Bevan* (Llundain, 1997) t. 74.

o'r etholaethau lle'r oedd ganddi aelodau seneddol, ar wahân i dde-ddwyrain Caerdydd. Daeth Jim Callaghan yn ddigon agos i golli ei sedd i'r ymgeisydd Ceidwadol, Michael H. A. Roberts, gan ennill mwyafrif o ddim ond 808 y tro hwn. Y canlyniad gorau yng Nghymru oedd yn Llanelli eto fyth, lle cafodd Jim Griffiths fwyafrif o 24,497.

Yn ystod yr Eisteddfod Genedlaethol yng Nghaernarfon, cyhoeddodd un o arweinwyr adnabyddus y Blaid Lafur yng Nghymru, Huw T. Edwards, ei fod yn gadael ac yn ymuno gyda Phlaid Cymru. Disgwylid i Lafurwyr Cymreigaidd eraill ei ddilyn, ond yr unig un a wnaeth oedd arweinydd glowyr Cwm Llynfell, Isaac Stephens. Ysgrifennodd llawer o'i gyfeillion yn y Blaid Lafur ato, fel Herbert Morgan, gan awgrymu na fyddai ei ymddiswyddiad yn tanseilio'u hedmygedd ohono. Serch hynny, ymosodwyd arno yn y Wasg gan hynafgwyr Llafur fel John Jones-Roberts o Flaenau Ffestiniog a sosialwyr ifanc fel fi pan oeddwn yn arweinydd nythaid o fyfyrwyr Sosialaidd yn y Coleg Diwinyddol yn Aberystwyth.

I Goronwy Roberts yr oedd penderfyniad Huw T. Edwards 'yn gyllell yn ei gefn'. Treuliodd Huw T. Edwards rai blynyddoedd ym Mhlaid Cymru, ond ni fu yn gysurus ac yn fuan iawn aeth ati i feirniadu ei blaid newydd am ei 'diffyg arweiniad a threfniant lleol'. Y cyfraniad pennaf a wnaeth oedd cadw'r *Faner* ar dir y byw, a llwyddo i gael cwmni TWW i hysbysebu yn helaeth gan sicrhau cefnogaeth ariannol. Ailymunodd â'r Blaid Lafur pan ddaeth Harold Wilson yn arweinydd, gan ei fod yn ddrwgdybus o Hugh Gaitskell. Er bod y Blaid Lafur yn rhanedig iawn trwy'r pum degau, ni lwyddodd Plaid Cymru i wneud unrhyw argraff etholiadol.

Methodd y Blaid Lafur yn fawr ar fater Tryweryn. Dyma ddywed *Gwyddoniadur Cymru*:

Yn y bleidlais ar y mesur yn Nhŷ'r Cyffredin, ni phleidleisiodd yr un Aelod Seneddol Cymraeg o'i blaid; fodd bynnag, roedd 12 o 36 Aelod Seneddol y wlad yn absennol adeg yr ail ddarlleniad ac 16 yn absennol adeg y trydydd.[9]

Sonia Watkin L. Jones, hanesydd *Cofio Tryweryn* (Llandysul, 1997) am absenoldeb Aneurin Bevan:

Yr un Aelod Seneddol, dylanwadol ac uchel ei gloch a gwych ei areithiau, nad agorodd ei geg yn gyhoeddus ar y mater oedd Aneurin Bevan.[10]

Hanesydd arall, Martin Johnes, a soniai mai Cymro Cymraeg a mab i un o wleidyddion enwocaf Cymru oedd Gwilym Lloyd George pan gychwynnwyd ar y broses o wireddu bwriad Dinas Lerpwl. Meddai Martin Johnes:

The minister responsible for Welsh affairs during the parliamentary bill's first stages was Gwilym Lloyd George. That Wales was being despoiled by the Welsh-speaking son of perhaps its greatest national hero deepened the anger.[11]

Yn 1960, daeth tristwch i'r gwersyll Llafurol trwy Brydain ar 5 Gorffennaf ar farwolaeth Aneurin Bevan ar

---

[9] 'Tryweryn' yn *Gwyddoniadur Cymru yr Academi Gymreig* (gol.) John Davies, Menna Baines, Nigel Jenkins a Peredur Lynch (Caerdydd, 2008), tt. 950-1.
[10] Watcyn Jones, *Cofio Tryweryn* (Llandysul, 1997), t. 118.
[11] Martin Johnes, *Wales Since 1939* (Manceinion, 2012), t. 219.

ôl chwe mis o ddioddefaint yn dilyn llawdriniaeth sylweddol i ddileu cancr o'i stumog. Tyrrodd y miloedd i'w arwyl yn Amlosgfa Croes-y-Ceiliog a'r oedfa awyr agored ar y mynydd uwchben Tredegar. Magodd y Blaid Lafur un o gewri'r mudiad a bu ei farwolaeth, ac yntau ond yn 62 mlwydd oed, yn golled anfesuradwy. Ar ôl cryn dipyn o drafod a dadlau, llwyddwyd i gael enw Michael

Harold Wilson (1916-1995)

Foot fel ymgeisydd Llafur yn yr isetholiad a bu ef yn olynydd teilwng iddo. Y gymwynas gyntaf a gyflawnodd oedd mynd ati gyda'i ddawn fel llenor i greu cofiant hynod o werthfawr o Aneurin Bevan, a daeth y gyfrol gyntaf allan yn 1962.

Colled arall oedd marwolaeth ddisyfyd Hugh Gaitskell ar ôl ei daith i Rwsia ac etholwyd Harold Wilson yn ei le.

A phan ddaeth Etholiad Cyffredinol 1964, Llafur a enillodd gyda mwyafrif bychan. Daliodd Cymru yr un mor gefnogol. Teg yw talu teyrnged i Harold Wilson am fod mor graff yn ei ddewis o Ysgrifennydd Gwladol Cymru. I lawer un yn y Fro Gymraeg, Cledwyn Hughes oedd yr enw a ganai gloch, tra oedd Wilson, cyn iddo gael ei argyhoeddi gan John Morris, yn ochri gyda phenodi Ness Edwards. Cyfarchodd Harold Wilson Jim Griffiths drannoeth yr etholiad yn 10 Stryd Downing fel Ysgrifennydd Gwladol Siartredig Cymru. Bu'n aros am y cyfle hwn ers blynyddoedd, ac yr oedd y Prif Weinidog newydd yn dawel ei feddwl nad oedd neb gwell na'r "hen goliar o'r Betws" i osod y seiliau. Ef oedd un o'r ychydig wleidyddion Cymreig â phrofiad o fod yn Weinidog llwyddiannus mewn llywodraeth ac yn aelod o'r Cabinet rhwng Chwefror 1950 a Hydref 1951.

Nid oedd Jim Griffiths yn disgwyl ond un Gweinidog i'w gynorthwyo yn y Swyddfa Gymreig. Penodwyd Goronwy Roberts yn Weinidog a Harold Finch yn Is-ysgrifennydd Seneddol i'r Adran. Penodwyd Tudor Watkins i swydd ddi-dâl fel Ysgrifennydd Seneddol Preifat i'r tri ohonynt. Felly, cynrychiolid pob rhan o Gymru gan y pedwarawd. Bu Jim Griffiths yn hynod o ffodus o gael Goronwy Hopkin Daniel yn Is-ysgrifennydd Parhaol y Swyddfa Gymreig gan fod y ddau o gefndir glofaol yn ne Cymru, ac yn Annibynwyr Cymraeg o ran eu crefydd.

Fel y nodwyd uchod, problem fawr a gafwyd oedd hwyrfrydigrwydd adrannau i drosglwyddo i'r Swyddfa Gymreig gyfrifoldebau y cytunwyd arnynt. Gosododd y Gweinidog dros Gymru dair tasg arbennig iddo'i hun i'w cyflawni. Y cyntaf oedd adeiladu "tref newydd" i Ganolbarth Cymru o'r enw Treowen i gydnabod cyfraniad arloesol y Sosialydd, Robert Owen (1771-1858). Nid oedd caredigion y Gymraeg yn bleidiol o gwbl i'r polisi am y byddai yn gwanychu'r bywyd Cymraeg ym Maldwyn, gogledd Ceredigion a de Meirionnydd. Eglurodd Jim Griffiths ei safbwynt mewn llythyr cynhwysfawr at Iorwerth C. Peate, brodor o Lanbrynmair. Ni ddaeth dim o'r cynllun gan nad oedd ganddo wleidyddion eraill o bwys a oedd yn barod i gefnogi ei weledigaeth. Y gwir yw bod Cledwyn Hughes yn gwbl wrthwynebus i'r Cynllun o'r dechrau. Yr ail dasg oedd hybu astudiaeth sut y gellid creu Cyngor Etholedig i Gymru. Sefydlodd weithgor o fewn y Swyddfa Gymreig o dan gadeiryddiaeth Goronwy Daniel, a chyflwynodd yr adroddiad iddo ar 16 Ionawr 1966 o dan y teitl, *Working Party on Local Government Reorganisation in Wales, Interim Memorandum.*

Ni chyhoeddwyd yr adroddiad, ond cafodd Cyngor Etholedig i Gymru, a elwir yn y ddogfen yn *Greater Welsh Council*, le amlwg o ffafriol ymhlith yr argymhellion. Y drydedd dasg oedd cryfhau statws cyfreithiol yr Iaith Gymraeg. Cymerai Jim Griffiths agwedd gwbl debyg i neges darlith Saunders Lewis, *Tynged yr Iaith*, yn 1962, yn wir, dywedodd mewn cyfweliad ar 11 Chwefror wrth Aneurin Talfan Davies mai: "prif broblem Cymru heddiw yw achub yr iaith – rwy'n credu mai dyna'r brif broblem dros y ddeg i'r ugain mlynedd nesaf." Dywedodd un o'i edmygwyr pennaf, Gwilym Prys Davies:

> Ateb chwyldroadol gan un o arweinwyr y Blaid Lafur. Credaf y gellir dweud nad oedd yr un arweinydd Llafur wedi dweud peth fel hyn erioed o'r blaen… dengys ei ateb y newid cywair a chyfeiriad yr oedd ef am ei weld ar ran Llafur o 1962 ymlaen.[12]

---

[12] Gwilym Prys-Davies, *Cynhaeaf Hanner Canrif* (Llandysul, 2008), t. 57.

Hawdd credu bod sgwrs deledu Jim Griffiths wedi bod yn ysbrydoliaeth i Gymry Cymraeg yn y Blaid Lafur i ddal ati i gynyddu'r ymwybyddiaeth o bwysigrwydd y Gymraeg ym mywyd cyhoeddus Cymru. Ar 25 Hydref 1965, cyflwynwyd iddo adroddiad Pwyllgor Syr David Hughes Parry, yr Athro Glanmor Williams a K. Williams Jones, Clerc Cyngor Sir Meirionnydd.

Argymhellodd yr Adroddiad ddeddf newydd yn corffori egwyddor statws dilysrwydd cyfartal y Gymraeg a'r Saesneg a dileu deg o ddeddfau oddi ar y Llyfr Statud. Croesawodd Jim Griffiths yr argymhellion, a gweithiodd yn galed i ddylanwadu ar yr Aelodau Seneddol Llafur Cymraeg i gefnogi'r prif argymhellion a phalmantu'r ffordd tuag at Ddeddf Iaith. Dywedodd Goronwy Daniel:

> Mr James Griffiths and Mr Goronwy Roberts devoted much time to the language problem. But they found it hard to get the support of their colleagues to the Hughes-Parry proposals.[13]

Un o'r rhai mwyaf anodd ei drin oedd Aelod Seneddol Llafur Pont-y-pŵl, Leo Abse. Ymosododd ef yn chwyrn ar yr awgrym y dylai penaethiaid y Gwasanaeth Sifil fedru'r Gymraeg. Cafodd Abse gefnogaeth Cyngor Sir Fynwy a Chyngor Tref Casnewydd. Ond daliodd Jim Griffiths i sgwrsio a pherswadio, ac ym mis Tachwedd 1965, gallai gyhoeddi yn y Senedd fod y Llywodraeth yn derbyn yr egwyddor o ddilysrwydd cyfartal. Yn 1965, bu newid ymhlith arweinyddiaeth y Blaid Lafur yng Nghymru pan benderfynodd Cliff Prothero ymddeol fel Trefnydd Cyffredinol. Yr oedd yn gyn-löwr, wedi dilyn cwrs yng Ngholeg Llafur yn Llundain, ac wedi bod yn ddylanwadol

---

[13] *Ibid.*, tt. 216-17.

am ddeunaw mlynedd ar bolisïau'r Blaid Lafur yng Nghymru. Deuthum i'w adnabod yn dda, ac ymddiriedodd i mi'r dasg o olygu a llywio ei hunangofiant *Recount* trwy'r Wasg. Yn y gyfrol honno, diffiniodd yn glir ei safbwynt:

> I am a loyal member of the Labour Party, and more convinced than ever that the setting up of an Elected Assembly would be detrimental to the Labour Party in Wales.[14]

Credai aml un y byddai Dirprwy Ysgrifennydd y Blaid Lafur yng Nghymru, Herbert Morgan, Cymro Cymraeg, yn cael ei ddewis i olynu Cliff Prothero yn y swydd allweddol. Yn 1965, gwasanaethai J. Emrys Jones fel Trefnydd y Blaid Lafur yn Birmingham, a rhoddodd Jim Griffiths gefnogaeth i'r gŵr a anwyd ym Mhenrhiwceibr yng Nghwm Cynon i dderbyn y Swydd. Ymatebodd J. Emrys Jones yn well nag a ddisgwylid gan Jim Griffiths ac i'r holl ddogfennau un ar ôl y llall a anfonwyd ato gan Gwilym Prys Davies. Fel datganolwr, derbyniai Emrys Jones wrthwynebiad llu o Lafurwyr, ond gallai fod yn hyf ag un o'r rhain, George Thomas, am ei fod wedi bod yn Asiant iddo am gyfnod yn syth ar ôl yr Ail Ryfel Byd. Ni fu ei well am lywio'r Blaid Lafur tua'r nod oedd ganddo, a darbwyllwyd Cyngor Llafur Cymru a'r Gynhadledd Flynyddol yn 1966 i gefnogi'r alwad i sefydlu Cyngor Etholedig i Gymru. Yna, yn sydyn, ar ddydd Iau yr Eisteddfod Genedlaethol yn y Drenewydd yn 1965, torrodd y newydd fod seren lachar Plaid Cymru, Elystan Morgan o bawb, yn troi ei gefn ar blaid ei ieuenctid, a phlaid y bu ef yn ymgeisydd iddi bedair gwaith mewn Etholiad

---

[14] Cliff Prothero, *Recount* (Ormskirk, 1982), t. 47.

Cyffredinol ac yn Is-lywydd arni, er mwyn ymuno â rhengoedd y Blaid gryfaf yng Nghymru, a Phlaid oedd mewn grym. Yr oedd Elystan Morgan yn ymuno â phlaid a oedd yn meddu ar wleidyddion o'r un argyhoeddiadau ag ef ei hun, fel Jim Griffiths, Cledwyn Hughes, Goronwy Roberts, ei gyfaill o Ysgol Ardwyn, Aberystwyth, John Morris, pob un ohonynt yn Weinidogion y Goron. Byddai'n ofynnol cael etholaeth iddo ar gyfer yr Etholiad Cyffredinol nesaf a llwyddwyd i berswadio yr awdur presennol, oedd i ymladd yr etholiad dros Sir Aberteifi yn nhŷb Cangen Aberystwyth, i ymryddhau a rhoddi lle i Elystan Morgan.

Pan ddaeth Etholiad Cyffredinol 1966, fe ofynnwyd i Cliff Prothero ddod o'i ymddeoliad i ofalu am ymgyrch Llafur mewn sedd mor anodd â Sir Aberteifi. Penderfynwyd hefyd fod Jim Griffiths yn teithio i bob un o'r 36 o etholaethau yng Nghymru, gan neilltuo tri diwrnod yn unig i'w sedd ei hun yn Llanelli, er gwaethaf y ffaith fod ei asiant llawn amser wedi ymddeol yn 1965. Teimlai'r Blaid Lafur yn lleol a chenedlaethol fod angen sicrhau mwy o lwyddiant i Lafur nag a gafwyd yn 1964 a Jim Griffiths oedd yr union berson i godi'r to a chreu hwyl ym mhob etholaeth. Cychwynnwyd yr ymgyrch ar 11 Mawrth 1966, a chafodd dderbyniad tywysogaidd ym mhob man. Soniai ym mhob cyfarfod am yr angen i gynyddu cyfrifoldebau'r Swyddfa Gymreig.

Cafwyd cynhaeaf toreithiog; enillodd Llafur 32 o'r 36 etholaeth Gymreig, 27 ohonynt ar fwyafrifoedd sylweddol. Cipiodd Ednyfed Hudson-Davies etholaeth Conwy i Lafur gan guro'r Ceidwadwr caredig Cymreig, Peter Thomas (yn enedigol o Lanrwst) gyda mwyafrif o 587. Yna cipiodd Elystan Morgan ei sir enedigol, Aberteifi, oddi wrth Roderic Bowen gyda mwyafrif o 523 o bleidleisiau; bu Jim Griffiths yn gwbl allweddol, fel y cydnabu'r ymgeisydd Llafur:

Fe ddaeth Jim i Aberystwyth yn gynnar yn yr ymgyrch ac fe gynhaliwyd anferth o gyfarfod yn Neuadd y Plwyf, Aberystwyth: roedd y lle dan ei sang, a dyna un o'r cyfarfodydd mwyaf ysbrydoledig i mi ei fynychu erioed. Does dim diau na wnaeth emosiwn fel yna a phersonoliaeth gawraidd Jim Griffiths, yn ogystal â'r ffaith ei fod yn Ysgrifennydd cyntaf Cymru, gyfrannu'n fawr at lwyddiant ein hymgyrch.[15]

Yn etholaeth Caerfyrddin, methodd yr Aelod Seneddol Llafur, Megan Lloyd George, adael ei chartref yng Nghricieth oherwydd salwch, i ganfasio a chyfarch yr etholwyr. Pwyswyd yn yr ymgyrch yn bennaf ar Gwilym Prys Davies a'i gyfeillion a safodd yn y bwlch. Ond cynyddodd pleidlais Megan Lloyd George er na fu ar gyfyl yr etholaeth yn sylweddol gan adlewyrchu bod y llanw gwleidyddol yn llifo'n gryf o blaid Llafur a'r hudoliaeth yn dal yn gryf yn enw Lloyd George. Cododd y cyfartaledd o bleidleiswyr Cymru a gefnogai'r Blaid Lafur o 58% yn 1964 i 61% yn Etholiad Cyffredinol 1966, y ganran uchaf yn holl hanes y Blaid Lafur Gymreig. Mae'n sicr mai'r ddedfryd agosaf at y gwirionedd ym mis Ebrill 1966 oedd y frawddeg honno a luniodd Syr Ifan ab Owen Edwards mewn cyfarchiad o longyfarchiadau i Cledwyn Hughes:

> Ymysg y gwersi eraill a ddysgodd yr Etholiad diwethaf yma, fe ddysgwyd na all y Blaid Genedlaethol o dan amodau heddiw fyth lwyddo fel plaid wleidyddol ac mai'r Blaid Lafur bellach yw Plaid Genedlaethol Cymru.[16]

---

[15] Huw L. Williams (gol.), *Atgofion Oes Elystan* (Talybont, 2012), t. 141.
[16] Fel a ddyfynwyd yn Rhys Evans, *Gwynfor: Rhag Bob Brad* (Talybont, 2005), t. 270.

Yr oedd cryn dipyn o wirionedd ym mrawddeg arwyddocaol sylfaenydd Urdd Gobaith Cymru ac un a enwyd fel ymgeisydd posibl i'r Blaid Ryddfrydol yn Sir Aberteifi yn 1945. Hyd yn oed yn 1906, pan enillodd y Blaid Ryddfrydol 33 o seddau, yr oedd pedwar ohonynt yn nwylo Llafurwyr Rhyddfrydol fel Mabon. I Jim Griffiths, yr oedd canlyniad etholiad 1966 ar ôl sefydlu'r Swyddfa Gymreig a'i dymor yntau fel Ysgrifennydd Gwladol i Gymru yn "magnificent vote of confidence". Deil gosodiad Dr Ioan Matthews i ddal dŵr:

> Under Griffiths' leadership, the Labour Party in Wales came close to becoming a genuine national movement that would be accepted as such in Welsh-speaking rural areas.[17]

Olynydd Jim Griffiths fel Ysgrifennydd Gwladol Cymru oedd Cledwyn Hughes ac anfonodd y Parchedig R. Gwilym Hughes, Pwllheli, ffrind o'r un meddylfryd â'r gwleidydd, englyn iddo:

> Gŵr o Fôn, ein Sgrifennydd – a gododd
>   I gadair James Griffiths,
> Nawdd i'r Iaith o'i fodd a rydd
> Ac i Walia bwygilydd.[18]

Yn ôl y Sosialydd Cristnogol, y Parchedig H. Pierce Jones, Ficer Pwllheli, ni ddylai ddisgwyl llwybr hawdd o gwbl fel Ysgrifennydd Gwladol gan mai "dim ond un

---

[17] Ioan Matthews, 'Turning Labour Around', *Planet*, 42 (Awst/Medi 2000), t. 87.
[18] LLGC. Papurau'r Arglwydd Cledwyn o Benrhos, B3(1)/45.

blaid sydd i fod i wneud daioni" gan gyfeirio at safbwynt aml i bleidiwr.

Y dasg gyntaf oedd ganddo oedd rhoi trefn ar yr adroddiad, *Statws Cyfreithiol i'r iaith Gymraeg*. Nid oedd croeso i'r adroddiad gan nifer o aelodau seneddol Llafur Gwent a Morgannwg, megis Ness Edwards a Leo Abse. Bu'n rhaid cymrodeddu gan Bwyllgor Deddfu'r Cabinet gan adael gwendidau amlwg yn y ddarpariaeth, ac ni ddisgwyliai Syr David Hughes-Parry ond briwsion. Ei ddedfryd ef ar Ddeddf Iaith 1967 oedd "Aed mor bell ag y gellid disgwyl i gychwyn." Ychwanegwyd at siom Cledwyn Hughes a'r Blaid Lafur Gymreig yn Is-etholiad Caerfyrddin, pan gollodd llafur y sedd a fu ym meddiant Megan Lloyd George am naw mlynedd. Cyfaill Jim Griffiths a Cledwyn Hughes oedd yr ymgeisydd aflwyddiannus, Gwilym Prys Davies, a'r enillydd oedd Gwynfor Evans, Llywydd Plaid Cymru. Yr oedd cymaint o ffactorau yn gyfrifol am y fuddugoliaeth syfrdanol ar 14 Gorffennaf 1966 y tu hwnt i allu ac ymroddiad yr ymgeisydd Gwilym a'i briod Llinos, Brynmor John a minnau a'r Llafurwyr lleol. Torrodd y llif Cymreig mewn modd dramatig ac ni fu gwleidyddiaeth Cymru byth yr un fath.

Bu beirniadu cyson ar y Swyddfa Gymreig, gan gynnwys Cledwyn Hughes, George Thomas ac Eirene White yn hallt gan fod diweithdra yn cynyddu a phyllau glo yn cau a hynny o dan Lywodraeth Lafur. Erbyn hyn, dim ond 76,500 a gyflogid ym maes glo de Cymru. Fel datganolwr o argyhoeddiad credai Cledwyn Hughes y medrai wireddu dyhead Cynhadledd Flynyddol Plaid Lafur Cymru ym Mehefin 1966 a sefydlu Cyngor Etholedig i Gymru. Er ei sgiliau diplomataidd, ni lwyddodd i argyhoeddi rhan fwyaf o Weinidogion y Goron na'r Prif Weinidog o'i ddyhead. Rhoddwyd ystyriaeth i'r Cyngor arfaethedig gan dri o bwyllgorau'r Cabinet (Materion Cartref, Tai, Cynllunio a'r Amgylchedd)

Cyd-ddyheu a'i Cododd Hi 139

a chan Bwyllgor y Gweinidogion ar Ddatganoli, ond ni chafwyd cytundeb. Lleisiodd Cledwyn Hughes ei gonsyrn pan fethodd gario'r dydd gan ddweud wrth Gwilym Prys Davies:

> Roedd Crossman yn ffyrnig yn erbyn fy ymdrech i gynnwys Cyngor Etholedig yn y Papur Gwyn ac ef ar y pryd oedd Cadeirydd Pwyllgor y Cabinet. Yr oedd Ross yntau'n filain, 'You will make my position in Scotland impossible.' Ar ben hyn, yr oedd llawer o'm cyd-Gymry (os Cymry hefyd) yn elyniaethus. Cawsant wared â mi yn y diwedd.[19]

Allai Wilson ddim mentro caniatáu Cyngor Etholedig i Gymru heb gynnig yr un trefniant i'r Albanwyr a oedd yn meddu ar strwythurau mor wahanol i Gymru. Un o'r Cymry amlycaf yn erbyn yr holl gynlluniau oedd Ness Edwards, Aelod Seneddol Caerffili. Fe alwodd gwleidyddion Llafur fel Cledwyn yn "silly boys" am gefnogi "separatism, that's behind the agitation of those who see nationalist first and socialist second".

Ysgytwyd y genedl Gymreig gan ddrychineb ar 21 Hydref 1966 pan laddwyd 116 o blant Ysgol Gynradd Aberfan a 28 o oedolion gan filoedd o dunelli o wastraff glo a gludwyd yno o Lofa Merthyr Vale. Cynghorwyd y Prif Weinidog i benodi un o feibion Aberpennar, mab i löwr, y Barnwr Edmund Davies i weithredu fel Cadeirydd yr Ymchwiliad. Cysylltais innau, ar ran y bobl leol, gyda Gwilym Prys Davies a'i wahodd ef a'i gwmni cyfreithiol Morgan, Bruce a Nicholas i gasglu'r wybodaeth fel y gellid cynrychioli'r

---

[19] Dyfynnir o Gwilym Prys Davies, *Llafur y Blynyddoedd* (Dinbych, 1990), t. 93.

teuluoedd yn y Tribiwnlys. Yn yr Adroddiad terfynol beirniadwyd y Bwrdd Glo am ei empathi a'i esgeulustod dybryd. Yn sgil y drasiedi, sefydlodd Cledwyn Hughes Uned Tir Diffaith yn y Swyddfa Gymreig a rhoi arweiniad i adfer tirlun diwydiannol ardaloedd glo de Cymru, heb anghofio ardaloedd chwareli'r gogledd, lle y bu ei hynafiaid yn llafurio ac oedd mor agos at ei galon. Aberfan oedd ei awr fawr ac yr oedd hynny'n wir am eraill, fel S. O. Davies, yr Aelod Seneddol lleol a siaradodd yn onest heb gelu dim.

Yn 1967, cafodd y Blaid Lafur Gymreig sioc etholiadol yn Is-etholiad gorllewin y Rhondda a hynny ar 9 Mawrth pan gafodd ymgeisydd Plaid Cymru, Victor Davies, 40% o'r bleidlais. Gwnaeth Plaid Cymru yn well nag yng Nghaerfyrddin ac yr oedd gwendid peirianwaith y Blaid Lafur a diffyg sêl Cynghorwyr Llafur yr Etholaeth yn amlwg i mi fel un a fu'n llafurio yno. Pe na bai'r Blaid Lafur wedi dewis ymgeisydd cryf, brodor o'r etholaeth, Alec Jones, gallasai fod yn fwy argyfyngus fyth. Galwodd Ednyfed Hudson-Davies ac Elystan Morgan ar lawr Tŷ'r Cyffredin am Gyngor Etholedig. Lleiafrif oeddent. Ym mis Mai, anfonodd 19 o aelodau seneddol Llafur Cymru lythyr cyfrinachol at Cledwyn Hughes a Harold Wilson yn gwrthwynebu yn bendant roi Cyngor Etholedig i Gymru. Cafwyd clec arall yn Is-etholiad Caerffili pan llwyddodd Dr Phil Williams i leihau mwyafrif Llafur yr ymgeisydd Fred Evans, Prifathro lleol, ac un o arweinwyr y Blaid yn yr etholaeth. Gwelwyd elfen dreisgar yn ymddangos pan ffrwydrodd bom yn y Deml Heddwch yng Nghaerdydd yn Nhachwedd 1967, oriau cyn i Cledwyn Hughes gadeirio cyfarfod o Bwyllgor Arwisgo Tywysog Cymru.

Dwy flynedd yn unig a roddwyd i Cledwyn Hughes yn y Swyddfa Gymreig. Yn Ebrill 1968, symudodd Harold Wilson ef i'r Weinyddiaeth Amaeth, Pysgodfeydd a Bwyd. Yr oedd hi'n amlwg fod Wilson wedi gwrando ar lysnafedd Ness Edwards gan ei fod yn gryn ffefryn ganddo, fel y gwrth-ddatganolwr sebonllyd George Thomas, gŵr a fyddai'n barod iawn i gario clecs i Wilson am ei ffrindiau Cledwyn Hughes a James Callaghan. Fel y dywedodd y newyddiadurwr, Andrew Roth (meistr ar lunio ysgrifau coffa), cyflwynodd y Prif Weinidog y swydd allweddol o ran Cymru i ofal 'a chirpy South Wales sparrow in Mr Wilson's palm'.

Mynegodd tiwtor y WEA yng Ngwent, Neil Kinnock, a ddaeth maes o law yn arweinydd y Blaid Lafur Brydeinig ar ei siomedigaeth am benderfyniad Harold Wilson:

> I thought that you were doing wonderful at the Welsh Office – in spite of the prevailing economic climate – and Glenys and many of our friends view your move with more than a little depression.[20]

Trwy drugaredd, penderfynodd George Thomas gadw'n ffyddlon i'r polisi sylfaenol a luniwyd gan Jim Griffiths, Cledwyn Hughes a Goronwy Daniel, sef i gynyddu cyfrifoldebau'r Swyddfa Gymreig a sefydlu Cyngor Etholedig i Gymru i fod yn gyfrifol yn bennaf am gyrff enwebedig. Mabwysiadodd y polisïau oherwydd bod ganddo barch aruthrol at Jim Griffiths, ac yn ail, iddo ddod i gredu mai dyna oedd yr ateb gorau i'r bygythiad etholiadol oddi wrth Blaid Cymru. Felly, ciliodd y pryderon am ddaliadau George Thomas y byddai'n adweithiol ar bob cwestiwn Cymreig. Ac fel yna mae hi mewn gwleidyddiaeth; weithiau fe ddisgwydd yr annisgwyl.

Digwyddiad hanesyddol pwysig yn 1969 oedd arwisgo Charles, mab Elizabeth yr Ail, yn Dywysog Cymru yng

---

[20] LLGC. Papurau'r Arglwydd Cledwyn o Benrhos B4. Llythyr Neil Kinnock, Coed Duon, Gwent, dyddiedig 24 Ebrill 1965.

Nghastell Caernarfon, a digwyddiad a gafodd ei groesawu gan y mwyafrif o'r Cymry a bleidleisiai i'r Blaid Lafur. Rhannwyd aml i fudiad diwylliannol yn ei hanner. Yr oedd Urdd Gobaith Cymru yn rhanedig arno fel yr oedd yr enwadau crefyddol. Eisteddodd Gwynfor Evans ar y ffens drwy gadw draw o'r seremoni yn y Castell ar 1 Gorffennaf, ond croesawu'r Tywysog i dref Caerfyrddin. Collodd ei sedd flwyddyn yn ddiweddarach i ŵr ifanc o'r etholaeth, Gwynoro Jones (Llafur) am nifer o resymau gan gynnwys yr Arwisgo. Teithiodd rhan dda o Aelodau Seneddol Llafur i Gastell Caernarfon a siaradodd rhai o'r Llafurwyr lleol, fel Ifor Bowen Griffith, maer Caernarfon, yn frwdfrydig o blaid. Cymro alltud, Emrys Hughes o'r Alban, oedd un o'r ychydig Sosialwyr a gondemniodd y sbloet. Erbyn hyn, gwelid dirywiad amlwg yn y nifer a siaradai'r iaith a dylanwad capel er bod cymaint o'r aelodau seneddol yn dal yn bregethwyr lleyg fel Donald Anderson, Gwynoro Jones, Cledwyn Hughes a T. George Thomas. Yn wir, cafodd ef yr anrhydedd o fod yn Is-lywydd y Gynhadledd Fethodistaidd, anrhydedd pennaf i leygwr. Daliai eraill swyddi diaconiaid a blaenoriaid o fewn yr eglwysi, fel Goronwy Roberts, Tudor Watkins ac Elystan Morgan. Dywedodd D. Tanner yr hanesydd:

> Neither chapel nor union exerted as much influence by the 1970s and both went into greater decline thereafter.[21]

Gwelid dirywiad ym moes cymdeithas ac o fewn teuluoedd gydag erthyliad yn cael ei dderbyn yn 1967 ac ysgariad yn dod yn brofiad cyfarwydd i barau o bob oed. Gofidiai cymaint o Lafurwyr y capeli fod y ffordd Gymreig

---

[21] Tanner, Duncan, Chris Williams a Deian Hopkin (goln.) *The Labour Party in Wales 1900-2000* (Caerdydd, 2000) t. 64.

o fyw o dan warchae, ac yn arbennig, y traddodiad oddi ar 1881 o gadw'r tafarnau ar y Sul ar gau. Ni allai Llafur ddianc rhag ei gwerthoedd, a gwelid aml un yn ceisio ei orau i wrthwynebu'r newidiadau anorfod. Erbyn 1970, cafwyd cenhedlaeth o sosialwyr a chenedlaetholwyr a oedd yn rhannu eu gweledigaeth o Gymru yn llacio ei pherthynas â Lloegr. Un o'r rhai a ysgogai lawer iawn ohonom oedd yr hanesydd, Dr Gwyn Alf Williams. Llwyddai ef yn ei erthyglau a'i gyfrolau i drosglwyddo sosialaeth radical, democrataidd gyda gwerthoedd cenedlaethol a rhyngwladol. Croesawodd ef yn Aberystwyth ymddangosiad *Aneurin*. Fel y dywedodd un hanesydd:

> The intellectual nationalist journal, *Aneurin*, in the early 1960s and a Radical Wales in the 1980s sought to crystallize this affinity.[22]

Daliodd Llafur yn rhyfeddol, ac er i Wilson golli Etholiad Cyffredinol 1970 i Edward Heath a'r Toriaid, eto anfonodd etholwyr Cymru 27 o aelodau seneddol. Erbyn 1970, gwelid newid amlwg gyda Jim Griffiths yn cael ei olynu yn Llanelli gan Denzil Davies, brodor o Gynwyl Elfed, gŵr ieuanc 29 mlwydd oed a raddiodd gyda gradd dosbarth cyntaf ym Mhrifysgol Rhydychen. Ac ym Mehefin 1970, enillodd Denzil Davies gyda mwyafrif tebyg i'w ragflaenydd, er mai Carwyn James, eilun Clwb Rygbi Llanelli oedd ymgeisydd Plaid Cymru. Diddorol oedd sylwi fod dau o'r aelodau seneddol newydd yn dod o fyd y gyfraith a dau o fyd addysg. Yr unig aelodau Seneddol Cymreig â chysylltiad â'r diwydiant glo oedd Elfed Davies (Dwyrain y Rhondda), Tom Ellis (Wrecsam) a'r hynafgwr, S O Davies (Merthyr). Gwelwyd yn 1970 fod Plaid Cymru wedi gostwng mwyafrif Goronwy

---

[22] O bapurau preifat yr awdur.

Roberts i 2,296 a Dafydd Wigley wedi dod yn ail i William Edwards, yr AS Llafur ym Meirion. Collodd Ednyfed Hudson-Davies ei sedd i Wyn Roberts, un o sêr byd y teledu Cymraeg, ymgeisydd y Ceidwadwyr.

O 1970 i 1974, bu'n rhaid i Lafur weithredu fel gwrthblaid, a daeth y cwestiwn o Brydain yn y Farchnad Gyffredin i boeni pob plaid. Yr oedd y Blaid Lafur Brydeinig a'r Blaid Lafur Gymreig yn rhanedig ar y cwestiwn. Pan oedd Llywodraeth Llafur mewn grym, ymuno oedd ei dymuniad. Yr oeddent fel llygod mewn sach bellach yn troi a throsi i gyfeiriadau gwahanol. Cymro o Fynwy, Roy Jenkins, oedd gwir arweinydd yr aelodau oedd am ymuno, a dilynodd Cledwyn Hughes ef, yn un o 69 o Aelodau Llafur a phleidleisio gydag Edward Heath a'r Llywodraeth Geidwadol ar 28 Hydref 1971. Teimlai Neil Kinnock (Bedwellte) yn flin wrth Cledwyn Hughes am wrthryfela, a gofynnodd y cwestiwn yn yr wythnosolyn *Tribune*.

> But what kind of conscience permits Labour MPs to serve the creators of a million unemployed?[23]

Datblygodd tensiwn aruthrol yn rhengoedd Llafur ac y mae'n amlwg fod Cledwyn Hughes yn barod i aberthu'r dyfodol yn rhengoedd Gweinidogion y Goron, fel y tystia Kenneth O. Morgan:

> One or two senior figures among the 69 such as George Thomson and Cledwyn Hughes found that they were ruled out ever again as possible members of a Labour Government.[24]

---

[23] Neil Kinnock, *Tribune*, 5 Tachwedd 1971, yn beirniadu Cledwyn Hughes am ymuno gyda'r 68 o rebeliaid.
[24] Kenneth O. Morgan, *Michael Foot, A Life* (Llundain, 2007), t. 275.

Pechodd Aelod Seneddol Môn am byth yng ngolwg Harold Wilson. Dyma'r cyfnod y bu'n rhaid i'r diwydiannau trwm ildio swyddi wrth y miloedd. Yn nhref Shotton, ar lan Afon Ddyfrdwy yn 1972, cyhoeddwyd y byddai 6,000 o swyddi yn diflannu. Gwelid hefyd fod Cymru, o dan arweinyddiaeth George Thomas, yn sefyll yn ei hunfan. Problem fawr y Blaid Lafur yn y cyfnod hwn oedd ennill Cymry Cymraeg ifanc i'w rhengoedd, gan fod Cymdeithas yr Iaith Gymraeg a Phlaid Cymru yn hynod o atyniadol. Er hynny, cafwyd cynrychiolwyr o'r radd flaenaf yn Etholiad 1970: Neil Kinnock, Caerwyn Roderick (Brycheiniog a Maesyfed), Gwynoro Jones, Barry Jones (Dwyrain Fflint), Brynmor John (Pontypridd), Jeffrey Thomas (Abertileri), Denzil Davies a Tom Ellis, pedwar ohonynt yn rhugl yn y Gymraeg. Yng Nghaerdydd, ceid Cymry ifanc a oedd yn awyddus i fod yn rhengoedd Llafur, fel Gareth Howell (mab Lyn Howell o Fwrdd Twristiaeth Cymru), John Gilbert Evans a ymladdodd Orllewin Fflint yn Etholiad 1970 a Barry Jones, darlithydd gweithgar yn y Brifddinas. Ond eithriadau oedd y rhain er bod eraill yn barod i gynrychioli Llafur fel ymgeiswyr seneddol, fel Emlyn Sherrington yn Arfon, Ann Clwyd Roberts yn Ninbych, Gordon Parry ym Mhenfro a D. Ben Rees yng Nghonwy. Dibynnai'r Blaid Lafur yn fawr ar yr Undebau Llafur a'u swyddogion sirol a rhanbarthol yn y cyfnod 1970-1974.

Enillodd S. O. Davies ym Merthyr yn erbyn yr Undebwr Tal Lloyd a pheiriant y Blaid Lafur. Am fod y Blaid Lafur yn ei gyfrif yn rhy hen, bu'n rhaid iddo sefyll fel Llafur Annibynnol, a chymaint oedd y parch iddo yn yr etholaeth ac i'w briod Sephora Davies, fel yr enillodd gyda mwyafrif o 7,465, gwyrth na ddigwyddodd yn unman arall hyd y gwn i. Ar ei farwolaeth yn 1972, enillodd Ted Rowlands y sedd yn yr isetholiad yn ôl i Lafur.

Sefydlwyd y cylchgrawn *Welsh Radical* yn Nhachwedd 1970, ond byr fu ei barhad. George Thomas oedd y drwg yn y caws. Ysgrifennai golofn wythnosol yn y *Liverpool Daily Post*, colofn creu stŵr a helynt, a chred Dafydd Wigley, yn ddigon teg, fod y golofn wedi gwneud cryn ddifrod i ddelwedd y Blaid Lafur yng ngogledd Cymru. Yr oedd gan George Thomas, a llawer aelod seneddol Llafur arall, obsesiwn gyda Phlaid Cymru, datganoli a Chymreictod. Dywed George Thomas yn ei gofiant:

> '…. My views on devolution were an embarrassment to people like Cledwyn Hughes, Elystan Morgan, John Morris and Tom Ellis, who lived in a world of their own, cocooned by Nationalist aspirations'.[25]

Pan alwodd Ted Heath etholiad yn Chwefror 1974, yr oedd hi'n dymor o argyfwng ar Brydain. Wynebodd ei Lywodraeth yn 1972 streic y glowyr a barhaodd yng Nghymru am 50 diwrnod, cyfnod o chwerwedd, trais a phrotestio dialgar gan y gweithwyr a'r heddlu. Bygythiwyd streic arall ym mis Tachwedd. Penderfynodd y Prif Weinidog herio'r glowyr gan gredu mai bygythiadau'r glowyr fyddai'r unig bwnc trafod yn yr etholiad cyffredinol, ond buan iawn yr ehangwyd yr agenda. Yn ystod yr ymgyrch, daeth Harold Wilson i etholaeth Conwy ac i annerch cyfarfod ym Mhrifysgol Bangor; ar y llwyfan gydag ef ceid Cledwyn Hughes, Goronwy Roberts, Wil Edwards a D. Ben Rees. Yr oedd gobaith da gan Lafur, ond cafwyd stori wahanol yng Ngwynedd.

Collodd Llafur seddau Meirionydd a Chaernarfon i Blaid Cymru a cholli tir yng Nghonwy gan i'r Rhyddfrydwyr gynyddu eu pleidlais o 13.8%. Yr oedd y

---

[25] LLGC. Papurau'r Arglwydd Cledwyn o Benrhos, Ffeil E5. Llythyr George Thomas i Harold Wilson, dyddiedig 18 Mehefin 1969; George Thomas, *Mr Speaker* (Llundain, 1985), t. 65.

Mudiad Llafur yng Ngwynedd yn colli ei ddylanwad wrth i'r cyn-chwarelwyr a gweithwyr y diwydiannau trwm weld cau'r gweithle. Collodd Wil Edwards o 588 o bleidleisiau i Dafydd Elis-Thomas, a ddaeth yn wleidydd pwysig am ddegawdau hyd ei ymddeoliad yn 2021 o'r Senedd yng Nghaerdydd. Yng Nghaernarfon, yr oedd Goronwy Roberts, ar ôl gwasanaethu am 29 mlynedd, yn ildio'r sedd i Dafydd Wigley. Wedi clywed geiriau Bert Thomas, a fu'n asiant fwy nag unwaith, gwnaeth yr hanesydd Andrew Edwards y sylw:

> Poor organisation and the lack of active branches meant that problems were never addressed.[26]

Canlyniad Etholiad Chwefror 1974 oedd bod gan Lafur fwyafrif o bedwar dros y Ceidwadwyr a'r rhagolygon yn darogan etholiad arall yn fuan. Daeth Harold Wilson yn Brif Weinidog ar 4 Mawrth 1974. Dyma'r Llywodraeth Lafur leiafrifol gyntaf ers 1931, ac etifeddwyd sefyllfa economaidd enbydus a grëwyd yn bennaf trwy bolisïau Llywodraeth 1970-1974. Cafodd Michael Foot y cyfle i fod yn Weinidog Gwaith a John Morris i fod yn Ysgrifennydd Gwladol i Gymru. Galwodd Wilson etholiad ar gyfer 1974, ac yr oedd hyn yn rhoddi straen fawr ar ymgeiswyr a chefnogwyr gweithgar yn ymladd dau etholiad cyffredinol o fewn saith mis i'w gilydd. Gosodwyd yr addumed o Gynulliad Etholedig i Gymru a'r Alban ym maniffesto'r Blaid Lafur. Daliodd y Blaid Lafur yng Nghymru y seddau; aeth 24 yn ôl i Senedd Chwefror a 23 i Senedd Hydref 1974. Rhoddodd Neil Kinnock ei ddyddiau i helpu yn etholaethau'r Gogledd; bu yn weithgar iawn yn etholaeth Conwy. Iddo ef, y broblem

---

[26] D. Ben Rees, *Cofiant Cledwyn Hughes*, t. 132.

sylfaenol oedd nad oedd Llafur yn cadw cysylltiad digon agos â'r cefnogwyr, a chredai Ted Rowlands yr un fath. Cynnyrch Ysgol Ramadeg oedd Neil Kinnock, yr aelod cyntaf o'i deulu i fynd i Brifysgol Caerdydd, lle cyfarfu â merch o'r un delfrydau ag ef, Glenys Parry o Gaergybi, ac erbyn iddo gael ei ethol, priodwyd y ddau. Yr oedd hi'n amlwg fod Caerdydd yn fagwrfa i arweinwyr Llafur. Cynnyrch y Brifddinas oedd Leo Abse, Ted Rowlands, Paul Flynn, Rhodri Morgan, ac addysgwyd Neil Kinnock yno, ac yn y ddinas yr enillai Alun Michael ei fywoliaeth. Cynhyrfid aml i aelod seneddol Cymreig gan y mudiad CND, Rhyfel Fietnam a cheid delwedd newydd i Lafur Cymreig. Yr oedd Elystan Morgan, John Morris, Gwilym Prys Davies, Tom Ellis ac Emrys Jones yn gofalu nad oedd datganoli yn cael ei anwybyddu, ond yn fuan iawn, codwyd anghydfod ar y cwestiwn tyngedfennol hwn. Fel y dywedodd Duncan Tanner:

> For Socialists who were devolutionists, the creation of a devolved Assembly meant supporting public accountability and control and was a means of empowering and radicalizing the people.[27]

---

[27] Tanner, Duncan, Chris Williams a Deian Hopkin (goln.), *The Labour Party in Wales 1900-2000*, t. 154.

O'r chwith: Jamaes Callaghan, Glenys Kinnock, Neil Kinnock, Cledwyn Hughes, Harold Wilson, Mary Wilson

Pennod 5
Llywodraeth Lafur 1974 i 1979

Cwestiwn mawr y cyfnod hwn oedd Ewrop a gwelwyd y Blaid Lafur unwaith yn rhagor wedi ei rhwygo. Roy Jenkins oedd un o brif arweinwyr y Mudiad Llafur ar gwestiwn Ewrop ac fe gafodd Cledwyn Hughes yn Ddirprwy ardderchog iddo yn y frwydr i gael Prydain i aros yn y Farchnad Gyffredin. Dros haf 1974, cysylltai'r ddau â'i gilydd am eu bod yn sylweddoli bod Tony Benn ac eraill ar y chwith yn mynnu bod pobl Prydain yn cael yr hawl i bleidleisio mewn refferendwm. Camp Wilson oedd cadw'r Blaid rhag ei rhwygo yn waeth nag ydoedd, a chaniataodd ef refferendwm.

Yr oedd Llafurwyr yng Nghymru yn barod i frwydo yn erbyn aros yn y Farchnad Gyffredin, ac yn bendant am ddod allan o 'glwb y byddigions', er mai lleiafrif oedd y rhain yn y Cabinet. Pan bleidleisiodd Tŷ'r Cyffredin ar ôl y Pasg, sylweddolwyd bod 145 o Aelodau Seneddol Llafur o blaid, 137 yn erbyn a 33 heb fwrw pleidlais. Daliai'r Toriaid i frwydo dros Ewrop, er gwaethaf y ffaith iddynt ethol Margaret Thatcher yn hytrach na Ted Heath yn arweinydd ym mis Chwefror 1975. Yn y Gynhadledd arbennig ar 26 Ebrill a gynhaliodd y Blaid Lafur, pleidlais nacaol a gafwyd. Yr oedd y Blaid Lafur Brydeinig yn anghytuno'n ddybryd â'r Llywodraeth Lafur.

Y grŵp pwysig dros gadw Prydain yn y Farchnad Gyffredin oedd Prydain yn Ewrop (*Britain in Europe*). Lansiwyd y mudiad hwn yn Ebrill 1975 dan Gadeiryddiaeth Roy Jenkins, ac yr oedd y Cymro o Fôn, Cledwyn Hughes yn un o'r rhai a siaradodd. Pwysleisiai ef yn arbennig yng Ngwynedd ei fod o blaid Ewrop am fod y Farchnad Gyffredin yn cynnig cyfleusterau economaidd ac yn ffordd o gadw heddwch ar gyfandir lle y bu cymaint o ryfela yn yr ugeinfed ganrif. Cafodd Cledwyn Hughes ei enwi gan Roy Jenkins fel un o sêr yr ymgyrch, ond un hefyd a ddioddefodd o ran ei yrfa wleidyddol am ei ddaliadau ar Ewrop. Dywed:

> Cledwyn had worked very successfully to produce the remarkable result of 22% 'yes' vote in Gwynedd, the more rural half of North Wales.[1]

Bellach, nid oedd gobaith gan Cledwyn Hughes i gael sedd yn y Cabinet, ond gwelodd gyfle i ddisodli Ian Mikardo, Cadeirydd y Blaid Lafur Seneddol, swydd allweddol yng ngwleidyddiaeth ei blaid. Gwyddai nad oedd Mr Mikardo yn dderbyniol gan yr adain dde a gwyddai fod Grŵp Maniffesto a sefydlwyd yn 1974 yn barod i weithio drosto a'i gefnogi. Yr oedd yn y grŵp wyth deg o aelodau seneddol, a phan ddaeth y cyfle, enillodd Aelod Seneddol Môn yn gyfforddus. Yr oedd ennill yn erbyn Mikardo yn gryn gamp gan mai'r adain chwith oedd yn tra-arglwyddiaethu o fewn y Blaid Lafur Seneddol. Tasg anodd Cledwyn oedd cyfathrebu gyda'r arweinydd Harold Wilson, gan nad oeddent, a dweud y lleiaf, yn bennaf ffrindiau. Cafodd Cledwyn Hughes gryn sioc ar 16 Mawrth 1976 pan alwodd i weld y Prif Weinidog yn 10 Downing Street a chael o'i enau'r newydd ei fod am ymddiswyddo. Siomiwyd Cledwyn o glywed bod Wilson wedi dweud hynny eisoes wrth George Thomas, a oedd ar fin cael ei ethol yn Llefarydd Tŷ'r Cyffredin, a bod eraill yn gwybod hefyd. Ond ar Cledwyn disgynnai'r cyfrifoldeb o ofalu am y broses etholiadol, ac aeth ati'r diwrnod

---

[1] Roy Jenkins, *A Life at the Centre* (Llundain, 1991), t. 407.

hwnnw i gychwyn y dasg. Gwelwyd bod chwech o wleidyddion yn awyddus am y cyfrifoldeb, un ohonynt yn Gymro, Roy Jenkins, dau yn cynrychioli etholiadau yng Nghymru, Jim Callaghan a Michael Foot a'r tri arall yn ddeallusion y blaid, Tony Benn, Denis Healy a Tony Crossland. Ymadawodd tri yn rownd gyntaf y bleidlais, gan adael Jim Callaghan, Denis Healy a Michael Foot i frwydro am ragor o gefnogwyr. Canlyniad yr ail falot oedd:

James Callaghan	141
Michael Foot	131
Denis Healy	38

Y ddedfryd yn y balot terfynol:

| James Callghan | 176 |
| Michael Foot | 137 |

Aeth bron pawb o gefnogwyr Healy i gefnogi Callaghan. Ni roddodd Callaghan swydd yn y Cabinet i Cledwyn Hughes am ei fod yn dibynnu cymaint arno fel cyfarwyddwr a chefnogydd a oedd eisoes mewn swydd allweddol. Wedi'r cyfan, llywodraeth leiafrifol oedd hi, yn dibynnu ar ewyllys da'r Cenedlaetholwyr o Gymru a'r Alban ac Aelodau Seneddol y Blaid Ryddfrydol. Cledwyn Hughes oedd yn rhwymo'r rhain wrth ei gilydd gan ei fod ar delerau da gyda'r Cenedlaetholwyr a'r Rhyddfrydwyr. Cydnabu George Thomas ei swydd allweddol:

> Cledwyn's power and influence with the Prime Minister has become enormous: out of office, he attained much greater strength than he had as member of the Cabinet.[2]

---

[2] D. Ben Rees, *Cofiant Cledwyn Hughes*, tt. 137-156.

Mater arall a oedd yn codi ei ben yn gyson oedd Datganoli i Gymru a'r Alban. Nid oedd mwyafrif o aelodau Llafur o Gymru o blaid unrhyw ffurf ar gorff etholedig i Gymru yn meddu ar rym ac awdurdod. Gwelwyd hynny pan drafodwyd y dystiolaeth yr oedd y Blaid Lafur Gymreig am ei rhoi ger bron Comisiwn Kilbrandon (Crowther cyn hynny) a sefydlwyd er mwyn archwilio'r syniad o ddatganoli yng Nghymru. Dyma Leo Abse yn dweud:

> As Members of Parliament, we're now below the salt, and if we set up this puppet structure in Cardiff, we'll be lower still.[3]

Anfonodd Elystan Morgan nodyn bach dros y bwrdd i ddwylo Cledwyn Hughes gyda dyfyniad o eiddo'r awdur Morris Kyffin, 'A alle Ddiawl ei hun ddwedyd yn amgenach'.[4] Soniodd Cledwyn Hughes am hyn wrthyf pan oeddwn yn llunio ei Gofiant yn Gymraeg a gyhoeddwyd yn 2017. Ni ddefnyddiais hyn yn ei Gofiant yr adeg honno.

Yr oedd hi'n amlwg fod angen i'r Blaid Lafur Gymreig gael ei hatgoffa o'r ymgyrch a fu ymhlith rhai o gewri'r gorffennol. Gwleidydd a wnaeth gryn dipyn o wahaniaeth oedd Michael Foot. Mewn dadl boeth rhwng Cledwyn Hughes, Goronwy Roberts, Elystan Morgan ac eraill o'r to iau, gwrthwynebwyd gan Leo Abse a'i griw, gyda Michael Foot yn cefnogi'r cenedlaetholwyr. Bu'r Swyddfa Gymreig yn ffodus mai John Morris oedd dewis y ddau Brif Weinidog i fod yn Weinidog Gwladol i Gymru, a'i fod ef wedi gwahodd ei gyfaill, Gwilym Prys Davies i'w

---

[3] *Ibid.,* t. 241.
[4] Garfield Hughes (gol), *Rhagymadroddion 1547-1659* (Caerdydd, 1951), 89.

gynghori a'i gynorthwyo yn ei gyfrifoldeb. Fel y dywed Elystan Morgan:

> Yn y cyfnod hwn, bu cryn dipyn o drafod o blaid y syniad o Gyngor Etholedig i Gymru i'w sefydlu yn sgil newidiadau i Lywodraeth Leol. I Gwilym Prys Davies yn bennaf mae'r diolch am hynny, ac ni ellir talu teyrnged rhy uchel i Gwilym am ei waith cyson, diwyd a manwl dros hawliau Cymru. Mae ei gyfraniad i wleidyddiaeth Cymru yn un hanesyddol.[5]

Gwir y dywedodd. Bu Gwilym yn gaffaeliad aruthrol ac mae'n bwysig cofio hynny yn hanes y Blaid Lafur Gymreig. Teimlai aml un a oedd yn frwd dros ddatganoli fod aelodau seneddol o bleidiau eraill yn gymorth i'w hymgyrch, yn arbennig y ddau Ryddfrydwr, Geraint Howells (Ceredigion) ac Emlyn Hooson (Maldwyn). Closiodd Dafydd Elis-Thomas, Plaid Cymru gan ei fod ef yn poeni nad oedd gan y Torïaid lawer o ddiddordeb mewn datganoli. Trefnodd Cledwyn Hughes fod y cytundeb *Lib-Lab* i barhau am flwyddyn, a golyga hynny y gallai'r Llywodraeth ailgyflwyno'i pholisi datganoli y tro hwn. Cynigiwyd dau Fesur Datganoli, un ar gyfer Cymru a'r llall yn benodol i'r Alban.

Bu'r cecru a'r anghytuno yn amlwg trwy'r trafodaethau ac yr oedd Cledwyn Hughes a Gwilym Prys Davies yn gwbl flin gyda Leo Abse. Anghytunai ar bob pwynt yn ymwneud â Chymru a datganoli. Collai nifer o'r rhai a weithiai dros ddatganoli eu limpyn gyda Neil Kinnock, un arall hollol wrthwynebus i ddatganoli i Gymru. Pan drafodwyd y Mesur mewn Pwyllgor ar 3 Ebrill 1978, cyflwynodd Denzil Davies, Llanelli, araith o'r safon uchaf,

---

[5] Huw L. Williams (gol.), *Atgofion Oes Elystan*, tt. 92-3.

Cyd-ddyheu a'i Cododd Hi

gan ddelio yn gwbl effeithiol â Neil Kinnock wrth iddo gyflwyno anerchiadau hirwyntog na olygai ddim byd i neb. Geiriau Cledwyn Hughes amdano: "He has a bee in his bonnet about Wales, which is a pity as he is pleasant and gifted." [6]

Y Farwnes Eirene White, yr Arglwydd Gwilym Prys Davies, a'r Arglwydd Cledwyn Hughes

Yr oedd Leo Abse a Neil Kinnock yn perthyn i 'Giang o Chwech' a wrthwynebai gymal wrth gymal Fesur Cymru. Y pedwar arall oedd Donald Anderson, Dwyrain Abertawe; Ioan Evans, Aberdâr; Fred Evans, Caerffili ac Ifor Davies, Gŵyr. Safent yn gwbl benderfynol yn ei erbyn, er iddynt sylweddoli mai polisi swyddogol y Blaid

---

[6] Llyfrgell Genedlaethol Cymru. Papurau yr Arglwydd Cledwyn o Benrhos Dyddiaduron Cledwyn Hughes, cofnod Ebrill 1978

Lafur Gymreig oedd y Mesur Datganoli. Atgoffai Emrys Jones, Ysgrifennydd y Blaid Lafur yng Nghymru, hwy'n gyson o hyn, ond nid oedd dim yn tycio, a siom oedd gweld y Mesur yn cael ei orchfygu yn Chwefror 1977 ac na chai ei gyflwyno trwy'r Tŷ Cyffredin.

Pleidleisiodd 29 yn erbyn a bu'n rhaid i Lafur ymgodymu ar hyd y misoedd â gwrthwynebiad y 'Giang o Chwech'. Aeth Mesur Cymru trwy'r Tŷ Cyffredin ar 25 Ebrill ac yna i Dŷ'r Arglwyddi. Penderfynwyd cynnal refferendwm ar ddydd Gŵyl Ddewi 1979 ar Ddatganoli i Gymru a'r Alban. Ceisiodd Cledwyn Hughes sbarduno James Callaghan i wneud safiad cadarnhaol, ond yr oedd hi'n rhy hwyr. Ni wnaeth Callaghan, er ei fod yn Aelod Seneddol dros un o seddi Caerdydd, y nesaf peth i ddim o blaid yr ymgyrch. Yr oedd hynny yr un mor wir am weinidogion y chwith a'r dde. Yr oedd y Cymro o Gilfynydd, Merlyn Rees, yn llugoer, Eric Heffer (Walton, Lerpwl) yn wrthwynebus, a Tony Benn, llais y werin bobl, yn gwbl fud. Yr unig un brwdfrydig yng Ngwent oedd bywgraffydd Aneurin Bevan, Michael Foot. Gwrthodwyd datganoli ym mhob rhan o Gymru. Yr oedd cadarnleoedd y Gymraeg yn gwbl wrthwynebus, a hyd yn oed Ynys Môn, lle y gweithiodd un o'r datganolwyr pennaf, a phan ddaeth Etholiad Cyffredinol 1979, ar ôl 'gaeaf digofaint', collwyd sedd Môn i'r Blaid Geidwadol a gŵr ifanc o Brighton, Keith Best, gyda 2,817 o fwyafrif dros Elystan Morgan, oedd wedi'i ddewis i sefyll am y sedd yn dilyn ymadawiad Cledwyn Hughes i dŷ'r Arglwyddi. Cardi coch cyfan a chopi arall o Cledwyn Hughes mewn gwirionedd oedd Elystan Morgan, ond gwelwyd pa mor blwyfol oedd pobl Môn wrth iddynt wrthod ymgeisydd gwych nad oedd wedi ei eni ar yr Ynys. Yng Nghymru, cadwodd Llafur ei nerth gan ddychwelyd 22 o aelodau seneddol i San Steffan yn Etholiad 1979. A da yw craffu ar eiriau Emlyn Hughes,

Cadeirydd Cynhadledd y Blaid Lafur Gymreig yn ei anerchiad yn Llandudno ar 18 Mai 1979:

> If our official policy had carried the day on 1st March, it is not too farfetched to believe that it would have brought a permanent shift of political balance in Wales that would be favourable to the growth of socialism.[7]

Geiriau sobreiddiol oedd y rhain. Problem bennaf y Blaid Lafur oedd cyfathrebu. Nid oedd un papur dyddiol nac wythnosol na Sul yn gefnogol iddi yn Gymraeg na Saesneg. Y BBC oedd un o'r cyfryngau gorau, ond yr oedd hi'n anodd. Yn ychwanegol, ceid llawer o'r Undebwyr Llafur yn hynod o ddifater eu hagwedd i'r Blaid Lafur a'u cynrychiolai, ac yn anodd darbwyllo aml i Undeb i uniaethu ei hun fel y dylid, na chyfrannu yn haelionus yn ariannol at y costau. Ni cheid trefniant o werth mewn aml i etholaeth. Gwelais hynny â'm llygaid fy hunan yn etholaeth Conwy yn Chwefror a Hydref 1974. Ar wahân i Fangor a Dolgarrog, byddai hi wedi bod yn llwm a dyna a welid ym Meirionnydd yn Etholiad 1997. Edrychid ar y Blaid Lafur yng Nghonwy a Meirionnydd gan y gweithwyr a'r cefnogwyr fel Plaid a berthynai fwy i'r de nag i'r gogledd. Ond yn ddeallusol, ceid haneswyr fel Gwyn Alf Williams a John Davies yn gorfodi pobl a weithiai i'r Blaid Lafur i ystyried goblygiadau perthyn i blaid a oedd yn gryf yng Nghymru. Ond gwaethaf modd, yn y blynyddoedd ar ôl 1979, collodd y Blaid Lafur Gymreig ei gafael ar fywyd deallusol Cymru, gan i lawer o ddeallusion a gefnogai'r Blaid droi eu cefnau arni yr adeg honno.

---

[7] Herbert Greschen, *The Labour Party in Wales and the 1979 Referendum*, Traethawd MA, Coleg Prifysgol Cymru, Aberystwyth 1998, tt. 80-90.

Pennod 6
Degawd Thatcher

Daeth hi'n 'ddydd o brysur bwyso' ar y Blaid Lafur yn y cyfnod 1980-81 gyda charfan o ddeallusion, yn arbennig arweinwyr fel Roy Jenkins, David Owen, Bill Rogers a Shirley Williams yn gwbl anfodlon ag agwedd ac arweinyddiaeth y Blaid Lafur ar ôl ymddangosiad anorfod James Callaghan yn 1980.

Cynhaliwyd Cynhadledd arbennig yn Wembley ar 24 Ionawr 1981 i drafod y system newydd o ethol arweinydd yn lle James Callaghan. I'r gwleidyddion ar y chwith, y dymuniad oedd ethol trwy system y coleg etholiadol. Ar y dde, credai'r gwleidyddion dan arweiniad Roy Hattersley mewn coleg etholiadol, ond bod yr Aelodau Seneddol eu hunain yn cael y llaw gryfaf. Yn lle hynny, ar y dde, dan arweiniad Dr. David Owen, a ymhyfrydai yn ei wreiddiau Cymreig ym Mro Morgannwg, rhoi pleidlais i bob aelod gan gynnwys aelodau'r etholaethau oedd y ffordd ddemocrataidd. Ond, yn Wembley, penderfynwyd bod yr arweinydd i'w ethol drwy system y coleg etholiadol. Yr Undebau Llafur, mae'n amlwg, oedd â'r llaw drechaf felly. Nid oedd y system yn plesio'r Cymry a oedd yn Nhŷ'r Arglwyddi, fel Goronwy Roberts, T. W. Jones a Cledwyn Hughes. Ni allent wneud dim am y sefyllfa ond ei derbyn. I Cledwyn Hughes, yr oedd hyn yn gam gwag, gan nad oedd y Blaid Lafur Seneddol yn cael y llais cryfaf yn y dewis. Teimlai ei gyfaill mawr, Roy Jenkins, yr un fath, a phenderfynodd ef a thri arall – Shirley Williams, Dr David Owen a Bill Rogers – ffafrio'r Cyngor dros Ddemocratiaeth Gymdeithasol, yn galw am ailstrwythuro gwleidyddiaeth Prydain. Gwnaeth un ar ddeg Aelod

Seneddol Llafur eu cefnogi gan gynnwys Ednyfed Hudson Davies, AS Caerffili a Jeffrey Thomas, AS Abertyleri a Tom Ellis, AS Wrecsam. Arhosodd y gweddill o Aelodau Seneddol Llafur Cymru gan mai yno yr oedd eu cartref emosiynol. Agorwyd y drws i Elystan Morgan gael mynediad i Dŷ'r Arglwyddi. Sylweddolai mai dyma'r siawns olaf iddo gael chwarae 'unrhyw ran' ar lwyfan cenedlaethol.

Aeth y Blaid Lafur ati i ddewis Aelod Seneddol arall o Gymru i arwain y Blaid Lafur Brydeinig ac etholwyd un o'r seneddwyr amlycaf, Michael Foot. Yn anffodus, nid oedd Foot yn dderbyniol gan y Wasg na'r etholwyr, hyd yn oed cefnogwyr y Blaid Lafur ei hun. Ers Medi 1981, daliai'r Blaid Lafur yn amhoblogaidd a mynnai'r polau piniwn bwysleisio un ar ôl y llall nad oedd y boblogaeth Brydeinig yn ffafrio arweinyddiaeth Michael Foot. Er bod Margaret Thatcher a'r Blaid Dorïaidd yn ddigon amhoblogaidd, daeth penderfyniad y Prif Weinidog i anfon milwyr i ryddhau Ynysoedd y Falklands o ddwylo'r Ariannin yn hwb sylweddol iddi ymhlith 'cenedlaetholwyr Saesneg' a oedd yn meddu ffydd mor fawr mewn militariaeth. Yn wir, daeth Rhyfel y Falklands i roddi iddi gefnogaeth ddigonol i ennill Etholiad Cyffredinol 1983. Paratôdd y Blaid Lafur faniffesto ar gyfer Etholiad 1983 a oedd yn sawru o'r chwith galed, a gysylltid gyda Tony Benn a Ken Livingstone. Yn wir, galwodd un o Aelodau Seneddol Manceinion, Gerald Kaufman, y maniffesto "the longest suicide note in history".[1]. Enillodd Mrs Margaret Thatcher a'r Torïaid yn ysgubol gyda mwyafrif o 144. Am y tro cyntaf yng nghof Cledwyn Hughes a John Morris, pleidleisiodd mwyafrif y dosbarth gweithiol, nid i'r Blaid Lafur, fel yr arferent ei wneud, ond i'r Torïaid a'r

---

[1] Martin Farr, 'Gerald Kaufman (1930-2017); satire, suicide notes and sequins', *The Conversation* 28 Chwefror 2017.

blaid newydd a dyfodd allan o'r Blaid Lafur, yr SDP. Dim ond 42% o'r dosbarth gweithiol a gefnogodd eu plaid eu hunain! Pleidleisiodd 35% i'r Toriaid a'r gweddill i'r SDP a'r Rhyddfrydwyr. Ym Mhenybont-ar-Ogwr, rhoddodd Neil Kinnock araith orau'r ymgyrch. Clodd fel hyn:

> If Margaret Thatcher wins on Thursday, I warn you not to be ordinary, I warn you not to be young, I warn you not to fall ill, I warn you not to get old.'[2]

Disgynnodd cynrychiolwyr Llafur o Gymru i ugain, dau yn llai nag yn 1979, a deuddeg yn llai oddi ar 1966.

Areithiau grymus Neil Kinnock ynghyd â chlyfrwch strategaeth ei gyd-Gymro, Clive Jenkins, yr Undebwr carismatig o Bort Talbot a sicrhaodd arweinyddiaeth y Blaid Lafur Brydeinig iddo yn 1983, y trydydd Aelod Seneddol Llafur o Gymru mewn olyniaeth, a gafodd y cyfle i arwain yr wrthblaid. Cyhoeddodd Michael Foot ei ymddiswyddiad yn syth ar ôl etholiad 1983, a daeth ei gymydog o Went, Neil Kinnock yn olynydd teilwng ohono. Derbyniodd Kinnock dros 71% o bleidlais y Coleg Etholiadol, a'i wrthwynebydd Roy Hattersley (un o gofianwyr Lloyd George) ddim ond 19%. Buddugoliaeth i fab mabwysiedig Michael Foot fel petai, ac i grŵp *Tribune* a methiant echrydus i ganlynwyr Tony Benn. Tasg Kinnock fyddai moderneiddio'r Blaid Lafur, gorchfygu'r mudiad Militant, a gwneud y Blaid Lafur yn dderbyniol i'r etholwyr, fel yn nyddiau Attlee a Wilson. Cyhoeddwyd yn y Gynhadledd Flynyddol yn Blackpool yn Hydref 1983 fuddugoliaeth hawdd y gwleidydd dynamig Neil Kinnock,

---

[2] Gw. Neil Kinnock, *Thorns and Roses Speeches 1983-1991* (Llundain, nawfed argraffiad 1992); Robert Harris, *The Making of Neil Kinnock* (Llundain, 1984), t. 208.

un a ddaeth yn 1974 a rhoddi dau ddiwrnod i'm cynorthwyo yn Etholaeth Conwy. Cawsom amser braf ac nid oedd modd i ddal ef i fyny pan oedd yn ei gar modur! Dywedodd y newyddiadurwr Edward Pearce amdano:

> He is also Welsh and intelligent, a combination which obliges anyone so endowed to start looking over his shoulder at Aneurin Bevan and Lloyd George.[3]

Yr oedd enwi Aneurin Bevan yn gwneud llawer o synnwyr gan fod Neil Kinnock wedi'i eni yn yr un dref, Tredegar, â'r cawr carismatig. Edmygai ef yn fawr a medrai annerch yn nhraddodiad ei arwr. Gofalodd Prifysgol Cymru, trwy berswâd Cledwyn Hughes, i anrhydeddu Michael Foot ym mis Gorffennaf 1983 gyda Gradd Anrhydedd. Talodd Foot ei wrogaeth i'r genedl Gymreig y diwrnod hwnnw wrth ddweud wrth yr Arglwydd Cledwyn:

> I really did feel honoured: nobody can match the Welsh when it comes to courtesy and I can assure you that we the Celts from elsewhere, from Cornwall in particular, appreciate the atmosphere all the more.[4]

Un o'r digwyddiadau pwysig a gymerodd le yn Nhachwedd 1982 oedd bod Cledwyn Hughes wedi sefyll yn erbyn yr Arglwydd Fred Peart am swydd Arweinydd yr Wrthblaid yn Nhŷ'r Arglwyddi. Derbyniodd yr Arglwydd Cledwyn o Benrhos 60 pleidlais a'r Arglwydd Peart 27. Un

---

[3] C. M. F. Davies, *Neil Kinnock, The Path to Leadership* (London, 1984), 57; Andrew S. Crines, Edward Pearce, *The Senate of Liliput* (Llundain, 1983), tt. 32-3.

[4] LLGC Papurau'r Arglwydd Cledwyn o Benrhos. Dyddiaduron, cofion, 4 Ebrill 1978.

peth yw ennill pleidlais, tasg fwy anodd yw adfywio gweithgarwch gwrthblaid a oedd yn gwbl ar chwâl. Defnyddiodd yr Arweinydd newydd ei holl sgiliau i gryfhau trefniadaeth y fainc flaen a bywhau'r brwdfrydedd. Credai fod disgyblaeth yn allweddol a threfnodd yn fanwl fod llefarwyr penodol dros y Blaid Lafur o adrannau canolog y Llywodraeth yn cael eu penodi i drafod deddfwriaeth. Golygai hyn arolygu gyda chwipiaid llafur, y Dirprwy Arweinydd, ynghyd ag ef ei hun fel Arweinydd yr Wrthblaid. Pwrpas y Cyfarfodydd wythnosol hyn oedd llunio strategaeth ar gyfer yr wythnos ganlynol, rhoddi cyfrifoldeb ar unigolion i baratoi'n ofalus ar gyfer y dadleuon a sylweddoli pwysigrwydd eu cyfraniadau, yn arbennig pan ddeuai cynlluniau dadleuol Llywodraeth Margaret Thatcher dan y chwyddwydr.

Yr oedd Cledwyn Hughes yn cynrychioli Llafur Cymru yn odidog yn Nhŷ'r Arglwyddi a chydnabuwyd ei ddoniau dro ar ôl tro. Anfonodd Syr Peter Henderson, Clerc y Senedd cyn ei ymddeoliad yn 1983, air ato fel hyn:

> Your speech was masterful for its combined brevity, wit, elegance and feeling. What an enviable gift! The House is most fortunate to have you as Leader of the Opposition.[5]

I'r Arglwydd Wells-Pestell of Combs, yr oedd hi'n fraint ei gael yn Arweinydd yr Arglwyddi Llafur gan mai'r Arglwydd Cledwyn oedd y gwleidydd mwyaf llwyddiannus a fu yn Nhŷ'r Arglwyddi yn yr un mlynedd ar hugain y bu ef yno. I'r Arglwydd John Hunt, y dringwr enwog a'r dysgwr Cymraeg, yr oedd yr Arglwydd Cledwyn ar ei ben ei hun o ran meistrolaeth ar y Tŷ. Ysgrifennodd Neil Kinnock at

---

[5] LLGC Papurau Cledwyn Hughes o Benrhos, Ffeil B12. Llythyr Peter Henderson, Llundain at Cledwyn Hughes, 30 Gorffennaf 1983.

Margaret Thatcher yn cwyno am sefyllfa'r Wrthblaid yn Nhŷ'r Arglwyddi, 120 oedd y nifer ac 11 o'r rhain yn methu â chymryd rhan oherwydd afiechyd a henaint. Ers 1982, dim ond 31 ddaeth i atgyfnerthu'r rhengoedd, ond bu farw 32. Sylwai pobl graff yng Nghymru am ei gyfraniadau. Un o'r symudiadau a wnaeth oedd gofalu cael gwasanaeth Gwilym Prys Davies i'r Ail Siambr. Gwrthododd ef y cyfle pan fu Archibald Lush a Jennie Lee am iddo fynd yno i gynrychioli Plaid Lafur Cymru. Ond ar berswâd ei ffrind Cledwyn, bodlonodd a daeth yn gaffaeliad gan fod y ddau yn meddu ar yr un blaenoriaethau. Nicholas Edwards oedd Ysgrifennydd Gwladol Cymru, a phan aeth Cledwyn Hughes, Archesgob Cymru a Syr Goronwy Daniel i berswadio Willie Whitelaw i newid ei feddwl ar fater cael sianel deledu yn yr iaith Gymraeg. Fe gafwyd Nicholas Edwards yn wrthwynebydd tanbaid. Yr oedd ef fel 'dyn wedi colli'i bwyll', ond bu'n rhaid iddo ildio yn y diwedd i'r Llafurwr o Fôn a enillodd y dydd trwy ei ddadl gymedrol, ddoeth gyda'i gyfaill gwleidyddol Wille Whitelaw.

Bu'n rhaid i'r Blaid Lafur Gymreig ddygymod â theyrnasiad hir Nicholas Edwards fel Ysgrifennydd Gwladol Cymru am wyth mlynedd, o 1979 hyd 1987. Yn ôl y Llafurwyr a fu'n delio ag ef, yr oedd yn gryn fwli, ac yn fygythiol, yn colli ei limpyn ar faterion yn ymwneud â datganoli a'r iaith Gymraeg. Dyma safbwynt yr Arglwydd Gwilym Prys-Davies ar yr iaith Gymraeg:

> Mae'r iaith Gymraeg yn drysor. Mae'n drysor oherwydd mai hi ydy campwaith arbennig ein cenedl ni. Ond gwyddom mai ofer fydd ceisio ei diogelu fel crair o'r oes a fu a'i gwarchod rhag y gwynt a glaw a heulwen a does neb yn ceisio gwneud hynny.[6]

---

[6] Gwilym Prys-Davies, *Llafur y Blynyddoedd*, t. 183.

Gwahoddwyd Gwilym Prys Davies i lunio pamffled, *Deddf Newydd i'r Iaith Gymraeg – Argymhellion*. Lansiwyd y pamffled mewn cynulliad yng Nghaerdydd ar 3 Tachwedd 1984. Siaradodd yr Aelodau Seneddol, Keith Best, John Morris a Dafydd Elis-Thomas. Pasiwyd i benodi dirprwyaeth a chafwyd pedwar i deithio i Lundain. Bodlonodd Nicholas Edwards a Wyn Roberts i wrando a'i siarsio i ddod yn ôl gydag argymhellion manylach. Dyna wnaed a sefydlu gweithgor. Paratowyd y gwaith a chyflwynwyd mesur i'r Swyddfa Gymreig ac un arall i'r Tŷ Cyffredin ar 1 Gorffennaf 1986 gan Dafydd Wigley ac un ar ddeg o Aelodau Seneddol. Pedwar Llafurwr a gefnogai Wigley oedd Ann Clwyd, Lewis Carter-Jones, Cymro yn cynrychioli Eccles, Gareth Wardell (Gŵyr) a Dr. Roger Thomas (Caerfyrddin).

Yr oedd yr iaith Gymraeg yn peri trafferth ymhlith Cymry Cymraeg mewn rhannau o Gymru. Oherwydd y mewnlifiad yr oedd yr iaith dan bwysau cynyddol yng Ngheredigion a Sir Gaerfyrddin. Ffurfiwyd grwp *Education First in Primary Schools* i wrthwynebu polisi iaith Cyngor Sir Dyfed. Un o siaradwyr pennaf y mudiad oedd Dr. Alan Williams, Aelod Seneddol Llafur Caerfyrddin. Haerai ef fod Pwyllgor Addysg y Sir honno yn gweithredu system o *apartheid* o fewn yr ysgolion. Er yr holl wrthwynebiad, daliodd y Pwyllgor Addysg a'r Cyfarwyddwr John Phillips yn gadarn a chefnogodd mwyafrif y grŵp Llafur dan arweiniad y Cynghorydd Howard Jones, cyn-löwr o'r Gwendraeth. Gwrthododd ef a'i gynghorwyr, ar wahân i ychydig, gefnogi Dr. Alan Williams. Bu dau gynghorydd di-Gymraeg yn frwd iawn, sef Howard James o Neyland a Hag Harries, yr aelod Llafur dros Llanbedr-Pont-Steffan. Ysgrifennodd D. O. Davies o Bontargothi lythyr cryf at y *Western Mail* wedi ei gyfeirio at Dr. Alan Williams:

> Your attack on Dyfed's educational policy is repulsive, even by your standards. The old Welsh Labour stalwarts must be turning in their graves. Jim Griffiths once said, 'Labour has a duty to join with others in Wales to preserve our language'.[7]

Yr oedd Gwynfor Evans wedi sefydlu cymdeithas o'r enw Pont ar gyfer mewnfudwyr a oedd yn gefnogol i Gymru a'i diwylliant. Trefnwyd cyfarfod cyhoeddus yng Nghaerfyrddin, o dan nawdd Pont, a chadeiriwyd gan Hag Harris. Yr oedd ef yn wreiddiol o Cofentri ac wedi dysgu Cymraeg; felly hefyd ei briod Jan ac wedi gosod eu plant mewn ffrwd Gymraeg yn yr ysgol yn Llambed. Bu marwolaeth annhymig ei briod yn golled fawr, fel y bu ei farwolaeth yntau ym mis Mehefin 2022. Bu'n gynghorydd gwerthfawr ar Gyngor Tref Llanbedr-Pont-Steffan, Cyngor Sir Dyfed a Chyngor Ceredigion. Methodd *Education First* er gwaethaf ymdrechion yn y llysoedd a'r Swyddfa Gymreig. Un o wŷr pwysig y Blaid Lafur, Gareth Williams, QC (I'r Arglwydd Wells-Pestell of Combs, yr oedd hi'n fraint ei gael yn Arweinydd yr Arglwyddi Llafur gan mai'r Arglwydd Cledwyn oedd y gwleidydd mwyaf llwyddiannus a fu yn Nhŷ'r Arglwyddi, yn yr un mlynedd ar hugain y bu ef yno). I'r Arglwydd John Hunt, y dringwr enwog a'r dysgwr Cymraeg, yr oedd yr Arglwydd Cledwyn ar ei ben ei hun o ran meistrolaeth ar y Tŷ. Sylwai pobl graff yng Nghymru am ei gyfraniadau. Un o'r symudiadau a wnaeth oedd gofalu cael gwasanaeth Gwilym Prys Davies i'r Ail Siambr. Ond ar berswâd ei ffrind Cledwyn, bodlonodd a daeth yn gaffaeliad gan fod y ddau yn meddu ar yr un blaenoriaethau. Arglwydd Mostyn (yn

---

[7] Darn o'r *Western Mail* heb ddyddiad ymysg archif yr awdur o lythyrau D. O. Davies, un o lythyrwyr amlycaf ei gyfnod.

ddiweddarach) oedd bargyfreithiwr y cyngor sir. Dyrchafwyd ef yn Dwrnai Cyffredinol yn ddiweddarach a bu ei farw cynnar yn ergyd drom i'r Blaid Lafur yn Nhŷ'r Arglwyddi.

Cadeirydd y Pwyllgor Addysg yn y cyfnod hwn oedd gŵr y cefais gryn lawer i'w wneud ag ef, Y Cynghorydd Dewi Lewis, cyn-brifathro Ysgol Ardwyn, Aberystwyth, ac un a gefnogai radicaliaeth Ymneilltuol. Yr oedd teulu ei wraig gyntaf, Moelwyn-Hughes, wedi bod yn amlwg gyda'r Blaid Lafur, a gallai Dewi Lewis ddal ei dir ar unrhyw gwestiwn. Cefnogodd y Cynghorydd Sam Hughes, cyn-löwr o Drimsaran a chynghorydd Llafur yr angen i ddefnyddio'r iaith yn yr ysgolion o fewn y Cyngor. Haeddent eu cofio. Pan ddaeth cyfnod Cyngor Sir Dyfed i ben yn 1996, mabwysiadodd Cynghorau Ceredigion, Caerfyrddin a Phenfro bolisi iaith Dyfed heb unrhyw wrthwynebiad.

Blwyddyn Etholiad Cyffredinol oedd 1987 a Llafur o dan Neil Kinnock mewn llawer gwell sefyllfa nag yn ymgyrch etholiadol 1983. Bu newid syfrdanol yn y peirianwaith ar ôl i Peter Mandelson ddod i'r adwy, ef yn ŵyr i Herbert Morrison. Geiriau Roy Hattersley sy'n aros yn y cof:

> The brilliance of Peter's (Mandelson) performance during the 1987 election campaign is beyond dispute.[8]

Yng nghynhadledd y Blaid Lafur Gymreig ar 15 Mai yn Llandudno, y cyflwynodd Neil Kinnock araith orau ei

---

[8] Y gwleidydd Cymraeg a rodd bortread o ddylanwad Peter Mandelson ydyw Rhodri Morgan. Gweler Rhodri Morgan, *Rhodri: A Political Life in Wales and Westminster* (Caerdydd, 2017), tt. 96-6, 97, 102-3, 109, 111, 115, 144, 185, 211, 221, 263 a 331. I ni'r Cymry, Roy Hattersley yw un o gofianwyr mwyaf cryno ar D. Lloyd George.

ymgyrch. Collodd Llafur etholiad 1987 ac fe benderfynodd Thatcher roddi swydd Ysgrifennydd Gwladol Cymru i Peter Walker, gwleidydd cyfforddus ei fyd a gŵr bonheddig. Nid oedd y Prif Weinidog am roddi dyrchafiad i Wyn Roberts, ond yn hytrach ei gadw ef yn ddirprwy yn y Swyddfa Gymreig. Yr oedd hi'n amlwg nad oedd Walker yn mynd i roddi blaenoriaeth i Ddeddf Iaith newydd, ac er mwyn gohirio unrhyw benderfyniad, sefydlwyd Gweithgor Iaith dan gadeiryddiaeth Wyn Roberts. Penodwyd wyth o Gymry amlwg y cyfnod i drafod mater a oedd yn bwysig a chafodd yr Undebwr radical, Tom Jones, Shotton, un o Lafurwyr egnïol ei gyfnod, ei benodi ar y gweithgor. Fodd bynnag, diddymwyd y gweithgor ym mis Gorffennaf 1988 gan osod yn lle'r Gweithgor, Bwrdd yr Iaith o dan gadeiryddiaeth gŵr busnes Dŵr Cymru, John Elfed Jones. Bu sefydlu Bwrdd yr Iaith yn foddion i ohirio Mesur Iaith. Dyna a ddigwyddodd yn y pendraw fodd bynnag, a chyhoeddwyd Mesur Iaith y Llywodraeth Geidwadol ar 17 Rhagfyr 1992, chwe blynedd a hanner ar ôl i Dafydd Wigley gyhoeddi mesur ar lawr Tŷ'r Cyffredin yn 1986. Teimlai cymaint a fu'n ymgyrchu o blith y gwrthbleidiau siom naturiol yn y Swyddfa Gymreig a'r Llywodraeth. Y gwir plaen oedd mai mesur gwan ydoedd. Sylweddolwyd bod yr hawliau i gyd yn nwylo Ysgrifennydd Gwladol Cymru nad oedd yn Gymro na chwaith yn cynrychioli etholaeth yng Nghymru. Aeth Gwilym Prys-Davies i'r gad gyda chymorth chwech o Arglwyddi o argyhoeddiad, sef Yr Arglwydd Dafydd Elis-Thomas, Plaid Cymru, yr Arglwydd Geraint Howells a'r Arglwydd Emlyn Hooson o'r Blaid Ryddfrydol, ac yna tri o blith y Blaid Lafur, yr Arglwydd Cledwyn Hughes o Benrhos, yr Arglwydd Gareth Williams o Fostyn a'r Arglwydd Prys-Davies o Lanegryn.

Yr oedd Ewrop yn dal yn bwysig i'r Blaid Lafur Gymreig. Yn 1989, cafwyd etholiad ar gyfer Senedd y

Gymuned Ewropeaidd. Beirniadwyd yn llym agwedd difater a hunanol Mrs Thatcher at y Gymuned Ewropeaidd. Ac ym Mehefin 1989, dihangodd y Blaid Lafur rhag ei thrafferthion ac adennill cefnogaeth drachefn yng Nghymru. Cawsant lwyddiant arbennig. Daeth y ddegawd i ben a chanmolwyd cyfraniad y Cymry o dan arweiniad Cledwyn Hughes yn Nhŷ'r Arglwyddi. Collodd y Llywodraeth y bleidlais gant o weithiau, er mai dim ond 119 o Arglwyddi a gynrychiolai'r Blaid Lafur. Defnyddiodd yr Arglwydd Cledwyn ei brofiad, ei gof manwl a'i hiwmor i sodro'n gyson weinyddiaeth Mrs Thatcher am fynd yn rhy eithafol. Yng Ngorffennaf 1992, cyhoeddodd yr Arglwydd Cledwyn na fyddai'n sefyll yn yr hydref i gael ei ailethol fel arweinydd yr wrthblaid yn Nhŷ'r Arglwyddi. Teimlid y golled yn fawr fel y dywedodd Arglwydd Houghton o Sowerby yn Awst 1992:

> You have upheld magnificently the prestige of the Labour Party, and we are now a force in the land. Not only the Labour Party but the House of Lords has reasons to be very grateful to you.[9]

Anfonodd Neil Kinnock ei edmygedd ohono:

> But the kindness and strength which you've shown at all times – particularly during the roughest times – whilst I've been Leader have been unsurpassed and I shall never forget it or think of it with anything but love.[10]

---

[9] D. Ben Rees, *Cofiant Cledwyn Hughes*, tt. 198-9.
[10] *Ibid.*, t. 179; LLGC Papurau Cledwyn Hughes o Benrhos. Llythyr Neil Kinnock at Cledwyn Hughes, 22 Ebrill 1992.

Dewiswyd Cymro arall i ddilyn, sef Ivor Richards o'r Betws, ger Rhydaman. Hawdd y gallai'r Cymro â'i wreiddiau yn Nhregaron, Syr David Nicholas, ymfalchïo mewn edmygedd am i Cledwyn Hughes, yn anad neb, agor i fyd y teledu Tŷ'r Arglwyddi, er mwyn i werin gwlad ymfalchïo mewn democratiaeth.

Er bod aml i sylwebydd yn tybio y medrai Neil Kinnock ennill Etholiad 1992, ni ddigwyddodd hynny, er gwaethaf yr ymgyrch bwerus a welwyd. Yng Nghymru, gwelwyd Cymru yn cefnogi hyd eithaf ei gallu y Blaid Lafur. Yn 1987, cafwyd 24 o Aelodau Seneddol ond yn 1992, ychwanegwyd tair sedd arall. Gwelwyd 27 Aelod Seneddol Llafur o Gymru yn San Steffan, hyn yn arwydd bod Neil Kinnock wedi taro tant ymhlith ei gyd-Gymry. David Hunt oedd Ysgrifennydd Gwladol Cymru, ef yn cynrychioli sedd yng Nghilgwri ac yn garedig ei ysbryd tuag at Gymry alltud Glannau Mersi. Bu yn y swydd o 1990 i 1993. Derbyniodd y Mesur Iaith ail ddarlleniad diwrthwynebiad ar 20 Mai 1993. Ar ôl David Hunt, penododd John Major Sais rhonc fel Ysgrifennydd Gwladol Cymru ym mherson John Redwood. Ar ôl llawer dadl ac ymrafael daeth Deddf Iaith 1993 i fodolaeth a gwelwyd yn Nhŷ'r Cyffredin aelodau hynod o gefnogol, yn bennaf Paul Flynn (Gorllewin Casnewydd), Jon Owen Jones (Canol Caerdydd), John Morris (Aberafan) a Ted Rowlands (Merthyr).

Yn y nawdegau cafwyd dau wleidydd uchelgeisiol i arwain y Blaid Lafur Brydeinig ym mhersonau John Smith a Tony Blair. Yr oedd John Smith yn gadarn o blaid datganoli i Gymru ac i'r Alban, a bu ei farw disyfyd yn gryn golled i'r mudiad at gael mwy o lais i'r ddwy genedl. Dilynwyd ef gan Tony Blair a gwelwyd yn syth ei fod ef yn debygol o ennill ar ôl cyfnod mor hir fel gwrthblaid. Ac yn yr Etholiad yn 1997, ysgubodd Tony Blair i 10 Downing Street gyda'r mwyafrif seneddol gorau i Lafur ers 1945. Yng nghyd-destun datganoli, creodd John Smith ganllawiau ac ethos hollbwysig na allai Tony Blair na'r Cymro John Prescott na neb arall ei anwybyddu. Bodlonodd Blair roddi refferendwm i'r ddwy genedl, ac enillodd Cymru gyda dim ond 6,500 o bleidleisiau, ond fel y dywedodd Ron Davies, Ysgrifennydd Gwladol i Gymru, yn oriau man bore'r bleidlais, fe gychwynnwyd y broses honno at ffurf o senedd sylweddol a chredadwy. Ond er yr holl weithio a dyheu, ni chafodd Ron Davies a'r Cynulliad Cenedlaethol y grymusterau oedd yn meddwl ac athroniaeth John Smith flynyddoedd cyn hynny. Methodd Llywodraeth San Steffan â pherswadio Tony Blair i 'roddi pwerau deddfu sylfaenol i Gymru'. Caniatawyd Senedd i'r Alban ond Cynulliad Cenedlaethol ar gyfer Cymru. Bu'n rhaid aros yn amyneddgar, ond yn 1997 a 1998 nid oedd llais Ron Davies yn argyhoeddi'r Cabinet Llafur chwaith. Nid oedd ef, Aelod Seneddol Caerffili, yn fodlon ar y cymrodeddu ac meddai am ei rwystredigaeth:

> I knew, and so did about everybody else that the proposals were flawed, but politics is the art of the possible, and so we got on with what we could.[11]

Nid Donald Dewar, Ysgrifennydd Gwladol yr Alban, mo Ron Davies a buan y sylweddolwyd hynny. 26 Hydref 1988 oedd y dyddiad yr aeth Ron Davies i gors anobaith. Cafodd ei ddal gan yr heddlu yn Clapham Common yn chwilio am wryw i gyflawni perthynas rywiol ag ef. Yn y sefyllfa enbyd, nid oedd dewis gan Tony Blair ond gadael iddo lithro o olwg y cyhoedd i'r cysgodion a gofalu ei fod yn ymddiswyddo yn ddiymdroi o'r Swyddfa Gymreig.

---

[11] Ron Davies, *Reflection*, Darlith yr Archif Wleidyddol Gymreig, Aberystwyth, 2003; Gwilym Prys-Davies, *Cynhaeaf Hanner Canrif*, t. 124.

Cyd-ddyheu a'i Cododd Hi 171

Bu'n rhaid i Ysgrifennydd Gwladol Cymru a darpar Arweinydd Llafur y Cynulliad Cenedlaethol lithro i'r meinciau cefn mewn cywilydd. Caiff y stori drist, lawn trasiedi, sylw manwl gan Tony Blair a Rhodri Morgan yn eu hunangofiannau. Cynyddodd y siom yn y blynyddoedd dilynol. Erbyn 2002, nid oedd Ron Davies yn meddu hyd yn oed ar gerdyn aelodaeth y Blaid Lafur a fu mor gefnogol iddo ac mor drugarog tuag ato, ac erbyn 2003 nid oedd yn medru ennill sedd i'r Cynulliad y bu ef mor allweddol yn ei ddyfodiad i'r Bae yng Nghaerdydd.

Ni chollfarnwyd ef gan nifer o Lafurwyr, yn arbennig yr Arglwydd Gwilym Prys-Davies. Ysgrifennodd yn llawer rhy garedig amdano, yn wir yr oedd ganddo feddwl uchel ohono fel y gwelir yn ei gyfrol *Cynhaeaf Hanner Canrif*. A cheisiodd ei roi ei hun yn sgidiau Ron Davies pan ddaeth y Frenhines Elizabeth II ar 26 Mai 1999 i agor y Cynulliad. Ond cyn hynny ar 6 Mai, cynhaliwyd yr etholiad cyntaf ar gyfer y Cynulliad Cenedlaethol, ond cafwyd ymateb diflas gan yr etholwyr i'r etholiad. Yn y rhan fwyaf o'r seddau ni wnaeth hanner yr etholwyr droi allan i bleidleisio i anfon 60 aelod i'r Cynulliad Cenedlaethol. Cyfunai dull yr ethol system draddodiadol y cyntaf-dros-y-llinell gyda dull o ethol aelodau ychwanegol y rhanbarthau trwy gynrychiolaeth gyfrannol. Yr oedd gan bob pleidleisiwr ddwy bleidlais – y cyntaf ar gyfer un o'r 40 aelod etholaeth (yn seiliedig ar etholaethau San Steffan) a'r ail ar gyfer aelodau rhanbarthol (pedwar ar gyfer pob un o'r etholaethau seneddol Ewropeaidd yng Nghymru fel yr oeddent yn 1999, er i ffiniau rhai o'r etholaethau newid yn 2007). Aelodau'r cynulliad sydd â'r hawl i enwebu'r gweinidog cyntaf a ddaeth i'w alw yn Gymraeg yn Brif Weinidog. Caiff ei benodi gan y Frenhines fel petai, a hi hefyd fydd yn rhoddi sêl bendith ar y gweinidogion a wahoddir i'r cabinet, deuddeg mewn rhif. Y Prif Weinidog, fel yn San Steffan, sydd yn gwahodd y rhain. Caiff y

Cynulliad ei reoli gan lywydd a dirprwy lywydd ac y mae swyddogaeth y rhain yn cyfateb yn fras i swydd llefarydd a dirprwy lefarydd yn Nhŷ'r Cyffredin.

Pennod 7
I'r Ganrif Newydd

Yn etholiad 1999 pleidleisiodd 46% ar gyfartaledd yn unig o'r etholwyr a bu hynny yn siom enfawr i'r ymgeiswyr a phawb oedd yn gweithio dros ddatganoli. Enillodd rhai eu sedd gyda dim ond 36% o'r etholwyr wedi dangos diddordeb. Dadleuodd rhai fod yr etholwyr yn edrych ar y Cynulliad fel etholiadau am Gynghorau Sir a Dosbarth, nad oedd mor bwysig â phleidleisio i Senedd San Steffan. Yr oedd hi'n amlwg nad oedd yr etholiad cyntaf wedi magu diddordeb mawr ymhlith rhai rhannau o'r boblogaeth, a chafodd y Blaid Lafur Gymreig weld tair sedd ddiogel, cadarnleoedd Llafur, yn mynd i ddwylo Plaid Cymru, sef Islwyn lle y bu Neil Kinnock yn teyrnasu, Rhondda a Llanelli, lle y bu Jim Griffiths yn fawr ei barch. Enillodd y Blaid Lafur 28 sedd; yr oedd arni angen 31 sedd i lywodraethu heb help neb arall. Yn y Rhondda ac Islwyn gwelwyd Plaid Cymru yn llwyddo am y tro cyntaf erioed i ennill seddau yn y cymoedd glofaol. Daeth yn ail mewn nifer o seddau eraill gan ennill yn y diwedd 17 o aelodau yn y Cynulliad. Llwyddodd y Blaid Geidwadol i gael naw a Phlaid y Democratiaid Rhyddfrydol chwech.

Nodwedd bwysig oedd bod bron hanner yr aelodau yn wragedd. Y cyfanswm oedd 24, a daeth hyn â dimensiwn gwahanol a derbyniol iawn i'r trafodaethau. Ni chafodd rhai o'r Llafurwyr siom fod y Blaid Lafur heb feddu ar fwyafrif mawr. Yr oedd hynny i'w ddisgwyl gan y system pleidleisio a fabwysiadwyd a gobeithid y byddai'r Cynulliad Cenedlaethol yn arbrofi ac anturio i baratoi yn rymus ar gyfer anghenion Cymru. Cafodd aml i gefnogydd

Llafur siom yn y diflastod a ddigwyddodd rhwng Rhodri Morgan ac Alun Michael ynglŷn â phwy fyddai'n dal swydd Gweinidog Cyntaf Cymru ac arweinydd y Llafurwyr yn y Cynulliad. Yr oedd hyn yn atgoffa aml un o'r brwydro am Ddirprwy Arweinyddiaeth y Blaid Lafur Brydeinig rhwng y ddau gyfaill James Griffiths ac Aneurin Bevan yn y pumdegau.

Cledwyn Hughes, Albert Owen a Rhodri Morgan

Penderfynwyd ar 12 Mai 1999 fod Alun Michael i arwain y Blaid Lafur Gymreig. Cafodd fwy o gefnogaeth na Rhodri Morgan. Wynebodd y Cynulliad ar lu o drafferthion yn ystod ei dymor cyntaf gan nad oedd y Cynulliad wedi cael yr un pwerau ag a gafodd Senedd yr Alban yng Nghaeredin. Yn wahanol i Senedd yr Alban, nid oedd gan y Cynulliad awdurdod i amrywio trethi, a hyd at y flwyddyn 2007, nid oedd gan y Cynulliad hawl i greu deddfwriaeth, er mai gyda hwy o'r cychwyn cyntaf y ceid y pwerau hynny, fel amaethyddiaeth, twristiaeth, addysg, iechyd, llywodraeth leol a'r iaith Gymraeg, materion oedd yn nwylo ysgrifennydd gwladol Cymru o 1964 a'r blynyddoedd ar ôl hynny.

Ymddiswyddodd tri o'r arweinwyr plaid – Alun Michael (Llafur), Dafydd Wigley (Plaid Cymru) a Rod Richards (Ceidwadwr) ac fe'u holynwyd gan Rhodri Morgan, Ieuan Wyn Jones a Nicholas Bourne. Sylweddolodd Rhodri Morgan ei bod hi'n anodd llywodraethu fel gweinyddiaeth leiafrifol ac fe lwyddodd i drafod a gweithredu clymblaid gyda'r Democratiaid Rhyddfrydol yn 2000. Llofnodwyd cytundeb a daeth eu harweinydd, Mike German, yn Ddirprwy Brif Weinidog.

Pan ddaeth Etholiad Cyffredinol San Steffan yn 2001, credai aml un y byddai Llafur yn dioddef eto ym maes glo'r de i Blaid Cymru fel y gwnaed yn 1999. Ond daliai cyfaredd Tony Blair yn gryf yn y wlad ac yn arbennig yng Nghymru er gwaethaf yr enw Llafur Newydd. Ceid yn etholaethau Cymru actifyddion oedd yn perthyn i'r hyn a elwid yn 'hen lafur' yn arbennig ymhlith aelodau o'r asgell chwith ond teimlai Blair ac yn wir Kinnock o'i flaen fod angen moderneiddio y Blaid Lafur a rhoddi delwedd a fyddai'n coleddu y Rhosyn yn sumbol o'r newid a gymerodd le. Dyma'r adeg y cafwyd golwg arall ar gyfansoddiad y Blaid oedd yn deillio o ddiwedd y Rhyfel Byd Cyntaf. Enillodd Llafur yn 2001 gyda 34 sedd yng Nghymru er gwaethaf y Prif Weinidog gan nad oedd ef wedi rhoddi cymaint â hynny o sylw i Gymru. Dibynnai Blair yn fawr ar y newyddiadurwr Alastair Campbell, a fu'n paratoi Blair rhwng 1994 a 1997 i fod yn Brif Weinidog. Fel y dywedodd Mick Temple:

> In office, Tony Blair's closeness to Alastair
> Campbell intensified and he had a major role
> in the communication of the New Labour
> message. With the exception of Cherie, no
> one had more regular and privileged contact
> with Blair than Campbell. To his admirers,
> his energy, ability and loyalty to Tony Blair
> made him indispensable.[1]

Campbell oedd prif ddyn Rhif 10 Downing Street: ef fyddai'n cyfarwyddo ac yn barod i fihafio yn aml fel bwli ar bob un, gan gynnwys Blair ei hun. Yn ychwanegol at hyn, dioddefai yn aml o iselder ysbryd a gor-yfed, ond fel y cydnabu Anthony Seldon, hebddo ef ac i raddau llai Peter Mandelson, ni fyddai Blair wedi bod mor llwyddiannus yn ei dymor cyntaf. Ond o ran agwedd, polisïau a strategaeth rhaid nodi cyfraniad y guru Philip Gould a'i gyfrol bwysig *The Unfinished Revolution*. Ef oedd athronydd Llafur Newydd, a bu yn agos iawn i John Smith a Gordon Brown. Ef oedd yn dweud wrth Blair beth oedd y cyhoedd yn dyheu amdano trwy'r grwpiau ffocws, oedd i'w gweld ledled y wlad. Ond o fewn cynghorwyr Tony Blair ar Gymru a Gogledd Iwerddon dylid crybwyll Jonathan Powell (1956). Ef oedd yr unig un, a lwyddodd i aros am y cyfnod o 1997 i 2007, ac fu yn fawr ei gyfraniad yn 10 Downing Strret. Bu ei frawd hynaf, Charles, yn was sifil a gefnogai Margaret Thatcher a John Major. Yr oedd ei wraig ef yn ffrindiau agos gyda Peter Mandelson, a daeth Jonathan Powell yn agos iawn at Bill Clinton pan fu yn gweithio yn Llysgenhadaeth Washington. Ef oedd y cynghorwr y dibynnodd Blair arno yn ystod cytundeb Gwener y Groglith yng Ngogledd Iwerddon ac aelod o Gabinet Rhyfel Blair ar Affganistan, Irac a Kosovo.

[5] Mike Temple, *Blair* (Llundain, 2006), 16.

Cyd-ddyheu a'i Cododd Hi 177

Galwodd Julia Langdon ef "the Downing Street poisoner" am ei gyfraniad tu ôl i'r llenni ym mhenderfyniadau Blair.[2]

Yn yr ail etholiad ar gyfer Cynulliad 2003, cafwyd prawf arall nad oedd y siop siarad ym Mae Caerdydd wedi creu delwedd ar faterion oedd yn bwysig i'r etholwyr. Gostyngodd nifer y pleidleiswyr o etholiad 1999 i 2003 i 38.16%. O blith seddau'r Cynulliad, cynyddodd llafur eu nifer i 30, gostyngodd nifer Plaid Cymru i 12, tra llwyddodd y Ceidwadwyr i gael un yn llai na'r cenedlaetholwyr ac un i'r Annibynnwr John Marek yn Wrecsam oedd wedi creu ei blaid ei hun a gadael Llafur. Yr oedd Rhodri Morgan yn teimlo bod ei ffordd ef o lywodraethu wedi bod yn dderbyniol ac y gallai bellach ffurfio llywodraeth Lafur heb gymorth plaid arall. . Un ffaith ddiddorol a hynod o bwysig am etholiad 2003 oedd bod 30 o ddynion a 30 o ferched wedi cipio seddau, gan sicrhau mai Cynulliad Cenedlaethol Cymru yng Nghaerdydd oedd y corff cenedlaethol etholedig cyntaf yn y byd i fod â nifer cyfartal o ddynion a gwragedd. Yr oedd cynghorau dosbarth a sirol wedi dangos y ffordd am o leiaf ddegawdau cyn hynny ac yr oedd merched yn awyddus i gynrychioli'r Blaid Lafur yn y Cynulliad Cenedlaethol. Yr oedd y Cabinet yn unigryw am fod y mwyafrif o'r aelodau yn wragedd.

Yr oedd hi'n argoeli'n dda ond buan cafwyd newid mawr pan adawodd Peter Law, aelod anghysurus yn y Blaid Lafur a gynrychiolai hen sedd Aneurin Bevan, cyn Etholiad Cyffredinol 2005. Gwnaeth hyn ar fater o egwyddor iddo ef gan ei fod ef yn gwrthwynebu bod y Blaid Lafur Genedlaethol yn gorfodi'r blaid yn lleol ym Mlaenau Gwent i dderbyn rhestr fer o ymgeiswyr benywaidd. Safodd felly yn yr etholiad fel aelod

---

[2] Julia Langdon, 'Quiet Rise of the King of Downing Street', *The Guardian*, 14 Gorffennaf 2004, 14.

annibynnol. A digwyddodd tanchwa wleidyddol yn yr Etholiad gan i Peter Law drechu'r ymgeisydd Llafur, Maggie Jones, Undebwraig amlwg, o fwy na 9,000 o bleidleisiau. Yr oedd Llafur wedi colli un o seddau mwyaf eiconig Cymru gyfan, ac yn oes Bevan a Foot, un o'r diogelaf o'r seddau. Collodd y Blaid Lafur bum sedd Gymreig i gyd yn Etholiad Cyffredinol 2005. Yr oedd Tony Blair wedi creu record ymhlith Prif Weinidogion Llafur o gael ei ddychwelyd am y trydydd tro yn olynol, a gwyddai fod Gordon Brown am iddo bellach ildio ei le fel ei fod ef yn cael y cyfle i fod yn arweinydd a Phrif Weinidog. Gostyngwyd pleidlais Llafur yng Nghymru i 42.7%, gyda nifer y seddau yn gostwng o 34 i 29. Yn dilyn marwolaeth Peter Law yn 2006, fe'i olynwyd gan ei weddw, Trish Law, ac yn y Senedd Brydeinig gan ei asiant, Dai Davies, aelod amlwg o Eglwys Bresbyteraidd Cymru yng Ngwent. Dangosai hyn fod rhai o'r ardaloedd cynhenid Llafur yn dal i gael trafferth gydag agwedd Llafur Newydd. Ond o leiaf ar ddydd Gŵyl Ddewi 2006 agorwyd adeilad newydd a'i enwi yn Senedd. Costiodd £67m a Richard Rogers oedd y pensaer.

Pan ddaeth Etholiad y Cynulliad yn 2007, enillodd Llafur 26 o seddau. Daeth Plaid Cymru yn ail gydag 15, 12 gan y Blaid Geidwadol a 6 gan y Democratiaid Rhyddfrydol ac ym Mlaenau Gwent yr Annibynwraig wleidyddol, Trish Law, oedd ar ben y rhestr. Yr oedd gan Rhodri Morgan ei broblem. Ni allai lywodraethu heb glymblaid. Er gwaethaf ymdrech ar ran y gwrthbleidiau i ffurfio llywodraeth ar y cyd rhwng Plaid Cymru, y Ceidwadwyr a'r Democratiaid Rhyddfrydol – yr hyn a elwid yn glymblaid yr enfys – ni ddaeth dim o'r bwriad. Yn ffodus, fod Plaid Cymru dan Ieuan Wyn Jones o Ynys Môn yn barod i gydweithio gyda Llafur. Crëwyd clymblaid rhwng Llafur a Phlaid Cymru, dwy blaid â chymaint yn gyffredin rhyngddynt. Wedi'r cyfan, yr oedd gan y ddwy blaid 41 allan o 60 o seddau'r Cynulliad. Daeth y glymblaid yn ffaith ar 7 Gorffennaf 2007, saith can mlynedd i'r diwrnod wedi marwolaeth y Brenin Edward y Cyntaf a adeiladodd gestyll cadarn i gadw'r Cymry yn eu lle. Bellach, yr oedd gan y genedl honno lwyfan i drafod ei hanghenion ac i wynebu ar ddyfodol a fyddai'n fwy derbyniol.

Croesawyd gweithred y Gweinidog Iechyd, Edwina Hart, yn caniatáu cleifion, aelodau o'r staff ynghyd ag ymwelwyr i barcio am ddim ym meysydd parcio bron pob Ysbyty a berthynai i'r Gwasanaeth Iechyd cyn 2011. Penderfynwyd bod meysydd parcio'r ysbytai sydd yng ngofal y cwmnïau preifat yn cael eu harwain i leihau'r gost am barcio. Yr oedd ysbryd Aneurin Bevan ymhlith y Blaid a lywodraethai yn arbennig pan gyhoeddwyd ar 1 Ebrill 2007 nad oedd unrhyw un yng Nghymru yn gorfod talu am dabledi a meddyginiaethau a nodid ar y ffurflen bresgripsiwn.

Ym myd addysg, gwelid bod y Gweinidog, Jane Hutt, yn barod i fabwysiadu o Ddenmarc, Seland Newydd a'r Eidal y Cyfnod Sylfaen, sef cynllun gwreiddiol o ddysgu trwy chwarae ar gyfer plant o bedair i bump ac yn ddiweddarach i blant chwech a saith mlwydd oed. Teimlai Rhodri Morgan y dylid ystyried ymhellach roddi mwy o rym i'r Cynulliad Cenedlaethol a gwahoddwyd y Diplomatydd, Syr Emyr Jones Parry i gadeirio'r Confensiwn. Daeth yr ateb y dylid ystyried hyn, ond nid cyn rhoddi cyfle i'r etholwyr fynegi eu barn trwy refferendwm. Wedi'r cyfan, bu'r alwad o'r cychwyn yn 1997 i'r Cynulliad gael yr un pwerau â Senedd yr Alban, yn arbennig yn dilyn ad-drefnu Llywodraeth Brydeinig gan Lywodraeth Lafur yn 2003 a gwneud swydd Ysgrifennydd Gwladol Cymru yn un ran-amser. Yr oedd Comisiwn Ivor Richard (2004) wedi mynegi yn glir fod y Cynulliad i raddol ennill ei le i gael hawliau deddfwriaethol, proses yr oedd Ron Davies wedi sôn amdani, ac i

Gomisiwn Richard dylid amcanu i gyflawni hyn erbyn 2011. Syrthiodd Deddf Llywodraeth Cymru (2006) y Llywodraeth Lafur yn fyr o'r nod a amcanwyd, ond o leiaf yr oedd y broses ar waith ac yn sicr o weld ffrwyth maes o law.

Yr oedd Rhodri Morgan wedi llwyddo yn rhyfeddol.[3] Wedi'r cyfan, yn 2004 gwaredodd y cwangos fel Bwrdd Twristiaeth Cymru a'r WDA (*Welsh Development Agency*) ac Elwa ym myd addysg. Cafodd gryn drafferth gyda Peter Law ac ar 4 Ebrill 2005, diswyddwyd ef o'r Cabinet. A bu hynny â'i ganlyniadau anffodus gan iddo ymddiswyddo o'r Blaid Lafur a chadw ei sedd yn San Steffan ac yn y Cynulliad yn ddiogel. Ar 1 Rhagfyr 2009, rhoddodd Rhodri Morgan y gorau i'w swydd o Brif Weinidog. Etholwyd olynydd teilwng iawn iddo yn Carwyn Jones a gynrychiolai Pen-y-bont ar Ogwr. Yr oedd ganddo ef ei gryfderau amlwg a byddai'n sicr o gario ymlaen y bwriad o adeiladu'r Blaid Lafur Gymreig, yn hytrach na bod yn ddarostyngedig i'r Blaid Lafur Brydeinig. Hwyrach y bu polisi Morgan o wahaniaethu'r Blaid Lafur Gymreig o'r llywodraeth Lafur yn San Steffan yn un rheswm pam y bu'r werin Gymreig ynghyd â'r dosbarth canol yn barod iawn i gynnal eu cefnogaeth i'r Blaid Lafur tra nad oedd hynny yn wir o gwbl yn Lloegr nac yn yr Alban chwaith.

Yn Etholiad Cyffredinol 2010, enillodd y Blaid Geidwadol yr hawl i lywodraethu, ond nid heb gymorth, a chafwyd clymblaid gyda'r Blaid Ryddfrydol gyda David Cameron a Nick Clegg yn gyd-arweinwyr y Llywodraeth Goalisiwn. Penododd Cameron Cheryl Gillan, A.S. Swydd Buckingham yn Ysgrifennydd Gwladol i Gymru. Un o ferched Caerdydd ydoedd. Ar 17 Mai 2010, teithiodd David Cameron i'r Cynulliad Cenedlaethol gan alw am

---

[3] Rhodri Morgan, *Rhodri: A Political Life in Wales and Westminster* (Caerdydd, 2017), t. 360.

"agenda o edmygedd" rhwng San Steffan a'r Senedd yng Nghaerdydd. Cafwyd Refferendwm ar 3 Mawrth 2011 i ystyried rhagor o bwerau, gyda'r pedwar prif blaid â chanddynt gefnogaeth yn y Cynulliad yn cytuno i gydweithio o blaid pleidlais "Ie" – a'r pleidleiswyr yn cytuno. Gwnaed aml i weithred unigryw, fel yn Hydref 2011 gosod y swm o 5c ar bob bag cario nwyddau o'r archfarchnadoedd a'r siopau. Dyma'r genedl gyntaf yn y Deyrnas Unedig i ddisgwyl i'r cwsmeriaid gytuno, ac o fewn blwyddyn, gostyngwyd nifer y bagiau a roddwyd allan am ddim gan 70%. Mater o amser oedd cynyddu hyn i 80%.

Ar 11 Hydref 2011, gwahoddwyd cyn-Glerc y Cynulliad, Paul Silk, fel arweinydd ymchwiliad y Llywodraeth i gytundeb datganoli yng Nghymru. Wyth mis yn ddiweddarach, cyhoeddwyd mewn pôl piniwn fod dwy ran o dair o bobl Cymru yn credu y dylid penderfynu faint o dreth incwm a ddisgwylid gan bob dinesydd o Gymru. Yng Nghymru, ac nid yn Lloegr y dylid cytuno ar hynny. Ofnai Paul Silk nad oedd y bobl yn deall digon ar gwestiwn y dreth incwm i fynegi hynny. Bu newid yn y Swyddfa Gymreig ar 4 Medi 2012 pan ddymunodd Cheryl Gillan roddi'r gorau i'r swydd o Ysgrifennydd Gwladol. Gwahoddwyd David Jones AS Gorllewin Clwyd i'w dilyn yn y Swyddfa Gymreig. Cyfreithiwr yn Llandudno ydoedd cyn ennill Gorllewin Clwyd oddi ar yr Aelod Seneddol Llafur, Gareth Thomas. Ar 19 Tachwedd 2012, cyhoeddwyd adroddiad cyntaf Pwyllgor Silk y dylai Llywodraeth Cymru gael yr hawl i amrywio'r trethi erbyn y flwyddyn 2026 os ceid cefnogaeth y cyhoedd mewn refferendwm. Gwelwyd bod pwnc y dreth incwm yn peri cryn ddadl o fewn Trysorlys Llywodraeth y Deyrnas Unedig yn Llundain a'u bod yn credu na ddylid rhoddi'r hawl i'r Cynulliad amrywio'r dreth incwm.

Ffermwr o Fro Morgannwg, Andrew R. T. Davies oedd arweinydd y Ceidwadwyr yn y cyfnod hwn a dangosodd gryfder ei bersonoliaeth pan gafodd wared â phedwar aelod o Gabinet yr Wrthblaid yn y Cynulliad am ei herio mewn pleidlais. Cyhoeddwyd ail adroddiad Pwyllgor Silk ar 3 Mawrth 2014 gan awgrymu y dylai nifer aelodau'r Cynulliad gynyddu o 60 i 80 er mwyn bod yn debycach i nifer aelodau Senedd yr Alban a Stormont yng Ngogledd Iwerddon.

Ar 15 Medi 2014, daeth newid i'r Swyddfa Gymreig pan symudodd Cameron a dod yn ei le ei ddirprwy, Stephen Crabb, AS Preseli, Penfro. Gwnaed cytundeb ar Ŵyl Dewi Sant 2015 gyda mwy o drafodaeth ar ddatganoli a chreu cytundeb. Teimlai Llafur na wnaed cytundeb o gwbl. Cynhaliwyd etholiad cyffredinol ar 7 Mai 2015, ac am y tro cyntaf ers deunaw mlynedd, cafodd y Blaid Geidwadol y llaw drechaf. Llwyddodd i gael mwyafrif o 12 dros yr holl bleidiau ac felly, nid oedd angen pwyso ar freichiau'r Blaid Ryddfrydol.

Dioddefodd y Blaid Ryddfrydol o'r bartneriaeth mewn etholiadau am gyfnod hir. Yn Hydref 2015, gwelodd Llywodraeth y Deyrnas Unedig yn dda i sôn am ehangu datganoli gyda rhagor o bwerau i'w neilltuo i'r Cynulliad dros drethi, ynni, trafnidiaeth a materion unigryw i'r Cynulliad. Ond i Carwyn Jones nid oedd yr hyn a gynigid ond *English veto on Welsh Laws* gan leihau datganoli a gosod trefn fel bo Senedd San Steffan yn cael cyfle i drafod pob gweinyddiad cyn y deuai'n ffaith.

Yr oedd y Llywodraeth yng Nghaerdydd yn dal i weithredu'n flaengar a chafwyd enghraifft arall o hynny ar 1 Rhagfyr 2015 pan ddaeth Cymru'r genedl gyntaf yn y Deyrnas Unedig i gynnig system o ychwanegu nifer o bobl a oedd yn barod i gyfrannu organau'r corff ar gyfer estyn bywyd claf a oedd ag angen arbennig arno. Yn ôl Carwyn Jones, dyma Gymru ar ei gorau. Bwriedid cymryd yn ganiataol fod y person a'n gadawodd yn barod i gyfrannu ei organau os nad yw wedi mynegi wrth ei deulu ei wrthwynebiad. Ar 19 Mawrth 2016, daeth Alun Cairns yn Ysgrifennydd Gwladol i Gymru yn lle Stephen Crabb a gafodd swydd arall fel Gweinidog yn y Llywodraeth Dorïaidd. Byddai ef yn wyneb cyfarwydd ar Newyddion Cymraeg S4C gan ei fod yn rhugl yn yr iaith Gymraeg ac yn barod iawn i roddi cyfweliad.

Yn Etholiad am y Cynulliad yn 2016, daliodd Llafur mewn grym gyda 29 o seddau, ond collwyd un o etholaethau cadarnaf y Blaid Lafur, sef Y Rhondda. Cipiwyd y sedd gan un o ferched y Cwm, Leanne Wood, ac arweinydd Plaid Cymru. Bu ei buddugoliaeth hi yn rhwystr i Lafur gyrraedd y nod o 30 o seddau. Dyma fel y gwelwyd yn 2016:

Llafur	34.7%
Ceidwadwyr	21.1%
Plaid Cymru	20.5%
UKIP	12.3%
Rhyddfrydwyr Democrataidd	7.7%
Lleill	3.5%

Enillodd Llafur 27 o etholaethau gyda dwy sedd o'r rhanbarthau, tra cafodd y Ceidwadwyr lwyddiant mewn chwech o seddi a phump o'r rhanbarthau. Y newid mawr oedd yr hyn a gymerodd le yn hanes UKIP, plaid Seisinig a oedd yn gweithio o blaid Brexit a gadael yr Undeb Ewropeaidd. Cawsant hwy trwy system bleidleisio'r Cynulliad saith sedd o'r rhanbarthau. Trist oedd gweld y Blaid Ryddfrydol wedi ennill ond un sedd a honno yn eiddo i Kirsty Williams a gafodd ei gwahodd i gynorthwyo'r Llywodraeth fel Gweinidog Addysg i Gymru.

Ymddangosodd enwau cyfarwydd ymysg Aelodau'r Cynulliad o Blaid UKIP, yn cynnwys Neil Hamilton a'i wraig, Gareth Bennett a Mark Reckless. Yr oedd pob un o'r saith aelod hyn yn methu cyd-fyw a chydweithio â'i gilydd. Tynnodd pob un ohonynt sylw mawr at eu datganiadau a'u gweithredoedd. Ym Mai 2016, bu Gareth Bennett yn beirniadu'n llym mewnfudwyr o Ddwyrain Ewrop. Yna, ddwy flynedd yn ddiweddarach, gwariodd y swm o £10,000 ar ei swyddfa lle ceid tamprwydd heb gyfarwyddyd syrfëwr na chyfreithiwr. Yn 2018, ef oedd arweinydd Plaid UKIP, ond dim ond am flwyddyn; gadawodd gan ymuno gyda'r blaid a oedd am ddiddymu'r Cynulliad.

Yn y cyfnod hwn, bu newid yn arweinyddiaeth y Blaid Lafur pan benderfynodd Carwyn Jones roddi'r gorau i fod yn Brif Weinidog ac yn wir, yn etholiad nesaf y Cynulliad, i adael y Senedd am fywyd academaidd ym Mhrifysgol Aberystwyth. Bu ei dymor ef yn un hynod o lwyddiannus i Lafur. Mater a gafodd sylw mawr yn 2020 oedd penderfyniad Dafydd Elis-Thomas i adael Plaid Cymru a chofleidio'r Blaid Lafur; yn wir, cafodd swydd Gweinidog ar fawr dro. Daliodd ei afael ar etholaeth Dwyfor Meirionnydd ac edrychwn ymlaen at gofiant iddo, gan iddo gyflawni cymaint dros Gymru yn Senedd San Steffan, yn Nhŷ'r Arglwyddi ac yn y Senedd yng Nghaerdydd. Cofir am y brwydro a wnaeth ef, Dafydd Wigley a Cledwyn Hughes am iawndal i chwarelwyr a'r glowyr, ac fel Llefarydd y Cynulliad gosododd seiliau cadarn i'r Cynulliad. Ef, fel y dywed y llenor Elfyn Pritchard, oedd "y person iawn yn y lle iawn ar yr adeg iawn, heb os". A gwelwyd hynny yn niwedd ei yrfa mewn cyfnod anodd iawn.

Dangosodd Mark Drakeford ei fod ef yr union wleidydd i arwain y Senedd yn yr argyfwng a ddaeth i'r byd trwy Covid-19. Bu ei ddoethineb, ei sesiynau o flaen y camerâu, yn amlwg ddigon, ac fel y dywedodd Lee Waters, Aelod dros Lanelli yn y Senedd amdano:

> He may not be flashy, he may be a bit nerdy, a bit boring, he's a university professor, but thank God for him.[4]

Geiriau sydd yn crynhoi'r gwleidydd ac yn etholiad 2021, cafodd ei wobr gan yr etholwyr: enillwyd y Rhondda yn ôl i'r Blaid Lafur o ddwylo Leanne Wood. Cafodd ymgeisydd brwdfrydig y Blaid Lafur, Buffy Williams, fuddugoliaeth fawr gyda *swing* o 19% i Lafur, gan roddi iddi fwyafrif o dros bum mil. Cadwodd y Ceidwadwyr eu cadarnleoedd, Sir Drefaldwyn, Aberconwy, Gorllewin Clwyd, Gorllewin Caerfyrddin a De Penfro, Preseli Penfro a Mynwy. Methwyd ennill Bro Morgannwg, a'r ymgeisydd Llafur Jane Hutt wedi bod yno o'r cychwyn. Cadwodd y sedd gyda 18,667 o bleidleisiau. Cynyddodd mwyafrif Jane Hutt o 777 yn 2016 i 3,270 yn 2021. Gwelwyd mai cryfder Llafur oedd dinasoedd Abertawe, Caerdydd, Casnewydd, Caerffili, Castell Nedd, Aberafan, Ogwr, Cwm Cynon, Pontypridd, Islwyn, Merthyr Tudful a Rhymni, Torfaen a Llanelli. Seddau ymylol oedd Alyn a Dyfrdwy, Gŵyr yn yr Etholiad Cyffredinol, ond ar gyfer y Senedd, y Blaid Lafur oedd yn ennill ran amlaf. 2021 oedd yr etholiad cyntaf ers i'r etholfraint gael ei hymestyn i bobl ifainc 16 a 17 mlwydd oed, ac er bod Llafur weithiau yn ofni beth a ddigwyddai, nid oedd angen, gan i'r bobl ieuainc rannu eu pleidleisiau fel yr oedolion i bob plaid. Yr oedd personoliaeth a gostyngeiddrwydd Mark Drakeford yn ennill yr ifanc fel yr hen, a chafodd gymorth

---

[4] Geiriau a glywais o enau'r gwleidydd Lee Waters (Llanelli) mewn sgwrs yn adeilad y Senedd ar ddadorchuddio penddelw James Griffiths in 2022.

ymgyrchwyr o'r radd flaenaf, fel Barwnes Eluned Morgan, Jeremy Miles, Alun Davies, Huw Irranca Davies, Lee Waters, pob un ohonynt yn dod drosodd yn dda ar y sgrin deledu yn yr iaith Gymraeg.

Gwelid bod Mark Drakeford yn creu argraff o ddidwylledd, y gŵr a lwyddodd i arwain a llywodraethu'n raenus yng nghyfnod Covid-19, mor ofalus a gwyliadwrus o drigolion Cymru, ac yn awr yn ymdrechu gyda gonestrwydd na welwyd mohono yn 10 Downing Street. Yr oedd ef yn feistr ar arweinwyr y pleidiau eraill, yn arbennig prif ddyn y Torïaid, Andrew R. T. Davies, ffermwyr porthiannus o Fro Morgannwg. Deuai ef drosodd yn aml ar y cyfryngau fel hen ddyn blin. Yn wir, dyna'i arddull ers i'w ragflaenydd a feddai'r Gymraeg orfod ymddiswyddo mor ddisymwth am ei fod ef wedi mynd am beint gydag aelodau eraill o'r Cynulliad. Yr oedd hi'n anodd iawn byw o fewn y terfynau. Gŵr yn meddu ar gryn lawer o *flair* gwleidyddol yw Adam Price, arweinydd Plaid Cymru, ac yn well siaradwr na bron neb o'i genhedlaeth. Ond ni fedrai Price gystadlu gyda Mark Drakeford fel arweinydd plaid wleidyddol; ni feddai'r parodrwydd i rannu cyfrifoldebau, a gwelwyd erbyn canol mis Mai 2021 nad oedd Price yn berygl o gwbl i arweinwyr y Blaid Lafur Gymreig.

Gwelwyd yn etholiad 2019 pa mor anodd oedd hi i Lafur gadw etholaethau yng Nghlwyd, Delyn, Alyn a Wrecsam. Daeth y llanw glas i lyncu'r etholaethau a fu yn nwylo Llafur am hydoedd. Am y Rhyddfrydwyr, gwelwyd yn 2021 ddiwedd trist i blaid a fu yn gwbl arwyddocaol i hanes Cymru. Dibynnodd Carwyn Jones a Mark Drakeford ar Kirsty Williams, Aelod y Blaid Ryddfrydol fel Gweinidog Addysg. Ond yn 2021 nid oedd un sedd iddynt yn yr etholaethau; cafodd Jane Dodds ei hethol dros ranbarth. Plaid arall a fethodd â gwneud unrhyw farc oedd y Blaid i Ddileu'r Cynulliad Cenedlaethol.

Derbyniodd ond 7,960 o bleidleisiau trwy Gymru, ac felly ni chafodd un aelod i'w chynrychioli. Methiant enbydus yng ngwleidyddiaeth Cymru.

Felly, y mae'r Blaid Lafur o fewn Cymru mewn sefyllfa ddigon boddhaol gan ennill 30 sedd yn 2021. Ond yn 2017 pan alwodd Teresa May etholiad, cadwodd Cymru 25 o seddau gan ennill yn ôl o afael y Toriaid seddau Gogledd Caerdydd, Gŵyr a Dyffryn Clwyd gan adael hwy â dim ond 8 sedd yng Nghymru. Enillodd gŵr ifanc addawol, Ben Lake, o Geredigion i Blaid Cymru, yr unig sedd oedd gan y Blaid Ryddfrydol yng Nghymru. Dyma'r tro cyntaf oddi ar 1868 i'r Blaid Ryddfrydol fethu ennill sedd ar ddaear Cymru. Yr oedd hudoliaeth William Gladstone a David Lloyd George a Clement Davies wedi hen ddarfod o'r cadarnle olaf.

Yng Ngŵyr enillodd Tonia Antoniazzi sedd i Lafur oddi wrth Byron Davies. Enillodd ef yn lliwiau'r Toriaid yn 2015 gyda mwyafrif o 27 dros Liz Evans a gynrychiolai Lafur. Cadwodd y sedd am ddwy flynedd. Yng Ngogledd Caerdydd, bu Julie Morgan, partner Rhodri Morgan, yn cynrychioli'r sedd o 1997 hyd 2010 pan enillodd Jonathan Evans gyda mwyafrif o 194 o bleidleisiau. Ailenillodd Llafur hi yn 2017. Yn etholiadau'r Cynulliad yng Ngogledd Caerdydd, bu Sue Essex yn aelod yn 1999, ac yn 2003 gyda mwyafrif bychan o 540 dros Jonathan Morgan; ef a ddaeth yn aelod yn 2007 gan na safodd Essex. Ond yn 2011, 2016 a 2021, bu Julie Morgan yn cynrychioli'r sedd ymylol hon. Dibynnai llawer ar yr ymgeiswyr ar gyfer y Cynulliad fel y gwelid yn hanes Jane Hutt. Enghraifft arall yn hanes Llafur yw Margaret Ann Jones, a anwyd yn yr etholaeth yn Rhyl, ac a gadwodd sedd Dyffryn Clwyd o 1999 hyd ei hymddeoliad yn 2021. Pan beidiodd hi â sefyll, aeth y sedd i Gareth Davies y Ceidwadwr, yr unig sedd i adael Llafur yn yr etholiad hwnnw. Cynrychiola sedd Dyffryn Clwyd dref Prestatyn,

Y Rhyl, Rhuddlan, dinas Llanelwy, Bodelwyddan, Trefnant, Tremeirchion a Dinbych. Safodd gŵr o'r Rhyl, Chris Ruane, dros Lafur i San Steffan, ac enillodd y sedd yn etholiadau 1997, 2003 a 2007. Ond erbyn 2010, gwelid y Ceidwadwyr yn ennill mwy a mwy o bleidleisiau. Daeth y sioc yn 2015 pan enillodd Dr. James Davies, yr ymgeisydd Ceidwadol, dros Chris Ruane gyda mwyafrif bychan o 237. Safodd Ruane yn 2017 a'i chipio hi oddi wrth Dr. Davies gyda mwyafrif digon da o 2,379. Ond yn 2019, cipiwyd hi gan Dr James Davies oddi ar Chris Ruane a'i chadw hi eto yn etholiad 2019. Mae cadw sedd fel hon yn dibynnu ar beirianwaith yr ymgeisydd ac ar y neges a gyflwynir. Cadwodd Ann Jones ei gafael ar y sedd am 22 o flynyddoedd, ond bu bron â'i cholli yn etholiad 2007 pan gadwodd y sedd gyda mwyafrif o 92 dros Matthew G. Wright o'r Blaid Geidwadol. Gellir dweud ei bod hi wedi bod yn berfformiad i'w edmygu i'r Blaid Lalfur Gymreig a hynny pan gofir y canlyniadau diflas a gafwyd yng ngweddill y deyrnas unedig.

Erbyn 2022, yr oedd y Blaid Lafur Gymreig yn barod i wrando ar haneswyr fel Dr R. Merfyn Jones a Dr D. Ben Rees a'r Athro Richard Wyn Jones yn tanlinellu'r wyrth ryfeddol fod y Blaid Lafur yng Nghymru wedi domineiddio gwleidyddiaeth y ddwy Senedd, yn Llundain a Chaerdydd am gyfnod mor hir o gan mlynedd. Dadleuodd yr arbenigwr yr Athro Richard Wyn Jones fod y bobl sy'n arddel hunaniaeth Gymreig yn tueddu i gefnogi un ai'r Blaid Lafur neu Blaid Cymru gan dueddu i fod yn amheus iawn o'r Blaid Geidwadol Gallai ychwanegu, yn amheus iawn erbyn 2000 o'r Blaid Ryddfrydol a'r Blaid Werdd a phob plaid leiafrifol ar wahân i UKIP adeg y Brexit. Y mae diflaniad y Blaid Ryddfrydol yn drasiedi mawr, plaid a fu yn estyniad o Ymneilltuaeth Gymraeg, ac yn gyfrifol am gymaint o welliannau tra phwysig. Nid oes yr un wlad ddemocrataidd yn hanes y byd yn meddu ar hanes

Cyd-ddyheu a'i Cododd Hi

gwleidyddol fel sydd gan y Cymry Cymraeg a Chymry Prydeinig. Ond rhaid, fel y rhybuddia'r Athro Richard Wyn Jones, inni beidio â gorsymleiddio hyn. Ond gellir mentro dweud hefyd fod y bobl hynny, ie mewnfudwyr a phobl sydd yn wrth-Gymreig, yn barod iawn i gefnogi'r asgell dde oddi mewn i'r Blaid Dorïaidd a'r Blaid Lafur. Y Cymry teyrngar, y Cymry cadarn yn cefnogi Plaid Cymru neu yn arwain yn y Blaid Lafur Gymreig fel cymaint o'r aelodau seneddol o ddyddiau D. R. Greenfell yn 1922 i ddyddiau Nia Griffith yn 2021. Ond rhaid cofio mai'r Blaid Lafur yw'r unig blaid sy'n medru bodloni'r Cymry cadarn yn ogystal â Phrydeinwyr fel y diweddar Llew Smith ym Mlaenau Gwent. Ymhlith y Cymry Cymraeg sydd ar y cyfryngau, gellir bod yn weddol bendant mai pobl Plaid Cymru ydynt bron i gyd ac y mae Rhun ap Iorwerth yn enghraifft dda o'r hyn sydd gennyf mewn golwg. Ond y gwir yw bod Llafur wedi dal i ennill cefnogaeth dda ymysg y Cymry sydd yn darllen *Barn*. Ychydig o Lafurwyr mi dybiwn i sydd yn darllen na chefnogi *Y Faner Newydd*, ond y mae yna rai. Yr oedd yr Arglwydd Gwilym Prys-Davies yn un ohonynt. Ac yn coroni'r cyfan, y mae'r Blaid Lafur Gymreig ar y blaen, o un etholiad i'r llall, ar y Ceidwadwyr a Phlaid Cymru ymysg "y rheini sy'n dweud eu bod yn teimlo galwad Cymreictod a Phrydeindod ar sail gyfartal".[5]

Da gwrando ar gasgliad yr Athro Richard Wyn Jones yn traddodi ar y teitl 'Pleidiau Cenedlaethol Cymru'. Craidd ei ddadl ef ar sail astudiaeth drylwyr Dr Jac Larner o Brifysgol Caerdydd o etholiad Senedd Cymru ym mis Mai 2021 yw bod gan Gymru bellach dair plaid genedlaethol wahanol. Dyma'r casgliad o'i eiddo sy'n crynhoi yn berffaith yr astudiaeth hon:

---

[5] Richard Wyn Jones, 'Pleidiau Cenedlaethol Cymru', Barn, Gorffennaf 2002, tt. 7-8.

Mae'r Ceidwadwyr a Phlaid Cymru ill dwy'n bleidiau cenedlaethol yng Nghymru yn yr ystyr eu bod yn apelio at garfan genedlaethol (wahanol) sy'n rhan o'i phoblogaeth. Camp Llafur yw ei bod yn blaid genedlaethol mewn dwy ystyr wahanol. Ydi, mae'n apelio'n arbennig at y rheiny sy'n coleddu hunaniaeth genedlaethol Gymreig. Ond, wrth wneud hynny, mae hefyd yn llwyddo i fod yn gymharol apelgar ymysg pawb sy'n byw yng Nghymru. Pa syndod ei bod yn parhau'n blaid wleidyddol, mor rhyfeddol o lwyddiannus, a hynny hanner canrif a mwy ers i ysgolheigion rhyngwladol ddechrau sylwi ar ei chryfder?[6]

Dyma 'wyrth wleidyddol' yng ngwir ystyr y gair yn fy nhyb i ac eraill sy'n sylwebu ar y Gymru sydd ohoni.

---

[6] Clywais ddarlith Richard Wyn Jones ar y Blaid Lafur yn Lerpwl ym mis Tachwedd 2023 a minnau yn y gadair. Cefais gopi o'r ddarlith gan yr Athro Richard Wyn Jones. Gw. hefyd Richard Wyn Jones, 'Pleidiau Cenedlaethol Cymru', *Barn*, Gorffennaf 2002, tt. 7-8.

Pennod 8
Gwych a gwachul yn 2024

Bu'r Blaid Lafur yn y newyddion yng Nghymru ar ôl i Mark Drakeford ddatgan y byddai yn rhoddi'r gorau i'w swydd fel Prif Weinidog yng Ngwanwyn 2024. Disgwylid y byddai o leiaf pedwar wedi mynegi diddordeb yn y swydd, ond dim ond dau a gafwyd, sef Vaughan Gething a Jeremy Miles. Roedd y ddau yn meddu ar rinweddau amlwg ac wedi dal swyddi pwysig yn Llywodraeth Cymru, Gething yn gofalu ar ôl y Gwasanaeth Iechyd ac yna'r Economi, tra y bu Miles yn flaengar ar ran yr iaith a'i dyfodol. Yn ystod yr ymgyrch, derbyniodd Vaughan Gething rodd o ddau gan mil o bunnoedd oddi wrth un o'i edmygwyr a'i etholwyr a gafodd ei geryddu gan y llysoedd barn yn 2013 a 2017 am i'w gwmni *Dawson Environment Group* weithredu yn anghywir tuag at y Deddfau Amgylchedd. Ni chlywyd am neb yn y Senedd yn derbyn swm mor fawr, a defnyddiodd Vaughan Gething ran helaethaf ohono er mwyn gwarantu ei fod yn ennill yr arweinyddiaeth. Gwrthododd y Blaid Lafur Gymreig dderbyn y swm o £31,600 a oedd ar ôl, ac fe'i cyflwynwyd i achosion dyngarol. Nid oedd Vaughan Gething wedi torri unrhyw reol wrth dderbyn y rhodd haelionus. Ond yn ôl arweinwyr y gwrthbleidiau, sef y Ceidwadwyr, Plaid Cymru a'r Rhyddfrydwyr, dylai yr ymgeisydd fod wedi ei wrthod yn ddiolchgar a'i anfon yn ôl i'r rhoddwr. Cododd dau o aelodau amlwg o'r Blaid Lafur Gymreig eu hanghymeradwyaeth. Wrth ennill gyda thrwch blewyn, 52% i 48%, gwnaeth Vaughan Gething gamp a gofir gan yr haneswyr. Ef oedd y dyn du cyntaf i'w ethol i swydd Prif Weinidog trwy holl wledydd Ewrop. Ni chafodd fis mêl o gwbl gan y gwrthbleidiau na'r gefnogaeth a ddisgwyliai fel gwleidydd gan gefnogwyr Jeremy Miles yn y Senedd. Yn yr amser byr y bu yn Brif Weinidog, sef 118 o ddyddiau, bu o dan feirniadaeth gyson.

Dyddiau a misoedd gwachul felly oedd y cyfnod o 20 Mawrth i 16 Gorffennaf 2024 yn hanes gwleidyddion y Blaid Lafur yn y Senedd, tra y cafwyd ar 4 Gorffennaf newyddion da am fuddugoliaeth ysgubol y Blaid Lafur Brydeinig o dan Syr Keir Starmer. Dywed y ffeithiau canlynol am y llawenydd a'r pryder a gaed ymhlith y Blaid Lafur Gymreig mewn partneriaeth gyda'r Blaid Lafur Brydeinig.

1) Y Blaid Lafur Gymreig yn ennill 27 o etholaethau allan o 32, er bod y nifer a bleidleisiodd yn llawer llai nag a welwyd yn Etholiad 2019. Bu newid mawr yn etholaethau Cymru gan leihau'r nifer o 40 i 32. Yr unig etholaeth a gafodd fod yr un fath yn 2024 a'r blynyddoedd cynt oedd Ynys Môn.[1]

2) Gwelwyd bod Llafur wedi cadw Plaid Cymru i'r fro Gymraeg, Môn, Meirionnydd-Dwyfor, Ceredigion-Preseli a Chaerfyrddin, ond wedi ildio gormod lawer o bleidleisiau i Reform UK. Hwy oedd yn ail i Lafur mewn 11 o seddau, ac er na chawsant un sedd, cawsant lawer mwy o bleidleisiau nag a gafodd Plaid Cymru.

3) Y Rhyddfrydwyr Democrataidd yn ennill un sedd, sef Aberhonddu, Maesyfed a Chwm Tawe.

4) Maldwyn-Glyndwr am y tro cyntaf erioed yn mynd i ddwylo Llafur.

5) Y gofid pennaf i bob plaid, ac yn arbennig i'r Blaid Lafur Gymreig, oedd bod cymaint o'r etholwyr wedi anwybyddu'r Etholiad. Dangoswyd llai o ddiddordeb nag mewn unrhyw etholiad ers blynyddoedd. Dim ond 56.2% o etholwyr fwriodd pleidlais yng Nghymru, ac mewn

---

[1] SLC Newgate, *General Election 2024: The Welsh Results*, 2024, 1-36 (O hwn y cefais y ffeithiau).

seddau diogel i Lafur, fel Rhondda-Ogwr, Torfaen ac Aberafan-Maesteg, ni chafodd yr ymgeiswyr Llafur 50% o'r bleidlais. Yn Aberafan-Maesteg, collodd Stephen Kinnock 14.5% o'r pleidleisiau. Derbyniodd fwyafrif o 10,354 (24%) dros Mark Griffiths o Reform UK. Dyma gadarnleoedd y Blaid Lafur oddi ar 1922 yn gwegian gryn lawer ac yn dangos bod gwaith mawr gan y Blaid Lafur Gymreig i ddenu mwy o gefnogaeth cyn etholiad i'r Senedd yn 2026.

Dyma'r canlyniadau ar 5 Gorffennaf:

Plaid	Seddau 2024	Canlyniadau 2019
Llafur	27	22
Ceidwadwyr	0	14
Plaid Cymru	4	4
Rhyddfrydwyr Democrataidd	1	0
Reform UK	0	0
Lleill	0	0

Ymunodd 27 o aelodau Llafur gyda gweddill yr Aelodau Seneddol yn y Deyrnas Unedig , sef cyfanswm o 412 o wleidyddion. Collodd y Ceidwadwyr ugeiniau o seddau, o 365 yn 2019 i 121 yn 2024. Cynyddodd y Blaid Lafur o 203 yn 2019 i 412 yn 2024, a'r Rhyddfrydwyr Democrataidd o 11 yn 2019 i 71 yn 2024. Daeth Llafur yn gryf eto yn yr Alban gan ddisodli'r SNP. Yn Senedd San Steffan 2019, ceid 48 yn cynrychioli cenedlaetholwyr yr Alban, ond yn 2024, gwelir ond 9. Dim ond pum sedd a ddaeth i Reform UK, er iddynt ennill cefnogaeth gref ym mhob rhan o'r Deyrnas Unedig.

Cryfder y Blaid Lafur yng Nghymru am chwarter canrif oedd ei bod hi trwy weledigaeth Rhodri Morgan, Carwyn

Jones a Mark Drakeford yn darbwyllo etholwyr Cymru eu bod hwy yn wahanol i'r Blaid Lafur yn yr Alban ac yn Lloegr. Roedd y Blaid Lafur yn yr Alban yn rhoddi'r argraff fod buddiannau'r Blaid Lafur Brydeinig yn dod yn gyntaf, cyn ymffrostio eu bod yn Albanwyr. Y tri a enwyd oedd yn dangos y ffordd i Lafur yn y Cynulliad ac yn y wlad o un etholiad i'r llall. Bu dyfodiad y pandemig yn boendod, ac er i Mark Drakeford lwyddo yn rhyfeddol yr adeg honno, gwelir erbyn hyn y medrai Llywodraeth Lafur yng Nghaerdydd fod wedi gwneud yn well dros bobl Cymru. Bu gormod o bobl farw o'r aflwydd nag a ddylai, er i Lywodraeth Lafur yn y Cynulliad ddilyn llwybr mor wahanol yn aml i Lywodraeth y Deyrnas Unedig. Dangosodd y Ceidwadwyr eu bod hwy yn dal i ennill seddau yn Etholiad 2019 yng Nghymru, er mai'r Blaid Lafur Gymreig a feddai'r nifer fwyaf o seddau.

Yn y blynyddoedd hyn, llwyddodd Llafur i gael y gorau ar ddadleuon Plaid Cymru, yn wir, llwyddodd Mark Drakeford i ddod i ddealltwriaeth gydag Adam Price o Blaid Cymru i gydweithio er budd pobl Cymru. Bu'r arbrawf hwn yn fendithiol, a chadwodd Rhun ap Iorwerth y berthynas yn fyw ar ôl disodli Price fel arweinydd un o bleidiau mwyaf egnïol yr wrthblaid. Bu dyfodiad Vaughan Gething yn siom i'r arweinyddiaeth o du Plaid Cymru, a daethpwyd â'r cytundeb i ben. Daliai'r Ceidwadwyr i bardduo Llafur ar fater trafnidiaeth, ac yn arbennig, y penderfyniad i osod ugain milltir yr awr yn nhrefi a phentrefi Cymru fel y cyflymder y gallai moduron deithio. Roedd y polisi hwn yn enghraifft o fethiant poblogaidd sylweddol ar ran y Llywodraeth, a bu'n rhaid i Vaughan Gething ailedrych ar y polisi hwn a oedd yn creu anghydfod yn y Senedd ac yn y cymunedau.

Methodd Vaughan Gething â dianc rhag ei weithredoedd adeg ei etholiad i'r arweinyddiaeth, na chwaith goblygiadau diswyddo'r aelod cabinet Hannah Blythyn gan ei chyhuddo o ddatgelu i'r wasg negeseuon a ddanfonwyd gan Gething, cyhuddiad a wadodd hithau'n llwyr. Honnodd y Prif Weinidog ar ddydd Mercher, 10 Gorffennaf 2024, mai o ffôn symudol y gwleidydd o etholaeth Delyn yn unig y gallai'r negeseuon fod wedi eu trosglwyddo. Dydd Mawrth, 9 Gorffennaf mewn datganiad yn y Senedd, gwadodd Hannah Blythyn unwaith yn rhagor iddi drosglwyddo'r manylion yn ystod pandemig Covid-19. Cyhoeddodd wefan *Nation.Cymru*, a dderbyniodd y negeseuon, nad Hannah Blythyn oedd yn gyfrifol amdanynt. Dywedodd Prif Weithredwr y wefan, Mark Mansfield, eu bod hwy wedi dod i'r penderfyniad o ddatgelu'r cyfan ar ôl gweld y poen meddwl yr oedd y mater wedi'i achosi ym mywyd Hannah Blythyn. Roedd yr ysgrifen ar y mur, ac ar 16 Gorffennaf, ymddiswyddodd y Prif Weinidog. Ymatebodd Syr Keir Starmer yn ddiymdroi gan ddweud: "Vaughan should take enormous pride in being the first black leader of any country in Europe." [2]

O'r holl wleidyddion a fynegodd eu hunain, Adam Price o Blaid Cymru oedd ymhlith y mwyaf haelionus ei eiriau:

> "Whatever our disagreements, whatever our differences at times like this, I think it is important that we all should show kindness and empathy."[3]

Mae'n amlwg fod gwaith enfawr gan yr arweinydd nesaf y Barwnes Eluned Morgan i ddod â chefnogwyr Vaughan Gething a chefnogwyr Jeremy Miles i gytundeb buan gan fod y Blaid Lafur Gymreig yn niwedd Gorffennaf 2024 yn rhanedig. Yn ei araith ymddiswyddo,

---

[2] Jack Greg, 'A recap of the day's events', *BBC Wales News*.
[3] 'Kind words for Gething from former Plaid leader', *BBC Wales News*.

gwelwyd nad oedd Vaughan Gething yn fodlon o gwbl iddo orfod ymddiswyddo, ac felly bydd hi'n ofynnol ar arweinwyr y Blaid Lafur Gymreig wella'r sefyllfa beryglus mor fuan ag y bo modd. Bydd gan Syr Keir Starmer gyfle i gynghori gan mai ef yw symbylydd yn y Deyrnas Unedig i anghenion ac athroniaeth Sosialaidd gyfoes.

Mae'n wleidydd i'w edmygu, ond bydd ganddo ddyletswyddau fyrdd, ac ymhlith y rhain fe ddisgwylir iddo gadw llygad ar ei blaid yng Nghymru sydd â gwir angen hynny. Gall y cynlluniau sydd ar y gweill ar gyfer etholiadau i Senedd 2026 beri i afael y Blaid Lafur ar Gymru leihau. Mae'r cyfan yn dibynnu ar yr arweinydd newydd, ar Syr Keir Starmer, i arweinwyr o Gymru, fel Jo Stevens a Nia Griffith, gweithgareddau creadigol, ac ar allu ac ymroddiad y gwleidyddion Llafur sydd yn barod i aberthu eu bywydau i hyrwyddo rhaglen radicalaidd ac athroniaeth Sosialaeth gyfoes, ar y Gwasanaeth Iechyd Cenedlaethol, addysg plant ac oedolion, gweledigaeth a fydd yn bodloni'r gweithwyr a'r ffermwyr a'r busnesau mawr a bach. Gwelwyd yn yr Etholiad yn 2024 bod etholwyr Cymru yn debycach i gwsmeriaid bellach a bod teyrngarwch ac ymlyniad wrth blaid yn llawer llai nag y bu am ganrif gyfan. Dyna pam fod pleidiau fel Reform UK yn medru denu cymaint o bleidleisiau yng nghadarnleoedd y Blaid Lafur yng Nghymru fel Llanelli.

Gall y Blaid Lafur deimlo'n gwbl fodlon ar yr wyneb am y canlyniadau gan fod mwyafrif o seddau newydd Gogledd Cymru a gollwyd yn Etholiad pan oedd Boris Johnson yn arwain wedi dychwelyd i'r Blaid Lafur yn Etholiad 2024. Y dasg yn awr i'r Prif Weinidogion Newydd Syr Keir Starmer a Barwnes Eluned Morgan fydd cadw'r cefnogwyr a'r etholwyr a roddodd eu pleidlais, adeiladu pontydd o fewn a thu allan i'w plaid, a gweithredu yn greadigol yn San Steffan a Chaerdydd.

Erbyn 2026 a 2029 pan gynhelir etholiadau pwysig nesaf, y mae hyn yn bosibl, os llwyddir i gryfhau'r economi ac y caiff mwyafrif y trigolion fyd llai anodd i ymgodymu ag ef nag a gafwyd ers 2017. Hon fydd y sialens fawr, ond nid amhosibl.

Llyfryddiaeth (Ddethol) yn Gymraeg

William Abraham (1842-1922, 'Mabon')

D. Ben Rees, *Cofiant Mabon: Eilun Cenedl y Cymry a'r Glowyr* (Lerpwl, 2022), 355tt.

Thomas, Ben Bowen, 'Mabon', *Y Traethodydd* 17 (1948), tt. 167-172.

James Griffiths (1890-1965)

Mabon, 'Dylanwad James Griffiths' *Barn* Rhif 26, Rhagfyr 1964, t. 50.

Price, Emyr 'Y Gwleidydd Gadd Ei Wrthod', *Golwg* Cyfrol 12, Rhif 47, 3 Awst 2000, tt. 10-11.

Rees, D. Ben, 'Cyflwyniad i Yrfa Wleidyddol James Griffiths (1890-1973)', *Trafodion Anrhydeddus Cymdeithas y Cymmrodorion*, Cyfres newydd, Cyfrol 19 (2013), tt. 116-130.

Idem., *Cofiant Jim Griffiths: Arwr Glew y Werin a'r Glowyr* (Talybont, 2014), 355tt.

Hanes Cymru

Davies, John, *Hanes Cymru* (Harmondsworth, 1990).

Edwards, Hywel Teifi, *Arwr Glew Erwau'r Glo: Delwedd y Glöwr yn Llenyddiaeth y Gymraeg 1850-1950* (Llandysul, 1994).

Morgan, Prys, 'Gwerin Cymru – Ffaith a'r Ddelfryd', *Trafodion Anrhydeddus y Cymmrodorion* (1967), tt. 117-31.

Evans, D. Emrys, *Crefydd a Chymdeithas*, Cyfres y Brifysgol a'r Werin, Rhif 15 (Caerdydd, 1933).

Rees, D. Ben, *Pregethu a Phregethwyr* (Dinbych, 1996).

Mainwaring, M. R. 'John Morgan Jones (1861-1935)' [yn] *Herio'r Byd* (Lerpwl a Llanddewi Brefi, 1980), tt. 61-69.

John Morris (1931-2023)

D. Ben Rees, 'Portread o John Morris', *Barn*, Rhif 153, Hydref 1975, tt. 8, 32-33.

Morris, John, *Cardi yn y Cabinet* (Talybont, 2019), 126tt.

Gwynfor Evans (1912-2005)

Davies, Huw, 'Wedi Caerfyrddin', *Barn*, Hydref 1966, tt. 330-1.

Evans, Gwynfor, *Diwedd Prydeindod* (Talybont, 1981).

Evans, Rhys, *Rhag Pob Brad: Cofiant Gwynfor Evans* (Talybont, 2005).

Elystan Morgan (1932-2021)

Williams, Huw L. (gol.), *Atgofion Oes Elystan* (Talybont, 2012).

Gwilym Prys-Davies (1923-2017)

Davies, Gwilym Prys, *Llafur y Blynyddoedd* (Dinbych, 1990), 196tt.

Evans, Gwynfor, *Cenedlaetholdeb Di-Drais*, cyfieithiad D. Alun Lloyd (Abertawe, 1973).
 D Ben Rees, Cymro I'r Carn: Cofiant Gwilym Prys-Davies (Caernarfon, 2022)

Huw T. Edwards (1892-1970)

Edwards, Huw T., *Tros y Tresi* (Dinbych, 1956), t. 116. Hunangofiant difyr.

Jenkins, Gwyn, 'Gwladgarwch Huw T. Edwards' [yn] Geraint H. Jenkins (gol.), *Cof Cenedl* XII (Llandysul, 1997), tt. 169-98.

Jenkins, Gwyn, *Prif Weinidog Answyddogol Cymru: Cofiant Huw T. Edwards* (Talybont, 2007), 271tt.

Rees, D. Ben 'Tros y Tresi' – y llyfr godidog, *Y Casglwr*, Rhif 125, Gwanwyn 2019, tt. 17-18.

Cledwyn Hughes (1916-2001)

Price, Emyr, *Yr Arglwydd Cledwyn o Benrhos* (Penygroes, 1990), 134tt.

Rees, D. Ben, 'Canmlwyddiant Geni Cledwyn – Cofio Cledwyn Hughes, yr Arglwydd Cledwyn o Benrhos', *Barn*, Rhif 644, Medi 2016, tt. 17-19.

Rees, D. Ben, *Cofiant Cledwyn Hughes: Un o Wŷr Mawr Môn a Chymru* (Talybont, 2017), 320tt.

Richards, Emlyn, 'Yr Arglwydd Cledwyn o Benrhos', *Y Goleuad*, 27 Gorffennaf 2001, t. 5.

Thomas, Terry 'Cymdeithas Cledwyn', *Barn* 474/475, Gorffennaf/Awst 2002, tt. 28-29.

Aneurin Bevan (1897-1960)

Rees, D. Ben, *Cofiant Aneurin Bevan: Cawr o Gymro a Thad y Gwasanaeth Iechyd* (Lerpwl, 2022), t. 312.

Smith, J. Beverley, '*Pan alwodd Bevan a Robeson heibio*', *Barn*, Rhif 373, Medi 2010, tt. 30-1.

Datganoli

Davies, Huw, 'Y Comisiwn a'r Etholiad', *South Wales Evening Post*, 30 Hydref 1969.

Baines, Menna yn holi Gwilym Prys-Davies, 'Llwybr y Llafurwr', *Barn*, Rhif 148/149, Ionawr/Chwefror 1993, tt. 3-7.

'Datganoli' [yn] *Gwyddoniadur Cymru yr Academi Gymraeg* (Caerdydd, 2008), tt. 267-8.

Davies, Gwilym Prys, *Cyngor Canol i Gymru* (Aberystwyth, 1963).

Jones, Richard Wyn, 'Adroddiad Confensiwn Cymru Gyfan', *Barn*, Rhif 563/4, Cyfrol 11, Rhif 4, Rhagfyr 2005, tt. 730-1.

Morris, John, Cynulliad Cymru, *Y Faner*, 4 Mawrth 1975, t. 5.

Rosser, Melvyn, 'Pam Rwy'n Ddatganolwr', *Y Faner*, 4 Mawrth 1977, t. 6.

Y Blaid Lafur, '*Polisiau Llafur ar gyfer dyfodol gwell i Gymru*' (Caerdydd, 1974).

Mynegai

Abertawe, 10, 11, 20, 50, 58, 62, 69, 76, 93, 96, 101, 106, 155, 185, 200
Aberystwyth, 39, 41, 56, 61, 86, 92, 94, 105, 123, 126, 128, 135, 136, 143, 157, 166, 170, 184, 201
Ablett, Noah, 6, 37
Abse, 133
Abse, Leo, 9, 10, 133, 138, 148, 153, 154, 155
Ambrose, William, 4, 6, 7, 13, 28, 29, 35, 42, 48, 51, 52, 63, 137, 198
Attlee, Clement, 8, 9, 99, 104, 105, 108, 109, 113, 119, 160
Bae Colwyn, 61
Bax, Belfort, 45
Bevan, Aneurin, 7, 8, 9, 10, 15, 37, 79, 81, 82, 83, 84, 85, 91, 94, 95, 96, 97, 98, 99, 100, 101, 102, 104, 106, 110, 111, 112, 117, 120, 121, 124, 125, 126, 127, 129, 130, 156, 161, 177, 179, 201
Blaenau Ffestiniog, 58, 61, 112, 123
Blaid Lafur Annibynnol, 4, 29, 49, 50, 51, 52, 53, 54, 56, 61, 64, 113, 125

Blair, Tony, 13, 126, 169, 170, 171, 175, 176, 177, 178
Blatchford, Robert, 47, 48
Booth, William, 3
Bregsit, 14
Burrows, Herbert, 44
Caerfyrddin, 9, 10, 26, 27, 53, 57, 62, 74, 79, 80, 86, 94, 115, 136, 138, 142, 164, 166, 185, 199
Caernarfon, 112, 122, 123, 146
Callaghan, James, 9, 15, 101, 102, 104, 118, 128, 141, 152, 156, 158
Casnewydd, 25, 26, 50, 86, 106, 123, 124, 133, 169, 185
Castell Nedd, 62
Chamberlain, Neville, 8, 91, 92
Charles, Thomas, 2
Churchill, Winston, 8, 92, 102, 109, 119
Conwy, 28, 111, 122, 135, 146, 147, 157, 161
Cook, A. J., 6, 76
Crawshay, William, 22
Cymru Fydd, 7, 14, 42
Daniel James (Gwyrosydd), 34, 35
Datganoli, 7, 8, 9, 11, 104, 118, 147

Davies, Ron, 12, 13, 14, 170, 171, 179
Davies, Rose, 60, 125
Davies, S. O., 6, 8, 99, 104, 114, 118, 140, 145
Derfel, R. J., 3, 28, 29, 30, 31, 32, 33, 34, 38, 39, 40, 41, 43, 51
Diwygiad Methodistaidd, 1, 2, 14
Drakeford, Mark, 14, 184, 185, 186, 191, 194
Edwards, Lewis, 49
Edwards, Ness, 6, 104, 117, 118, 131, 138, 139, 140
Elias, John, 2, 21, 43
Ellis, Tom, 42, 143, 145, 146, 148, 159
Etholiad 1964, 9
Etholiad 1966, 9
Ffabiaid, 4, 5, 31, 37, 45, 46, 47, 49, 81, 105, 113
Ffederasiwn (y) Glowyr, 52, 64, 76, 79
Finch, Harold, 10, 118, 131
Frost, John, 24, 25
Gaitskell, Hugh, 9, 117
George Whitefield, 1
Gething, Vaughan, 14, 191, 194, 195, 196
Glasier, Bruce, 4, 51
Griffiths, James (Jim), 4, 6, 8, 9, 13, 15, 36, 46, 52, 54, 55, 56, 57, 64, 69, 71, 74, 76, 78, 84, 85, 89, 91, 92, 93, 94, 95, 96, 97, 98, 99, 102, 103, 104, 105, 106, 107, 109, 111, 112, 113, 114, 115, 116, 117, 118, 119, 121, 127, 128, 131, 132, 133, 134, 135, 136, 137, 138,141, 143, 165, 173, 174, 185, 198
Hardie, Keir, 4, 6, 48, 49, 50, 51, 52, 54, 55, 60, 64, 91, 104
Harris, Howell, 1
Headlam, Steward D., 43
Hedd Wyn, 64
Hird, Dennis, 37
Howells, Kim, 13
Hudson Davies, Ednyfed, 10, 74, 159
Hughes, Cledwyn, 4, 8, 10, 11, 13, 105, 110, 114, 115, 118, 120, 131, 132, 135, 136, 137, 138, 139, 140, 141, 142, 144, 146, 147, 150, 151, 152, 153, 154, 155, 156, 158, 159, 161, 162, 163, 167, 168, 169, 184, 200, 201
Hyndman, H. H., 38, 44, 45
Jenkins, R. T., 2, 18
John, E. T., 7, 13, 65, 69, 70, 91
Jones, Carwyn, 14, 180, 182, 184, 186, 194
Jones, D. Gwenallt, 3, 30, 38, 40, 42, 43
Jones, Evan Pan, 3, 28, 32
Jones, John ('Jac Glan y Gors'), 17

Cyd-ddyheu a'i Cododd Hi

Jones, Michael Daniel, 32, 33, 42, 82
Jones, Sidney, 37
Jones, T. W., 8, 105, 110, 114, 116, 158
Jones, William, 19, 24, 25
King, William, 36
Kinnock, Neil, 9, 10, 11, 12, 13, 141, 144, 145, 147, 148, 154, 155, 160, 161, 162, 166, 168, 169, 173
Lansbury, George, 7
Lerpwl, 4, 2, 26, 28, 30, 31, 43, 44, 47, 52, 70, 72, 75, 106, 107, 115, 116, 117, 129, 156, 190, 198, 199, 201
Lewis Lewis (Lewsyn yr Heliwr), 22
Lewis, Richard (Dic Penderyn), 22
Lib-Lab, 5, 48, 49, 61, 154
Llansawel, 61
Lloyd George, David, 8, 42, 52, 63, 64, 65, 66, 67, 69, 70, 72, 82, 83, 98, 99, 102, 109, 129, 136, 160, 161, 166, 187
Lloyd George, Megan, 83, 105, 115, 122, 136, 138
MacDonald, Ramsay, 4, 7, 19, 63, 72, 73, 81, 83
Mansbridge, Albert, 36
Marek, John, 10, 177
Marx, Karl, 6, 31, 44, 49
Maurice, Frederick Denison, 43
Maxwell-Fyfe, David, 8
Merthyr Tudful, 6, 19, 21, 23, 24, 30, 49, 50, 51, 54, 57, 64, 69, 90, 99, 124, 126, 139, 143, 145, 169, 185
Michael, Alun, 14, 148, 174, 175
Militant, 11, 160
Morgan, Elystan, 10, 134, 135, 140, 142, 146, 148, 153, 154, 156, 159, 199
Morgan, Rhodri, 14, 148, 166, 171, 174, 175, 177, 178, 179, 180, 187, 193
Morris, John, 9, 10, 12, 34, 115, 116, 118, 131, 135, 146, 147, 148, 153, 159, 164, 169, 199
Morris, William, 45
Morris-Jones, John, 34
Nicholas, T. E., 6, 28, 31, 39, 51, 52, 53, 57, 58, 59, 68, 93
Osmond, John, 12
Owen, Robert, 3, 21, 23, 30, 31, 38, 43, 131
Paine, Thomas, 18
Parry, William John, 51
Peate, Iorwerth Cyfeiliog, 93
Plaid Lafur Annibynnol, 48
Price, Joseph Tregelles, 22
Price, Richard, 17
Probert, Arthur, 10
Prys-Davies, Gwilym, 9, 11, 13, 132, 163, 167,

170, 171, 189, 200, 201
Rees, David, 26, 27, 28
Rees, Ebenezer, 29
Rees, William(Gwilym Hiraethog),, 28
Refferendwm 1979, 15
Rhondda, 4, 6, 10, 37, 53, 56, 62, 66, 69, 76, 81, 84, 90, 91, 103, 105, 111, 124, 140, 143, 173, 183, 185, 193
Rhyddfrydwyr, 3, 5, 15, 26, 32, 34, 42, 47, 48, 49, 51, 52, 58, 59, 61, 62, 63, 65, 66, 67, 70, 72, 73, 78, 83, 94, 98, 102, 105, 111, 114, 115, 121, 137, 146, 152, 160, 167, 180, 182, 183, 186, 187, 188, 191, 192, 193
Rhyfel, 6, 11, 15, 36, 38, 53, 61, 63, 66, 67, 73, 82, 90, 93, 101, 106, 108, 119, 148, 159, 175, 176
Rhys, Morgan John, 17, 18, 19, 28
Richard, Ebenezer, 21
Roberts, Goronwy, 8, 92, 105, 109, 114, 115, 116, 118, 128, 131, 133, 135, 142, 144, 146, 147, 153, 158
Roberts, R. Silyn, 28, 47, 52, 53, 54, 55, 68, 79, 80, 91
Roberts, Samuel, 18, 28
Roberts, Thomas, 17, 18
Rowland, Daniel, 1

Shaw, George Bernard, 45
Siartwyr, 3, 24, 25, 26, 31
Sir Fynwy, 22, 24, 61, 133
Smith, John, 12, 13, 169, 170, 176
Social Democratic Federation, 4, 37, 45, 60
Sosialaeth, 4, 5, 6, 17, 30, 31, 32, 36, 37, 39, 43, 44, 45, 48, 49, 50, 53, 59, 61, 63, 64, 73, 81, 83, 85, 87, 89, 90, 91, 101, 104, 109, 128, 142, 196
Sosialaeth Gristnogol, 3, 5, 6, 12, 28, 43, 44, 46, 54, 55, 58
Tawney, R. H., 36, 113
Terfysgoedd Becca, 26, 27
Thatcher, Margaret, 5, 10, 11, 12, 150, 158, 159, 160, 162, 163, 167, 168, 176
Thomas, David, 17, 28, 47, 48, 52, 53, 61, 65, 68, 91, 111
Thomas, Iori, 10
Thomas, Owen, 43, 44, 65
Tredegar, 62
Trefeca, 1
Tryweryn, 9, 117, 128, 129
Undebau Llafur, 4, 5, 12, 14, 19, 20, 21, 23, 24, 27, 38, 49, 51, 52, 53, 57, 58, 61, 66, 76, 78, 84, 85, 88, 97, 98, 100, 101, 104, 113, 116,

123, 145, 157, 158, 183
Vincent, Henry, 24
Watkins, Tudor, 122
Wesley, John, 1, 2
Whitefield, George, 1
Williams Parry, R., 16, 67
Williams, Gareth, 11, 165, 167
Williams, J. Roose, 6
Williams, John, 6, 51, 54, 62, 63
Williams, Zephaniah, 24, 25
Wilson, Harold, 9, 15, 110, 118, 128, 130, 131, 140, 141, 145, 146, 147, 151
Wrecsam, 10, 36, 61, 65, 69, 78, 85, 88, 97, 120, 124, 143, 159, 177, 186

Wyn Jones, Richard, 16, 188, 189, 190
Ymneilltuaeth, 3, 4, 5, 20, 21, 24, 25, 26, 28, 30, 32, 47, 49, 53, 54, 55, 56, 57, 58, 65, 68, 74, 75, 78, 110, 111, 126, 131, 166, 188
Ynys Môn, 26, 65, 83, 86, 101, 105, 110, 111, 112, 114, 115, 120, 122, 145, 151, 156, 178, 192, 201
Ysgrifennydd Gwladol i Gymru, 7, 9, 13, 14, 15, 91, 92, 99, 104, 109, 117, 118, 131, 137, 147, 163, 167, 169, 170, 171, 179, 180, 181, 183

www.melinbapur.cymru

Dilynwch ni ar:

X (@melinbapur)
Facebook (@melinbapur

www.ingramcontent.com/pod-product-compliance
Lightning Source LLC
Chambersburg PA
CBHW041139110526
44590CB00027B/4066